上海华夏
"智慧城市建设"论坛资料汇编

(2010年—2021年)

上海市黄浦区科学技术协会
上海华夏文化创意研究中心　编

文汇出版社

图书在版编目（CIP）数据

上海华夏"智慧城市建设"论坛资料汇编：2010年-2021年 / 上海市黄浦区科学技术协会，上海华夏文化创意研究中心编；苏秉公，庞啸主编. -- 上海：文汇出版社，2022.10
　　ISBN 978-7-5496-3876-5

Ⅰ. ①上… Ⅱ. ①上… ②上… ③苏… ④庞… Ⅲ. ①现代化城市－城市建设－中国－文集 Ⅳ. ① F299.2-53

中国版本图书馆CIP数据核字(2022)第160216号

上海华夏"智慧城市建设"论坛资料汇编
（2010年—2021年）

编　　者 /	上海市黄浦区科学技术协会，上海华夏文化创意研究中心
主　　编 /	苏秉公　庞　啸
责任编辑 /	周卫民　乐渭琦
装帧设计 /	吴嘉祺

出版发行 /	文汇出版社
	上海市威海路755号（邮政编码200041）
经　　销 /	全国新华书店
照　　排 /	上海歆乐文化传播有限公司
印刷装订 /	启东市人民印刷有限公司
版　　次 /	2022年10月第1版
印　　次 /	2022年10月第1次印刷
开　　本 /	787×1092　1/16
字　　数 /	250千
印　　张 /	16.75
书　　号 /	ISBN 978-7-5496-3876-5
定　　价 /	58.00元

序

[签名]

"城市"是一个令人心驰神往的地方。然而，如今的城市体量越来越庞大，人口越来越密集，如何处理、解决城市可持续发展进程中面临的诸多难题，缓解城市扩张和有限资源之间的矛盾，让城市变得更加美好，这就需要创新管理模式，打造城市运行的新生态。上海借着2010年举办"世博会"的东风，开始全力推进"智慧城市"建设，以实现城市运行的智能化、政府及社区管理的高效化、市民生活和办事的便捷化。为此，市政府从2011年至2019年先后出台并实施了三个"上海市推进智慧城市建设行动计划（即三年行动计划）"，目标就是要打造具有中国特征、时代特色、上海特点的全能数字型"智慧城市"，使城市更具软实力。

在政府实施行动计划期间，由上海市政协经济委员会、科教文卫体委员会指导，上海市科学技术协会、上海市科普教育发展基金会、上海市黄浦区公民科学素质工作领导小组等单位主办，上海华夏文化创意研究中心及黄浦区科学技术协会具体承办的上海科学会堂"智慧城市"论坛从2010年起连续举办了12年。该论坛根据每年上海智慧城市建设中社会普遍关注的问题，邀请有关专家从专业的角度，通俗易懂地给与会的市、区政协委员、科普工作者、中小企业家、热心市民以及部分相关专业的学生等解疑释惑和进行积极的互动。这种高质量的论坛每次都使与会者收获满满。这从一个方面提高了社会各方支持和参与智慧城市建设的自觉性和主动性。专家学者的真知灼见，亦被有关机构参考、吸纳。如今，各位专家、学者及相关人士在历年论坛上的发言，经上海华夏文化创意研究中心整理和汇编的《上海华夏"智慧城市建设"论坛资料汇编（2010年—2021年）》一书由文汇出版社正式出版了。从这本书中，我们可以观察到上海智慧城市建设走过的印迹，也可以品读到人们在智慧城市建设不同时期产生的疑惑和关注的热点，更可以感受到上海从科技人员到普通市民对智慧城市的憧憬和参与建设的热情。在此，我要对该书的出版表示祝贺，对参与其中的众多专家学者表达谢意，更要对十几年来为本论坛的筹划、举办做出积极、无私奉献的社会组织——上海华夏文化创意研究中心表示感谢！

2021年是"十四五"规划的开局之年，上海规划的中心内容就是城市数字化转型，坚持整体性转变，全方位赋能，革命性重塑。可见未来的发展密码在数字里头，它将会有力地推进上海实现高质量的经济发展，高品质的生活方式和高效能的治理模式，智慧城市建设的美好前程可待。希望上海科学会堂"智慧城市"论坛能更好地延续下去，进一步提高站位，贴近实际，随着城市数字化转型而同步转向，从科学普及、舆论导向、建言献策等方面继续为上海智慧城市的建设做出一份贡献。真诚地希望更多的专家学者主动热情参与，期待社会各阶层大力支持和积极踊跃地加入其中。

目录

序
 周太彤……001

上海：面向全球面向未来的智慧城市
——2010年—2021年"智慧城市建设"论坛专家演讲汇编综述
 庞啸　付羚……001

2010年：低碳、节能与城市生活……035
2011年：智慧城市与物联网……059
2012年：智慧城市与视听文化创新……085
2013年：智慧城市与现代生活方式……089
2014年：智慧城市与城市生态……093
2015年：智慧城市与网络生活……109
2016年：智慧城市与网络安全……124
2017年：智慧城市与共享经济……138
2018年：智慧城市与社会公共服务……160
2019年：5G+AI，智慧城市新动能……185
附录：智慧城市与5G建设研讨会……207
2020年：疫情常态化下的智慧城市建设……221
2021年：智慧城市建设与数字化转型……242

后记……260

上海：面向全球面向未来的智慧城市
——2010年—2021年"智慧城市建设"论坛专家演讲汇编综述

2021年上海开启了"城市数字化"转型的新征程，意味着人工智能发展进入一个崭新阶段，这就为2010以来全力推进的智慧城市建设提供了强有力的硬件支撑。

一、认清当今世界以人工智能为导向的智慧城市发展态势

随着人类社会的不断发展，未来城市将承载越来越多的人口，而人口的增长将使"城市病"问题更加严峻，资源短缺、环境污染、交通拥堵、安全隐患等问题日益突出。为了破解"城市病"的困局，适应未来的人口增长规模，人们必然更加重视人工智能+区块链的融合，以便更加智慧高效地利用资源，减少浪费，产生更多的收益，同时实现可持续发展。

信息化革命是20世纪80年代以来世界发展的最重要特征，极大地推动了人类经济、社会、政治、军事等各方面的发展进程，创新了发展模式，提高了发展质量。新一代互联网、云计算、智能传感、通信、遥感、卫星定位、地理信息系统等技术的结合，将可以实现对一切物品的智能化识别、定位、跟踪、监控与管理，从而使城市乃至地球达到"智慧"的状态。因此，建设人工智能+区块链支撑的智慧城市正成为全球城市转型发展的态势，是推进城市健康有序发展的重要途径和方法。

一般来说，区块链（Blockchain)是指分布式数据存储、点对点传输、

共识机制、加密算法等计算机技术的新型应用模式。所谓共识机制是区块链系统中实现不同节点之间建立信任、获取权益的数学算法。对此可以从狭义和广义两方面看：狭义的区块链是一种按照时间顺序将数据区块以顺序相连的方式组合成的一种链式数据结构，并以密码学方式保证的不可篡改和不可伪造的分布式账本。广义的区块链技术是利用块链式数据结构来验证与存储数据、利用分布式节点共识算法来生成和更新数据、利用密码学的方式保证数据传输和访问的安全、利用由自动化脚本代码组成的智能合约来编程和操作数据的一种全新的分布式基础架构与计算方式。

（一）从城市信息化发展历程看智慧城市架构及其特征

信息化指培养和发展以计算机为主的智能化工具为代表的新生产力，并使之造福于社会的历史过程，城市信息化则是在一定历史阶段以信息化为特征的城市发展过程。根据信息通信技术应用特点，城市信息化发展分为信息港、数字城市、智慧城市和新型智慧城市四个阶段，城市信息化发展历程如图1所示。

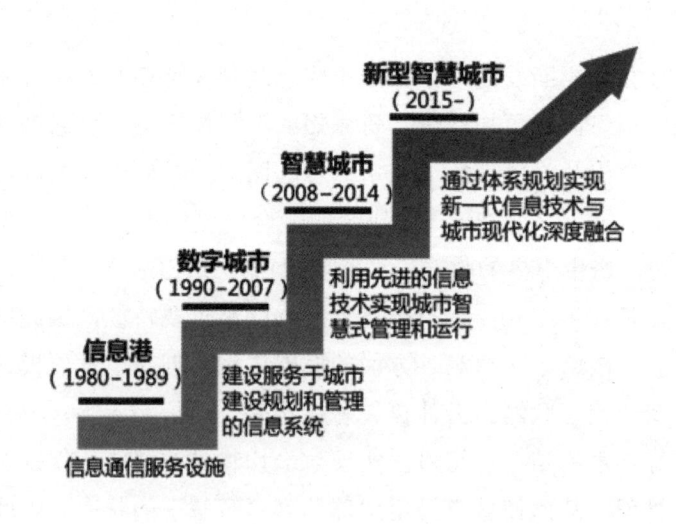

图1 城市信息化发展历程

20世纪80年代光纤通信技术开始快速发展，欧美国家通过大量财政投入开展信息通信基础设施建设以提升城市竞争力，随之信息港概念诞生。信息港是一种综合的信息通信服务设施，通过各种网络设施互联，为用户提供方便快捷的信息服务，是世界宽带网络的枢纽，可提供互联网接入、电子邮件、文件传输和网页浏览等传统互联网服务。

20世纪90年代，数字城市概念在短时间内就形成传播。数字城市综合运用全球定位系统、遥感系统和地理信息系统等技术，对城市中广泛且多源的空间信息进行有效的集成、管理、开发和应用，建设服务于城市建设规划和管理的信息系统。数字城市突出对城市社会经济信息进行全面整合，通过电子政务、规划建设、环境治理、智能交通、电子商务和公众信息服务等领域的应用，实现城市各种信息的共享与服务。

为解决数字城市建设中条块化缺陷，IBM公司在2008年提出了智慧城市的概念，提出运用物联网和云计算等技术手段，着力贯通城市内各部门间乃至城市间核心系统的数据和信息，对包括民生、环保、公共安全、城市管理与服务以及工商业活动在内的各种需求做出智能响应，提高城市运转效率以实现可持续发展。其实质就是利用先进的信息技术，实现城市智慧式管理和运行，进而为城市中的人创造更美好的生活，促进城市的和谐、可持续成长。

新型智慧城市是我国政府在2015年提出的一个综合平衡的长远目标，主要针对新时期城市发展过程中逐渐暴露出来的新问题和人民群众的新需求。党的十八届五中全会及时提出"创新、协调、绿色、开放、共享"新发展理念，为城市发展赋予了新的内涵，注入了新的活力，同时也为智慧城市建设提出了新的要求。为响应新时期建设的新要求，全面落实党中央对城市工作的指示，2015年底，中央网信办、国家互联网信息办提出了"新型智慧城市"概念，指出要"以为民服务全程全时、城市治理高效有序、数据开放共融共享、经济发展绿色开源、网络空间安全清朗为主要目标，通过体系规划、信息主导、改革创新，推进新一代信息技术与城市现代化深度融合、迭代演进，实现国家与城市协调发展的新生态"。2016年4月，网络安全和信息化工作座谈会上，习近平总书记指出"要以信息化推进国家治理体系和治理能力现代化，统筹发展电子政务，构建一体化在线服务平台，分级分类推进新型智慧城市建设，打通信息壁垒，构建全国信息资源共享体系，更好地用信息化手段感知社会态势、畅通沟通渠道、辅助科学决策"。建设新型智慧城市重点是突出体系规划和协同思维，解决城市之间和城市内部各种信息系统"烟囱林立"的问题，进一步提升城市治理和服务水平，其本质是建立覆盖性无盲点的社会公共服务的框架结构及其体系。这个社会公共服务架构及其体系，是信息化与城市化的高度融合，是新一代信息技术发展和知识社会创新环境下城市信息化向更高阶段发展的表现。智慧城市将成为一个城市的整体发展战略，作为经济转型、产业升级、城市"一篮子"服务的提升能级的新引擎，从而达到提高民众生活幸福感、企业经济竞争力、城市可持续发展的目的。其架构基本特征为全面透彻的感知、宽带泛在的互联、智能融合的应用和以人为本的可持续创新等诸多要素的集成。

1. 全面透彻的感知。通过传感技术，实现对城市管理各方面监测和全面感知。智慧城市利用各类随时随地的感知设备和智能化系统，智能识别、立体感知城市环境、状态、位置等信息的全方位变化，对感知数据进行融合、分析和处理，并能与业务流程智能化集成，继而主动做出响应，促进城市各个关键系统和谐高效运行。

2. 宽带广泛的互联。各类宽带有线、无线网络技术的发展为城市中物与物、人与物、人与人的全面互联、互通、互动，为城市各类随时、随地、随需、随意的应用提供了基础条件。宽带泛在网络作为智慧城市的"神经网络"，极大地增强了智慧城市作为自适应系统的信息获取、实时反馈、随时随地提供智能服务的操作能力。

3. 智能融合的应用。现代城市及其管理是一类开放的复杂巨系统，新一代全面感知技术的应用更增加了城市的海量数据。集大成，成智慧。基于云计算，通过智能融合技术的应用实现对海量数据的存储、计算与分析，并引入综合集成法，通过人的"智慧"参与，大大提升决策支持的能力。基于云计算平台的大成智慧工程将构成智慧城市的"大脑"。技术的融合与发展还将进一步推动"云"与"端"的结合，推动从个人通信、个人计算到个人制造的发展，推动实现智能融合、随时、随地、随需、随意的应用，进一步彰显个人的参与和用户的力量。

4. 以人为本的可持续创新。面向知识社会的下一代创新重塑了现代科技以人为本的内涵，也重新定义了创新中用户的角色、应用的价值、协同的内涵和大众的力量。智慧城市的建设尤其注重以人为本、市民参与、社会协同的开放创新空间的塑造以及公共价值与独特价值的创造。注重从市民需求出发，并通过维基、微博、Fab Lab、Living Lab等工具和方法强化用户的参与，汇聚公众智慧，不断推动用户创新、开放创新、大众创新、协同创新，以人为本实现经济、社会、环境的可持续发展。

（二）从效率、效益看智慧城市的主要价值目标

同传统城市目标不同的是，智慧城市更加看重效率，更加讲究效益，使社会有限资源得到更加合理配置，共享效应更加放大。

1. 提升社会公共服务水准。通过智慧医疗、智慧教育、智慧交通、智慧养老、智慧政务等建设，在教育文化、医疗卫生、优生优育、劳动就业、社会保障、住房保障、环境保护、交通出行、防灾减灾、检验检测、科普知识等领域提供更加方便、及时、高效的社会公共服务项目，形成互联、互通、互补、互动的功能性网络服务体系。

2. 强化城市社会精准治理体系和能力建设。通过智慧监控、智慧城管、智慧安防等建设，在市政管理、人口管理、交通管理、公共安全、应急管理、社会诚信、市场监管、检验检疫、食品药品安全、饮用水安全等领域实现数字化、精准化管理，进一步完善城市社会治理体系和增强社会治理能力。

3. 促进绿色低碳可持续发展。通过智慧环保建设，建立环境信息智能分析系统、预警应急系统和环境质量管理公共服务系统，对重点地区、重点企业和污染源实施智能化监测，并结合智慧交通建设，促进城市的绿色低碳发展，形成良性循环的环境生态系统。

4. 创新推动产业转型升级。一方面，智慧城市的建设直接推动人工智能相关产业的加速发展，既包括上游传感器等观测设备和网络设备等产业，也包括中游软件与应用开发、信息集成及传输、大型计算机和云计算等产业，还包括下游智慧医疗、智慧安防等服务提供产业。另一方面，智慧城市的建设将提升城市运行效率，优化企业信息化的基础环境，为传统产业的技术升

级和新兴产业培育创造良好的条件，促进由"互联网+"到"人工智能+区块链"的纵深发展。

二、乘势而发，加快建设具有上海特色的智慧城市

以市委十一届四次全会精神为引领，对照主攻方向和重点任务"五个新突破八个新高地"，即要对照主攻方向和重点任务，围绕城市核心功能，聚焦关键重点领域；并参照兄弟省市建设智慧城市的有效做法和经验，全力提升上海的国际经济中心综合实力，优化国际金融中心资源配置功能和国际贸易中心枢纽功能，增强国际航运中心高端服务能力和国际科技创新中心策源能力。从而取得整体上的新突破，在包括制度创新、对外开放、品牌建设、创新创业、全球网络、发展平台、人才集聚、品质生活等关键领域打造崭新高地。

（一）国内智慧城市建设的现状

2009年IBM公司发布了《智慧的城市在中国》报告并和中国政府签订关于建设智慧城市的战略协议，主要是想通过有效利用信息通信技术来提升城市管理水平，进一步推动城市治理的数字化、信息化、智能化以及全面感知化，从而提高中国社会的城市化水平，为城市的经济社会发展注入新的动力引擎。随后，科技部联合城建部等单位在武汉举办了"2010中国智慧城市论坛"，这一举动表明了中国政府对启动和建设智慧城市方案的高度重视，为以后国内各城市相继制订和落实有关智慧城市战略方案开启了信号灯。2014年3月，中共中央、国务院印发《国家新型城镇化规划（2014—2020年）》，提出利用大数据、云计算、物联网等新一代信息技术推动智慧城市发展，首次把智慧城市建设引入国家战略规划，并提出到2020年建成一批特色鲜明的智慧城市。2014年8月，经国务院批准，国家发展改革委等八部委联合印发了《关于促进智慧城市健康发展的指导意见》。

在国家战略引领下，各地掀起智慧城市建设热潮。据不完全统计，全国提出智慧城市规划的城市超过300个，形成了各具特色的创新亮点。如北

京市朝阳区打造"智慧朝阳",建立了移动电子政务信息系统;上海积极采用先进的交通管理技术和手段,开发智能交通系统,努力保障城市交通的畅通;贵阳将大数据、云计算作为核心产业,致力于打造中国"数谷";江苏首个省级智慧城市群综合接入平台"智慧江苏"上线引起广泛关注;沈阳依托大数据优势,打造了"智慧沈阳"统一平台;陕西发布了全国首个省级智慧城市技术规范《陕西省智慧城市体系架构和总体要求》。

然而,随着城镇化进程的不断推进,城市管理、建设和发展面临更多挑战和更大压力。仅仅关注城市各部门的信息化建设显然不足以满足城市未来长远、可持续发展的需求,而传统智慧城市建设所造成的"信息烟囱""数据孤岛""重技术轻应用""重推广轻民生"等问题逐渐暴露。在此背景下,我国基于以往智慧城市理论和实践基础,进一步提出建设新型智慧城市。2016年3月,国家"十三五"规划纲要明确提出"建设一批新型示范性智慧城市",工信部提出在"十三五"期间有针对性地组织100个城市开展新型智慧城市"试点"。在国家政策的大力支持和引导下,各城市积极投入新型智慧城市建设实践之中,希望通过体系规划、信息主导、推进新一代信息技术与城市现代化深度融合和迭代演进,实现治理更现代、运行更智慧、发展更安全、人民更幸福。

(二)上海智慧城市建设的主要特点

1. 以速度推进网络和信息基础设施完善。围绕建设成为国内通信质量、网络宽带、宽带资费、综合服务最具竞争力的地区之一的目标,着力增强信息网络综合承载能力、设施资源综合利用能力和信息通信集聚辐射能力。在国内率先发布《上海市共用移动通信基站站址布局专项规划(2010—2020)》,编制《上海市信息基础设施布局专项规划(2012—2020)》;率先开展新建住宅建筑通信配套设施第三方运维;推进基础通信管线、移动通信基站、光纤到户驻地网、无线局域网等设施的集约化建设;开展固网宽带、公共WLAN的网速动态监测分析及宽带资费跟踪比较,实现本市宽带资费与国内同类城市基本可比。目前,上海光纤到户覆盖总量约820万户,实现城镇化地区覆盖;家庭光纤宽带入户率和平均宽带分别达60%和20M;完成600万有线电视用户NGB网络改造,基本覆盖中心城区和郊区部分城镇化地区;基于TD-SCDMA、WCDMA、CDMA2000三种制式的3G网络全市覆盖,全面启动4G网络建设,3G和4G用户普及率达70%;WLAN覆盖场所达2.2万处,456处公共场所开通i-Shanghai服务。继续保持城域网出口带宽国内城市首位,全面完成三网融合试点任务。

2. 以高效推进各领域的智能应用。从市民诉求和企业关注的热点出发,着力推动数字惠民、智慧城管、两化融合和电子政务行动,初步实现智慧城市建设应用领域全覆盖。数字惠民领域,围绕市民"医食住行文教旅"智能化服务,推进智慧城市成果全民共享。卫生信息化工程实现市区及医联等多平台互联互通,动态采集维护3000多万份健康档案;建立统一的食品安全投诉举报热线,办理时间从30天缩减到19天,在50个社区和5个行政村试点开展以生活服务、智能家居等为重点的"智慧社区"和"智慧村庄"建设。智慧城管领域,推进城市建设与管理并举,将信息化全面渗透到中心城区升级改造和郊区新城规划建设中。网格化管理模式从城市建设综合管理拓展,有效推动大联动、大联勤;公共交通综合信息服务渠道向移动网络拓展,ETC建设基本覆盖全市主要道口。两化融合领域,全面推进信息化在产业各领域的渗透应用,促进传统产业向高端化、服务化、绿色化发展,两化融合指数从2011年的75.5提高到2013年的80.4;电子商务带动了平台经济发展和供应链协同,电子商务交易额突破1万亿元。电子政务领域,基本建成覆盖全市的人口库、法人库和空间地理信息库,在信息公开基础上推动政府数据资源向社会开放,开通国内首个"政府数据服务网";网上行政审批平台在内资企业设立、建设工程等领域实现并联审批;"12345"市民服务热线、法人数字证书"一证通用"等渠道整合不断深化。

3. 以高端推进新一代信息技术产业发展。把推动战略性新兴产业作为发展抓手,围绕新产业、新技术、新模式、新业态,加快信息产业由大变强,产业转型升级不断加快。着力实施重点专项,作为"中国软件名城",本市高端软件取得快速发展,在操作系统、数据库、中间件等方面形成完整产业链;集成电路设计水平大幅提升,产品应用到移动智能终端、数字音视频和北斗卫星导航等领域;建设国家云计算创新服务试点城市,深入实施"云海计划"，金融云、中小企业服务云等示范项目进展顺利；物联网在水质监测、智能消防、环境监测、公共安全和智能照明等方面试点应用。着力营造产业发展环境，出台了鼓励软件产业和集成电路产业发展的若干专项政策；通过组建产业技术和标准联盟，推动产业链上下游企业联动发展，通过园区基地建设，加快企业集群发展。着力培育龙头骨干企业，出台支持企业做大做强的专项政策，通过组建产业并购基金等方式，鼓励企业兼并重组。以软件为例，全市有年经营收入超10亿元软件企业42家，海内外上市企业47家。截至2013年底，上海信息产业总规模达到1.09万亿元，其中软件和信息服务业收入达到4317亿元，信息服务业增加值占全市GDP比重达到6.4%，产业结构得到进一步优化。

（三）上海建设智慧城市的成就及面临的问题

1. 上海建设智慧城市取得的成就。上海智慧城市建设开启于2011年，在"十二五"规划纲要中明确了创建面向未来的智慧城市的重要任务。2011年9月，上海市委、市政府发布了《上海市推进智慧城市建设2011—2013年行动计划》，对智慧城市建设目标、任务和推进举措进行了规划，重点明确了信息基础设施、信息感知和智能应用、新一代信息技术产业、信息安全保障四个方面的建设任务。2014年12月，上海又出台了《上海市推进智慧城市建设行动计划（2014—2016年）》，对新三年上海智慧城市发展的目标、任务重点、支撑体系和保障措施进行了规划，围绕前三年初步形成的智慧城市体系框架，重点明确了智慧生活、智慧经济、智慧城管、智慧政务、智慧社区五个方面的一系列建设任务，加大了对智慧应用的重视。2016年9月，上海出台《上海市推进智慧城市建设"十三五"规划》，根据智慧城市建设新情况、新特点和新趋势，体现"四个更加突出"的发展主线，即更加突出城市发展的需求牵引，更加突出信息化建设的应用导向，更加突出激发活力的众创机制，更加突出建设成效的普遍惠民。

经过多年发展，上海市在智慧城市建设方面取得了重要的成果，在智慧城市发展评价中处于国内领先地位。

一是完善了便民惠民的智慧生活服务体系。目前，上海在一些点上形成了可以比肩国际水平的智能化应用平台。智慧交通方面，基本建成了以道路交通综合信息服务（智行者）、公交信息服务（上海公交）、公共停车信息服务（上海停车）为主干的交通信息化应用框架，公交车实时到站信息基本覆盖中心城区及郊区主要地区的所有公交线路，部分公交车上已经开通Wi-Fi无线网络覆盖。智慧健康方面，在医联平台和电子健康档案基础上，上海推动65家试点社区卫生服务中心与市级平台对接，在"就诊流量""延伸处方"等五个方面进行综合管理和数据展示。同时考虑在单点突进基础上，围绕需求打造市民服务的统一入口平台，基于"市民云"APP进一步整合各类服务资源和渠道，让数据多跑腿，百姓少跑路，市民只需要打开一个APP，即可享受各类行政公用事业服务。

二是形成了纵深立体的城市管理信息化格局。近年来，上海围绕城市精细化管理和社会协同化治理目标，聚焦网格化管理、区域联勤联动、基层社区治理、城市运行安全保障等领域，开展了一系列卓有成效的智慧城市应用。城市综合管理信息平台进一步向基层拓展，全市213个街镇基本完成了平台建设，村居工作站覆盖率超过50%。针对环境综合治理，推进上海市环境应急与辐射管理系统、长三角区域空气质量预测预报系统建设，在工地、道路、搅拌站、码头堆场等设置建筑工程扬尘和噪声现场监测点。加强食品安全综合监管，近2万家食品企业注册上海食品安全追溯平台，其中1万余家食品企业可查询数据，市民可通过网站、手机APP、微信公众号等进行信息查询。

三是建立健全了与经济转型升级相匹配的智慧经济体系。上海相继出台了《上海市加快制造业与互联网融合创新发展实施意见》和《上海市工业互联网创新发展应用三年行动计划（2016—2018年）》，明确了未来3~5年推进工业互联网创新发展和制造业与互联网融合的目标任务。同时，积极推动分享经济等基于互联网的新经济发展，鼓励互联网企业与传统行业的融合互动。当前，上海已经成为全国重要的互联网金融产业高地，汇集了银联、蚂蚁金服、汇付天下等一批行业龙头企业。此外，结合自贸区建设，上海在跨境电子商务、跨境支付结算、电子口岸通关便利化等领域也走在了全国前列。

四是重塑了透明高效的智慧政务服务体系。围绕构建集约高效的电子政务云，以"集中+分布"为建设原则，以政府购买服务方式，依托政务外网，统一为各部门提供服务，目标是在全市最终形成"1+16"市、区两级云体系。同时，持续推动政府公共数据开放，涵盖经济建设、资源环境、教育科技、道路交通等12个重点领域。

五是做实了智慧城市示范性"新地标"。通过开展智慧社区、智慧商圈、智慧村庄、智慧园区和智慧新城试点建设，重点推进试点地区的信息化能力提升和智能化改造，进一步提高基层治理和服务水平。

六是调整了智慧城市支撑体系。重点加强信息基础设施、数据资源开放共享、信息技术研发和产业化、信息安全保障等方面建设。特别是网络就绪度和网速保持国内领先，光纤到户覆盖了全市960多万户家庭，进一步提高了光纤到户实装率，全市家庭光纤入户率超过58%。

2.上海建设智慧城市面临的问题。在推进模式上，供给导向型而非需求导向型。目前国内智慧城市的建设主要是政府牵头自上而下的供给导向型，更多地强调以信息基础设施建设和"智慧"技术创新为路径推进智慧城市建设；"智慧"项目建设较多从政府部门角度出发，旨在解决政府部门的办公问题、管理问题，较少从市民的角度、企业的角度，建设以普通市民、企业的实际需求为主导的"智慧"项目。这种政府主导下的智慧城市建设模式，缺乏民众和企业的积极参与，未形成有效的公众需求反馈渠道和机制，使得公共服务供给与市民的需求匹配度不高。

在推进机制上，缺乏跨部门、跨产业链的合作机制。由于意识、体制和技术等原因，上海各行业、各部门间"信息孤岛"现象仍然突出，跨部门、跨产业链的合作机制缺乏，信息资源的整合和协同共享问题尚未解决。目前，上海正在推进政务信息系统整合，但在行业之间、公共服务领域仍未能实现数据的有效整合和利用。在这种推进机制下，上海的"智慧"服务主要体现在某一方面的需求"点"上，如建设电子账单公共服务平台、道路交通信息采集和发布系统、市民电子健康档案、学生成长教育信息系统等，存在城市公共服务的非连续性和碎片化现象，而跨部门、跨领域、跨区域的"面"上的智慧项目建设进展缓慢。

在基础设施方面，信息基础设施能级仍须提高。上海经过多年发展，信息基础设施能级不断提升，但与国外先进城市相比，仍存在一定差距。李克强总理2018年4月在上海复旦大学附属华山医院远程会诊中心考察时，了解到网速较慢仍是影响远程医疗实际效果的主要因素，他指出要进一步加大投入、补齐短板。而在新加坡，高速宽带网络和高分辨率的摄像头等硬件设施使得远程医疗成为可能。

在智慧经济方面，产业发展尚不成熟。上海智慧产业的主要核心技术仍依赖进口，高端领域发展较慢，一些中低端领域虽然已实现规模经营，但仍存在不少问题。如共享经济的发展使人们生活更加便利，提高了资源配置效率，但也出现管理混乱、侵占公众设施、利益等诸多问题。在这种情况下，政府不监管或过度监管都会造成矛盾。因此，找到与新经济相适应的监管模式是当务之急。

在信息安全方面，安全保障体系尚不完善。由于智慧城市的复杂性，使得智慧城市的信息安全问题显得更加复杂，一旦在网络安全防护上不能得到有效保证，可能造成城市管理职能出现混乱、隐私信息泄露、应急决策失误、各类事故频发乃至局部社会动荡的局面。上海在信息安全的管理、技术、法律等层面仍须不断加强，以形成完善的安全保障体系。在隐私保护方面，由于智慧城市涉及海量数据，在数据的充分开放共享和隐私保护之间是存在一定矛盾的。因此在隐私的鉴别、数据管理等方面要形成完整明确的规范标准，使得数据资源在保护隐私的前提下，能够更大程度地开放共享，实现最大价值。

（四）对上海推进智慧城市建设的建议

1.探索有特色的需求导向型发展模式。智慧城市建设终极目标是人的发展，它并不仅仅要满足人的一般物质需求，更要满足人求知、求乐、求富、求安的整体性需求。国外智慧城市建设先进城市大多采取需求导向型发展模式，以民众需求最迫切的公共服务作为智慧城市建设的重点。上海在大力推进"智慧管控"的同时，更要重点推进"智慧服务"，响应社会对智慧城市不同阶段、不同层次、不同方面的诉求与需求，使市民共享智慧城市成果，不断提升市民对信息的获取和利用能力，提高市民在城市建设、城市发展、城市管理中的参与度。

2. 形成跨部门、跨产业链的合作机制。结合上海市打造卓越全球城市和建设四大品牌重要战略，加强智慧城市建设顶层设计，采取点面结合的方式，着力推动智慧商务、智慧金融、智慧政务、智慧生活、智慧制造等一系列智慧化应用（见图2）。同时完善智慧城市建设的组织领导机制，建立健全信息资源开发和共享交换机制，打破"信息孤岛"现象，形成跨部门、跨产业链的合作机制。

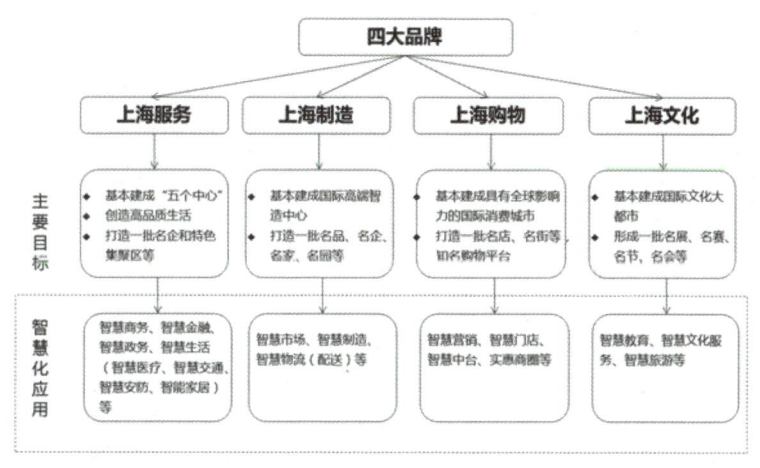

图2 上海建设"四大品牌"战略的智慧化应用

3. 激发市场主体和市民参与活力。政府应当充分利用市场机制，对各类建设项目进行分类，采取多渠道筹资方式，有效地吸引社会资本投资。除传统的政府自建自营模式外，一些非核心的服务项目，如信息基础设施维护、应用系统运营维护及某些非关键的业务流程处理环节，可根据具体情况，采取服务外包、BT（建设-移交）、特许经营、完全市场化等模式。另外应加强与市民互动，获取市民的广泛支持，使智慧城市建设惠及全民。

4. 进一步提高信息基础设施能级。智慧城市构建的是一个泛在接入、高速互联、实时感知、广泛连接的城市运行综合生态系统，须构建高速宽带泛在的通信网络支撑。因此建设智慧城市，网络通信基础设施要先行。上海应借鉴新加坡模式，重点加快构建宽带、泛在、融合、安全的信息基础设施体系，推进宽带城市、无线城市建设。

5. 聚焦关键技术促进智慧经济发展。通过政府优先采购、税费优惠、人才引进等，重点推进云计算、物联网等新一代信息技术以及突破感知信息网络融合、智能分析决策等智能化共性关键技术的研发。针对新业态发展过程中出现的种种问题，政府既不能放任不管，也不应简单粗暴、一禁了之，要主动适应新事物，跟上新业态创新步伐，通过调研、试点、试错等，寻找有针对性的解决方案。也可吸收社会力量，采取自治共治等方式进行管理。

6. 建立完善的信息安全保障体系。一方面加强网络安全防护，建立涵盖"城市基础设施安全、城市数据中心安全、城市虚拟社会安全"的安全体系，逐步实现新型智慧城市"网络空间安全清朗"的目标。另一方面要在数据开放共享的同时加强隐私保护。在隐私鉴别、隐私保密等方面形成规范标准，哪些属于隐私数据、哪些可以向公众公开、怎样进行隐私数据保护等，这些都应有具体的规定。在此基础上，从立法、公众意识、技术标准等方面逐步完善信息安全保障。

（五）智慧城市下的政府功能再造

1. 公共服务和管理的智慧化。公共服务方面，随着智慧医疗、智慧教育、智慧养老、智慧政务等智能化应用的发展，政府公共服务逐渐走向智慧化，为公众提供便捷、高效、优质的服务；城市管理方面，通过智慧监控、智慧安防、智慧城管等建设，在市政管理、人口管理、公共安全、应急管理、社会诚信等领域实现数字化、精准化管理。

2. 经济调控的中立化。"中立型政府"是美国约翰斯·霍普金斯大学的政治学家莱斯特·萨拉蒙提出来的。他指出："这种模式就是让政府和私营部门各施所长。政府筹集资源，通过民主的政治程序确定社会发展的优先目标顺序；私营部门则组织产品和劳务的生产。""中立型政府"是适应信息网络化的条件而出现的。

在智慧城市下，宽带泛在的互联使得各微观经济主体之间的沟通更加快捷，在一定程度上减少了由于信息不对称而造成的市场失灵，提高了资源配置效率，因此政府经济调控的重点不再是配置资源，而是维护经济秩序、稳定经济发展。微观经济主体获取信息、反应更加迅速，电子货币的普及加速资金流动、导致货币乘数增加，这些都将加大政府调控稳定经济的难度。

3. 市场监管的有效化。智慧城市下，新经济、新业态不断涌现，一些传统的监管方式不能适应经济的发展，政府应更新观念、创新方法，使政府监管更加有效。一是模式创新。对不同的经济形态、不同的行业要有不同的监管模式，并随着行业的发展与时俱进，这样才更具针对性。二是手段创新。智慧城市的发展也使得市场监管的手段更加丰富，应充分运用先进的技术提高监管效率和效果。三是机制创新。新经济、新业态的发展同时也会带来越来越多的矛盾和问题，使得市场监管更加复杂。政府应创新监管机制，在监管的主体、方式、流程等方面进一步优化，以适应智慧城市下的经济发展。

4. 信息设施建设的常态化。信息技术和基础设施是智慧城市发展的必要保障。智慧城市的建设和运营对信息技术和基础设施的要求是非常高的，因此，在智慧城市下，信息技术需要不断创新发展，信息基础设施建设和维护也将常态化。

5. 数据管理的规范化。在数据应用方面，政府应统筹各部门数据，注重数据开放，使各类数据发挥最大效用；在数据安全方面，在隐私保护、网络安全防范上要规范化管理，最大限度保障数据安全。

三、城市数字化转型赋能智慧城市

当前，数字化正以不可逆转的趋势改变人类社会，特别是新冠疫情进一步加速推动数字时代的全面到来。数字化越来越成为推动经济社会发展的核心驱动力，深刻变革生产组织和贸易结构，重新定义生产力和生产关系，全面重塑城市治理模式和生活方式。"十四五"时期是我国全面建成小康社会、实现第一个百年奋斗目标之后，乘势而上开启全面建设社会主义现代化国家新征程、向第二个百年奋斗目标进军的第一个五年，《中华人民共和国国民经济和社会发展第十四个五年规划和2035年远景目标纲要》专列第五篇论述了加快数字化发展，建设数字中国的重要性，提出要"迎接数字时代，激活数据要素潜能，推进网络强国建设，加快建设数字经济、数字社会、数字政府，以数字化转型整体驱动生产方式、生活方式和治理方式变革"。再聚焦到《上海市国民经济和社会发展第十四个五年规划和二〇三五年远景目标纲要》，上海同样提出要"加快数字化发展，大力发展数字经济，加快数字社会、数字政府建设"，甚至专门出台《关于全面推进上海城市数字化转型的意见》为上海数字化转型规划发展蓝图，在这样的背景下探究城市数字化转型如何赋能智慧城市发展可以说具有重大的现实意义。

（一）理解城市数字化转型赋能智慧城市的深刻内涵

2020年11月26日，中共上海市第十一届委员会第十次全体会议在国内首次提出"全面推进城市数字化转型"，为上海打造具有世界影响力的国际数字之都定下了基调。城市数字化转型作为一项全新课题，涵盖城市生产与生活的方方面面，涉及社会经济发展各个领域，既包含人民对城市的美好期待，也勾勒出新发展理念、新发展格局下，城市未来发展的宏伟蓝图。虽然"企业数字化转型""产业数字化""政府数字化转型"等概念近年来被多次提及，但全面推进整个城市数字化转型还是一个新的理念。近年来，各界对城市转型和数字化转型等概念已进行过一些思考，有助于在此基础上探讨城市数字化转型的定义与内涵。有学者认为"城市转型是指基于推动城市发展的主导要素变化而导致的城市发展阶段与发展模式的重大结构性转变，是在一段时间内集中发生的具有内在一致性的变化与制度变迁"，还有学者认为"数字化不仅是信息交流的数字化，算法正不断改变人类生活的方方面面""数字化转型是指通过信息、计算、通信、连接等数字技术的组合，触发实体属性的重大变革以改进实体的过程"。由此，城市数字化转型的定义可以理解为由数字技术和数据要素驱动的城市发展模式与实体形态的结构性转变，覆盖经济产业、社会生活、政府治理等诸多方面的转型。需要注意的是"转型"强调的是对原有形态的转变，要协同推进数字技术、制度、规则、功能、生态等各个方面的转型。此外，城市数字化转型还要与城市的其他发展目标有机融合，包括创新城市、人文城市、绿色城市、低碳城市、韧性城市等。

而理解城市数字化转型与智慧城市的关系，则可以先梳理一下上海数字化城市建设的三个主要阶段，一是2011—2013年，首次提出"创建面向未来的智慧城市"战略,制订首个智慧城市三年行动计划,铺设信息高速公路,建成全国首个光网城市;二是2014—2016年,出台智慧城市第二个行动计划,单一功能信息系统规模建设,推进市民电子健康档案等一批公共服务项目;三是2017年至今,出台"3+3"智慧城市建设若干意见,推动数据共享开放、应用融合创新。"一网通办""一网统管",智慧公安、城市管理网格化等一批跨部门跨层级系统平台建成,打响全国政务服务和城市治理品牌。2020年11月,上海从350个国际城市中脱颖而出,成为首个获得"世界智慧城市大奖"的国内城市。因此可以总结出智慧城市是城市数字化转型的基础与先决条件。而在数字经济不断发展的过程中,数字化正以不可逆转的趋势改变人类社会,全面推进城市数字化转型是面向未来、面向国际塑造城市核心竞争力的关键举措,也是超大城市治理体系和治理能力现代化的必然要求,为了实现高质量发展、高品质生活、高效能治理,则需要城市数字化转型赋能智慧城市。

(二)明晰城市数字化转型赋能智慧城市的价值取向

探讨城市数字化转型赋能智慧城市的价值取向,本质就是要思考城市数字化转型为谁而转的问题。对上海而言,城市数字化转型是人民城市建设的重要推动力,使人人都成为数据的生产者、治理者、使用者、获益者,以数字化方式践行共建共治共享理念,从而体现出"人民城市人民建,人民城市为人民"的重要价值取向。具体而言,应该明确以下几个方面。

1. 城市数字化转型赋能智慧城市的受益主体应是全体市民。在城市数字化转型的过程中,政府在通过网络信息技术实现公共服务数字化转型的同时,虽然很大程度上提高了公共服务的便捷性和可及性,但也产生了服务的不均衡和不公平性问题,比如社会有些群体因数字技能缺失而被边缘化,陷入"数字困境",成为"技术难民"。因此在城市数字化转型过程中,不能只考虑城市中数字能力强的优势群体,导致数字鸿沟,影响社会公平和稳定,同时在城市数字化转型赋能智慧城市发展中要以促进实现数字包容为目标,不让任何一个市民在数字经济时代"掉队"。

2. 城市数字化转型赋能智慧城市的根本目的是实现数字经济时代的"城

市，让生活更美好"。弱化甚至忽视需求导向的"为数字化而数字化"，甚至有些领域一味强调在线服务或无人服务，完全取消了传统的人工服务方式，即使对善于使用智能手机的市民来说，不顾市民的实际需求和服务场景，"一刀切"单一提供在线服务，从生产力角度确实提高了效率，但从某种角度降低了他们的实际服务体验，这样的城市数字化转型对于智慧城市的赋能变得低效甚至无效。城市应该向各种类型的市民提供多样化的、人机结合的服务渠道和方式，然后把选择权交给市民，由市民自己来依据自己的数字化能力、具体的服务场景和切实需求来做出选择。

3.城市数字化转型赋能智慧城市的结果是用技术实现人的全面解放和发展。技术是一把双刃剑，一方面，技术的力量具备让城市变得更"智慧"的能力，但另一方面也可能给城市带来新的风险隐患，因为技术上可能的，不一定就是组织上可行的，更不一定是政治和社会上可接受的。随着庞大、复杂、多变的数据的大量涌现和广泛应用，数据及算法在法律定位和规制方法上暴露出各种问题，这给我国市场监管的运行和现代化建设带来了巨大挑战。如果技术变革、制度转型和规则完善的步伐不同步，就可能给城市带来两方面的困境：一方面，城市的各个领域无法把新技术充分利用起来实现转型；另一方面，城市也无法对新技术存在的各种问题和风险进行有效规制和约束，极易引发技术和数据裸奔。很有可能出现的结果是既没有把技术用好，也没有把技术管好，不仅未能利用新技术实现对城市的赋能，还可能使新技术本身成为城市中的一种"负能"。因此，在推进城市数字化转型赋能智慧城市的过程中，不仅要考虑技术"能不能"带来转变的问题，还要考虑这样的转型"好不好""可不可以"的问题。

上述是关于城市数字化转型赋能智慧城市价值取向的探讨，智慧城市从其诞生之日起，就以更好地满足人的需求为根本出发点，以动员更多的市民积极参与城市建设为行动指南。当前我们探索城市数字化转型赋能智慧城市，就是将上海的城市数字化转型与"人民城市"的理念进行有机结合，将市民的实际感受和需求作为衡量数字化转型赋能的尺度，让技术和城市"为人而转""为人而赋能"，提升城市中每一个个体的数字获得感、幸福感和安全感。

（三）探索城市数字化转型赋能智慧城市的路径

城市数字化转型是由数字技术和数据要素驱动的城市发展模式与实体形态的结构性转变，覆盖经济产业、社会生活、政府治理等诸多方面的转型。城市数字化转型赋能智慧城市意味着城市整体迈向数字时代，城市更聪明、更智慧，城市管理的手段、模式、理念得到深刻变革，生产生活方式和思维模式也将进行全面创新。所以，《关于全面推进上海城市数字化转型的意见》（以下简称《意见》）明确指出上海的数字化转型要做到三个坚持，即"坚持整体性转变""坚持全方位赋能"以及"坚持革命性重塑"。

1. 坚持整体性转变，推动经济、生活、治理数字化转型赋能智慧城市

首先，推动经济数字化转型，提高经济发展质量。经济发展是城市的核心功能，经济数字化转型会形成新供给，促进数字经济新业态新模式发展，经济数字化转型也是上海实现高质量发展的重要抓手。近年来，上海在线新经济发展成效明显，比如目前，上海网络文学企业占据全国90%的市场份额、本地生活服务占据全国70%的市场份额，第三方支付占据全国60%的市场份额，上海数字经济占GDP比重超过50%。此外，还有一些数据：比如上海提出打造全球电竞之都，上海企业占据全国网络游戏的市场份额也达到了30%；从增速看，2020年上海全市新一代信息技术行业营收逆势增长6.5%，在线新经济全年营收增速12%；从硬核数字产业发展看，上海人工智能重点企业超过1100家，规上产业规模超过1500亿元；从产业数字化进程看，上海建成了15个具有全国影响力的工业互联网平台、94家国家和市级智能工厂。在这样良好的态势下上海将继续加快推动数字产业化、产业数字化，放大数字经济的辐射带动作用，助力创新型经济、服务型经济、开放型经济、总部型经济、流量型经济"五型经济"发展。下一步，经济数字化转型赋能智慧城市则可以着重关注几个点，一是加快释放数据要素改革红利，建立数据要素市场，健全数据要素生产、确权、流通、应用、收益分配机制，以数据流动牵引资金、人才、技术、知识等要素的全球化配置，引导建立数据治理和安全保障体系，促进数据价值最大化发掘。二是大力提升城市数字化创新策源能力，加强关键核心技术攻关、功能型平台建设，加快建设集成电路、人工

智能等世界级数字产业集群，建立跨地域科技资源的协作网络，疏通基础研究、应用研究和产业化双向链接快车道。三是推动产业互联网和消费互联网贯通发展，助力提升产业链供应链的安全性、稳定性。比如，着力推动国际数据港建设布局、打造工业互联网行业标杆平台、优化数字供应链、建设智能示范工厂、建设数字贸易会展合作平台、数据赋能普惠金融、数字人民币试点、数字内容生产与设计、口岸便利化、科创数字化能级提升等重大场景建设。

其次，推动生活数字化转型，提高城市生活品质。生活数字化转型满足新需求，有助于提高城市生活品质，满足市民对美好生活的向往，是经济数字化和治理数字化转型的落脚点。例如，上海市区两级医疗间医学影像和报告互联互认覆盖率97%。长三角三省一市所有41个城市均已实现异地门诊直接结算的互联互通，截至2020年11月30日，联网定点医疗机构8102家，累计结算257.86万人次。此外，2020年新冠肺炎疫情暴发后，上海及时推出"随申码"服务，通过大数据赋能，创新管理服务方式，为统筹做好疫情防控和加快恢复生产生活秩序提供了有力支撑。"随申码"最初起源于疫情，但当前应用已经不仅局限于疫情防控。"随申码"作为真实、有效的电子身份凭证，通过连接线上、线下用户场景，开启用户海量数据的综合应用，已经能够为市民办理政务服务、参与社会治理、开展社会活动提供权威、个性、精准、便捷的信息服务。《意见》明确要打造便捷的数字化公共服务体系，丰富数字文创等供给。下一步，生活数字化转型赋能智慧城市就是要从企业市民和城市运行高频急难的问题难点中发现数字化转型的应用场景，形成"揭榜挂帅"的建设机制，引导市场主体参与数字化转型场景运营，全面激发社会创造力和市场活力，使人人都成为数据的生产者、治理者、使用者、获益者，以数字化激发城市生命体每一个"细胞"的活力，比如，打造30分钟就医服务、30秒入住酒店、为老服务"一键通"、停车服务"随心约"等便民示范应用。

最后，推动治理数字化转型，提高现代化治理效能。治理数字化转型有助于提高现代化治理效能，为经济数字化和生活数字化转型提供良好的制度供给和发展环境。目前，"一网通办"接入事项超过2000个，其中超过

80%具备全程网办能力，累计办件量超过6000万件；移动端"随申办"平均月活动超1000万。"一网统管"系统已整合接入了公共安全、绿化市容、卫生健康、气象、水务等30多个部门的100多项基础数据，同时依托80万个以上的"神经元"，形成"防汛应急处置""客流监测分析""套牌车核查"等一系列智能化城市应用场景，实现从预警到处置的闭环管理。智慧城市建设中同时涉及数字政府问题，数字政府的兴起是政府部门对经济演进到数字形态的自我适应，也是深化改革赋能数字经济发展的关键举措。城市数字化转型更是强化了智慧城市的主体赋能、主体权力分散与转让、时空延展与流动、社会关系的打破与重构等，为传统的社会治理增加了数字动力。下一步，对于治理数字化转型赋能智慧城市，上海将以党建为引领，加强数字赋能多元化社会治理，推进基层治理、法治建设、群团组织等领域数字化转型。可以从两方面着手，一方面，纵深推进"一网通办""一网统管"牛鼻子工程，实现政务服务从"能用"向"好用"转变，加快法治、公安、应急、公用设施等领域的数字化转型；另一方面，加强数字底座赋能，推动政府以数据驱动流程再造，践行"整体政府"服务理念，以数据为基础精准施策和科学治理，由原来的"人找政策"逐步转为"政策找人"，变被动响应为主动发现，比如深化道路交通管理信息系统应用，推进12345城市运行市民感知平台、公共卫生突发事件应急处置系统建设等，打造科学化、精细化、智能化的超大城市"数治"新范式，推动数字经济和数字社会的发展。

综上所述，城市数字化转型赋能智慧城市既不是某一个领域的单方面转型，也不是各个领域的各自转型，而应把整个城市作为一个有机生命体，全面统筹协同地推进城市在经济、生活和治理各个领域的整体性转变。三大领域互为促进、相互协同，实现经济转动能、生活转方式、治理转理念，通过数字化转型，将各领域堵点难点转化为数字经济时代的发展亮点，形成政府引导、市场主导、全社会共同参与的社会分工格局。

2. 坚持全方位赋能，为智慧城市搭建数据驱动的城市基本框架

首先，以数据要素为核心，形成新治理力和生产力。以新治理力来说，随着大数据技术的逐渐成熟，大数据为城市治理创新提供了新的工具和手段，尤其在创新城市治理中的作用越来越明显。因此，在城市数字化转型赋

能智慧城市的过程中，可以从以下角度出发，第一，健全数据共享和开放的软环境。基于大数据的城市治理创新，可能涉及众多的参与主体，一方面，政府部门之间要破除数据分割的壁垒，实现城市数据的共享和融合；另一方面，实现政府数据向社会公众开放，为社会共治提供基础。第二，明确推进和协调的主体单位。数据治理涉及的部门广、系统多、技术复杂，尤其是在建设过程中多种思想意识、组织观念和群体利益之间容易发生冲突，平台建设难度大，仅仅凭借技术手段无法实施，必须由上级权威部门牵头强力推进、统筹兼顾。第三，吸引与培养既懂业务又懂技术的高级大数据人才。政府大数据治理过程涉及数据采集、数据融合、业务理解和建模分析，需要既懂业务又懂技术的复合型人才。因此，为了促进大数据在城市治理中的应用，政府要引进兼顾培养具有丰富经验的大数据高级技术和管理人才。第四，数据融合是重点和基础性工作。在大数据环境下，政府数据资源融合需要一个完整的基础体系，不仅仅是建立强大的网络通信设施、数据中心，更需要对已有部门或业务系统中的数据进行清洗、比对、关联和链接，实现政府不同数据库的有效融合。

其次，以新技术广泛应用为重点，大力提升城市创新能级。城市数字化转型将通过物联网、大数据、云计算、人工智能等新一代信息技术的应用赋能智慧城市。接下来，以新型基础设施建设为抓手赋能智慧城市的过程中要注重两方面，一方面是传统物理基础设施建设的信息化升级。我国物理基础设施建设体系在已完备的基础上，实现信息化升级。这一转型方向的设置，是将前沿的人工智能技术、大数据等综合技术手段，应用于城市各个领域中基础设施连廊的建设，以推进城市物理基础设施的就地升级和改造。另一方面是服务型基础设施建设的科技化支撑，服务型基础设施建设是对智慧城市综合发展评价的一项不可忽视的指标，因为这项建设强调了产业与人之间的互动，重视用户体验和人文关怀。服务型基础设施的发展方向在于向科技化的转型，科技化对于服务型基础设施的改进，体现在保证客户、产品、资源之间的协调和匹配，促使交互过程与目标期望之间无限贴合，使得被服务人群的认同感和满意度充分提升，从而使服务型基础设施系统呈现出高级化、现代化特质。

最后，以数字底座为支撑，全面赋能城市复杂系统。城市数字化转型将按照"统筹规划、共建共享"的原则，赋予智慧城市"物联、数联、智联"的城市数字底座。数字经济时代，社会经济要素需要全互联、高速流动、一体化整合，从生活视角来看，依托"物联、数联、智联"的全连接和数据流动，能够极大地改善人民生活品质，并推动智慧城市生活新型服务模式的衍生。例如，通过物联数据将消费者线上和线下的消费数据打通，以此构建更加全面和系统的消费行为精准画像，并依托此画像为消费者提供差异化服务，进而形成线上线下消费全融合的新型服务模式。通过物联数据还可以将智慧家居、社区服务、社区管理、治安管理和社区周边商业等领域实现融合，依托人工智能进行分析、决策和控制，将管理、服务、商业等元素全面融合，实现"一点触发、场景联动、管理精准、服务增值"的效果，原先割裂的场景和数据一旦融合，将产生各类新的社区服务模式和社区周边商业模式。接下来城市数字化转型在"物联、数联、智联"方面还要打造三层架构：一层是物联网基础能力升级；一层是基于升级后的物联网能力，助力产业新基础设施建设；一层是打造新型行业应用。通过搭建深化好这三层架构从而更好实现对于智慧城市的赋能。

3. 坚持革命性重塑，引导全社会共建共治共享智慧城市

首先，再造数字时代的社会运转流程。城市数字化转型将从政府、企业以及市民三方面进行重塑从而赋能智慧城市。政府方面，要着力实现数据无障碍流动。这不仅仅意味着数据在政府之间的流通，更意味着政府数据与社会数据的融合互通。不仅仅要加快推进政务信息系统整合共享，推动数据供需部门切实做好需求调查，加强协同配合，确保共享数据精准对接，提高应用效果。同时也要支持开展数据权属、数据安全保护技术等方面的理论研究，探索政府数据与社会数据的互通机制，进一步打破数据割据，大力推进公共信息资源开放，推动政府数据有序向社会流通，释放数字经济时代红利，加速构建全社会数据开放共享体系。企业方面，数字经济时代，企业获取市场供求信息途径、企业传递市场供求信息途径以及企业处理市场供求信息途径都会发生转变，由此企业将实现基于数据的"决策革命"。同时，数字技术重构了交易模式，催生了新业态和新平台，促使企业的业务流程、产

品理念、思维模式、组织结构等实现全面转型。因而企业数字化转型要立足企业发展规模和阶段，实行差异化转型模式，推进基于消费者需求的商业模式创新，打造具有快速反应能力的敏捷组织，资产管理重点由物理资产向数据资产转变。市民方面，对生活在数字化时代的个体而言，正面临两种空间里的生存：一是现实的物理空间，另外一个是虚拟的数字空间。数字技术的革命在给人们的生活和沟通带来便利的同时，也引发了一系列社会问题，如利用网络实施诈骗、窃取他人隐私或国家机密、滥用黑客技术、网络暴力损害他人身心健康等。如何在信息时代虚拟的数字空间里谋求自我的生存和发展并与他人和谐相处，相关的道德规范和行为准则仍处于不断探索中。底层逻辑表明了在信息社会的今天，公民数字素养的重要性正日益凸显出来，数字素养意味着如何更好面对生存方式和生活方式的数字化，因此要重塑市民从质量、相关性、可用性、有效性、权威性、偏差和时效等方面对信息进行思考与分析，从而做出正确判断的能力。

其次，重构数字时代的社会管理规则。城市数字化转型要从推动管理手段、管理模式以及管理理念变革赋能智慧城市，尤其要着重注意城市数字化转型赋能智慧城市发展的法治问题，比如智慧社区的法治设计问题。所谓智慧社区是指以互联网、物联网以及相关数字技术为核心，并通过利用这些智慧技术将社区的各项服务资源整合，从而为社区居民提供智能便捷的管理与服务的一种现代科技管理模式。作为一种以人为本的可持续社会管理模式，智慧社区是今后基层社会治理的发展方向。当前，智慧社区只是处于试点发展初期，实践模式并不成熟，加之我国基层社区治理发展的情况各异，因此，在推行过程中就不可避免地出现了许多问题，其中首要难题就是相关法治设计的落后与缺失。在接下来数字化转型赋能智慧城市的过程中，一方面探索顶层立法设计，强化民众意愿支持。首先，国家与政府应该坚定顶层立法设计的信心，立法机关对于智慧社区顶层立法责任的承担，是智慧社区治理法治化迈向体系化的关键一步。针对智慧社区的立法设计滞后问题，我们应该积极探索借鉴国外相对成熟的智慧社区法治化模式，并结合我国经济社会发展现状，制定出符合中国特色的智慧社区法治化规范。其次，社区应该深入梳理底层民众的需求，引导与强化其支持意愿。目前，底层民众对于智慧社区治理的理念与运行方式并不十分了解，而这极易导致民众对于智慧社区的冷漠排斥。有鉴于此，不仅要从国家与政府的宏观层面对智慧社区进行深入宣传，推广典型的试点案例，更要从各个基层社区着手，普及智慧社区的相关知识特别是有关法律法规知识，利用对典型智慧社区的学习，从实践中总结民众对于智慧社区的理论与实践的法律诉求。此外，还要积极发挥好基层人民代表的重要作用，通过他们归纳梳理好民众的法律诉求，整理完善相关提案，从而为智慧社区的立法设计提供来自民间的呼声。另一方面，完善相关网络立法，破局隐私悖论。隐私悖论之于智慧社区建设看似一个困局，其实暗含了破局之道，当"人－网络－物理"系统三者之间出现制衡与博弈的时候，法治便有了生存的可能，法治的作用就是将这个循环共享系统中存在的博弈问题转移到法律规范当中，这样三者之间就互为权利与义务的主客体。在这个系统之中，作为连接人与物理系统之间的重要介质，网络的立法是至关重要的，特别是新媒体时代，要针对智慧社区内各类新媒体的合法合理使用，政府部门与企业对于用户信息的合法采集与使用等出台专门的法律与制度，以规范社区各参与主体的网络行为。此外，参与智慧社区治理的主体不尽相同，各个主体系统的隔离导致数据的重复采集与不合理使用，有些社区居民甚至是在自以为安全的情况下自己完成了信息的泄露与滥用，从而让智慧社区的治理陷入自我隐私悖论的怪圈，这也从侧面说明了制定统一法律规则的重要性。应该指出的是网络只是一个客观存在的物质，它本身不会违背或者遵守法律，只能是应用它的人才会违背或者遵守法律。因此，关于网络的立法其实从本质上来说是关于人的立法，破局智慧社区隐私悖论的关键还是在如何约束与规范人的行为。从这个角度来说，真正从智慧社区的实际出发，制定一部专门性的描述智慧社区范围内的网络主体行为的法律规范是解决这个问题最行之有效的手段。

再次，塑造数字时代的城市全新功能。城市数字化转型将通过逐步实现城市可视化、可验证、可诊断、可预测、可学习、可决策、可交互的"七可能力"赋能城市更聪明、更智慧。面向未来的城市不仅仅是数字要素与城市物理空间的简单映射和对映，而是要用数字化管理驱动城市的发展建设，比如可以大力实践"数字孪生"的智慧城市理念。上海市政府常务会议审议通过了《上海市推进新型基础设施建设行动方案（2020—2022年）》，其中明确指出"探索建设数字孪生城市，数字化模拟城市全要素生态资源"。数字孪生城市既要求数据的高效、规范汇聚，又要求安全高效的感知计算和决策反馈，这也是智慧城市落地的关键。通过数字孪生手段，让物质城市与数字城市实现全面的融合和全领域的协同管理，城市管理者更容易进行城市仿真、事件的预警干预等，进而指引和优化城市的规划、管理、改善市民服务。

最后，重建数字时代的城市运行生态。城市数字化转型将以共建共治共享为动力形成城市创新生态圈从而赋能智慧城市。随着人类社会的数字化进程，工业社会强结构、强标准、强控制的"中心化社会结构"，逐步变成多边协同、自治协商、网络耦合的"多中心社会结构"，同时城市数字化转型强调政社协同、扁平化和赋权社会的特征为人民群众了解公共事务、参与社会治理提供了更透明化、更具参与性和平等化的新渠道，更为政府提供了感知社情民意、研判和化解社会风险的作用机制，譬如市民热线接诉即办、政务服务"好差评"。随着城市数字化转型的深入推进，推动共建共治共享社会治理制度与数字化转型赋能智慧城市两者耦合发展，最重要的是创新治理理念，即重塑政府与社会的关系，形成网络化治理模式。现代信息技术只是实现善治的手段，如果政府治理理念不转变，无论信息基础设施如何完善，也无法达到共治和善治目标。必须基于现代信息技术及由其引发的社会观念变革的要求，重塑政府与社会的关系，建立起网络化治理模式，即通过民主协商，政府、企业、社会组织与公民之间形成良性互动，实现资源信息共享和合作治理。

以上所述，可以深切感受到，未来已来，城市数字化转型的发令枪已经打响。展望未来，它将以新的姿态赋能智慧城市建设，创造无处不在、优质普惠的数字生活新图景。

四、值得借鉴的发达国家成功做法

他山之石，可以攻玉。当今世界一些主要发达国家都在建设自己的智慧城市，其中不乏可供借鉴的经验。

（一）日本——政府、企业和社会团体共同推动的智慧城市建设

日本国土面积狭小而人口众多，如何"以人为核心"在仅有的国土面积中容纳更多人口和经济活动，成为日本政府和企业探索的课题。日本政府于2009年7月推出"I-Japan（智慧日本）战略2015"，提出要在2015年实现"安心且充满活力的数字化社会"，让数字信息技术如同空气和水一般融入生产和生活之中，打造以高效节能为中心的新未来城市。从政府层面来说，"I-Japan"战略主要关注三个部分：一是建立电子政务，医疗保健和人才教育核心领域信息系统，二是培育新产业，三是整顿数字化基础设施。

智慧交通方面，丰田公司最早提出"智能化高速公路"设想，包括汽车、高速公路、交通管理三大块。汽车实现高度信息化，车载终端可以利用外部信息选择最佳行驶方案，可以选择安全运行状态，避免追尾、碰撞障碍物和违规行驶等问题。所有公路均由信息技术控制，随时提供充足的信息服务，并避免各种自然灾害的发生。

智慧医疗方面，东京电子病历系统在各类医院已基本普及，电子病历系统整合了各种临床信息系统和知识库，能提供病人的基本信息、住院信息和护理信息，为护士提供自动提醒，为医生检查、治疗、注射等诊疗活动提供参考。此外，医院采用笔记本电脑和PAD实现医生移动查房，实现无线网络和移动化。日本的医疗信息化建设基本实现了诊疗过程的数字化、无纸化和无胶片化。

日本智慧城市建设中，中央政府和企业、地方政府、社会团体均扮演了不可或缺的角色。智慧城市项目由政府与企业共同推行，地方政府与企业以成立合资公司的形式合作，在实际的项目执行过程中，以公司为管理实施主体。企业及学术研究机构是智慧城市建设技术的设想者和开发者。政府在基础设施建设及营运、调整和维护过程中，离不开各城市设施建设相关研究单位的共同协作。例如在柏之叶智慧城市建设过程中，包括三井不动产、日立电器、国际航业、日建集团等20余家专业型企业共同成立"城市设计中心"，同时东京大学、千叶大学等高校研发力量也都参与其中。

为了更好地统筹利用数据，日本政府融合了交通、规划建设、防灾、税收和水管理等各部门的政府数据，最后构建一个统合型空间数据库。同时，

日本也十分重视因数据涉及的用户隐私安全等问题，颁发了《个人情报保护法》等法律保障数据资源的有效与合法应用。

日本智慧城市建设带给我国的启示是，应充分利用企业、社会团体等各方力量，优势互补、相互协作，形成最大合力推动智慧城市建设。此外，在推动硬件基础设施建设的同时，法律等软件支持也要跟上，尤其是隐私保护等方面的法律法规要及时完善。

（二）新加坡——政府主导的智慧城市建设

国际社会推动智慧城市建设的典型事例首推新加坡，新加坡在2006年就提出"智能城市2015计划"，试图通过当前和未来互联网+等新一代信息通信技术的研发和应用，将新加坡建设成全方位的、全智能感知的、综合应用于城市公共政策、交通管理、生态环保等多项市政服务集于一身的现代化国际城市。根据英国市场研究机构朱尼普公司的研究结果，2017年，新加坡超越了伦敦和纽约等强有力的竞争对手，位列全球20大智慧城市排名的榜首。

为了确保"智能城市2015计划"的目标能够顺利"通关"，新加坡政府制定了四项战略，涵盖了基础设施建设、资讯通信产业的发展、人才培养、经济的提升。其中，通信基础建设是第一步。新加坡政府实施的无线网络项目使Wi-Fi无处不在，高速宽带网络遍布全岛，新加坡居民家庭宽带普及率在2011年已达到85%，手机普及率在2011年达到150%。

在交通建设方面，新加坡通过对道路交通数据的收集和测算来界定拥堵路段，汽车在交通拥堵路段通行时要进行收费，大大缓解了拥堵。同时将城市路网信息连接成网络，通过安装传感器、链接红外线设备等措施来优化交通信号系统、电子扫描系统、城市快速路监控信息系统，并结合电子眼及ERP系统等提供的历史交通数据和实时交通信息，对预先设定的时段(10分钟、15分钟、30分钟、45分钟和60分钟)的交通流量进行预测。通过控制1700个交通信号灯，对未来一小时内各个路段情况的平均预测准确率达到惊人的85%以上，10分钟内的预测结果准确率更是高达90%。新加坡市民可以通过手机网络、车载GPS查询未来一小时内的交通情况，并选择合适的出行时间和路线。

在医疗领域，新加坡基本实现了医疗病例的数字化和共享平台的建立，医生通过身份证号码就可以跨部门获得医疗记录和最近的体检结果，从而为快速诊断提供了可能。政府和企业试点居家保健服务或远程护理服务（telecare），特别是对老年患者和行动不便人士的社区辅助，通过远程诊疗和给药，达到减少通勤和医疗成本。例如，如果一个行动不便的老年患者患有眼部疾病，完全不必要亲自前往医院。通过高分辨率的摄像头，医生可以在摄像头的另一端观察到患者眼部极其细微的病变，并且可以在线完成接诊。

在电子政务方面，新加坡在20世纪80年代最先启动了公共服务电脑化项目，2006年又提出了"整合政府2010"这一全新的电子政府发展理念。为此，新加坡政府被世界经济论坛评为全球三大"电子政府"之一，是全球公认的电子政府发展最为领先的国家之一。无论是网上纳税、办理移民等日常事务，还是在公众反馈平台上发表看法，甚至直接给议员们写信反映问题，都可以在电子政务系统完成。

2014年，新加坡政府又推出了"智能城市2015计划"的升级版——"智慧国2025计划"。政府将构建"智慧国平台"，建设覆盖全岛数据收集、连接和分析的基础设施与操作系统，根据所获数据预测公民需求，提供更好的公共服务。预先根据交通情况预测塞车路段、利用电眼来观察环境的清洁、使用无人驾驶车辆提供短程载送服务等。

新加坡智慧城市建设带给我国的启示是，政府将智慧城市的建设上升到国家战略的高度，通过完善信息化基础设施来保证智慧城市的顺利建设。

（三）美国——企业先行的智慧城市建设

2008年11月，IBM提出了"智慧地球"的概念，此后又相继推出了各种"智慧"解决方案，其中智慧城市是IBM"智慧地球"策略中的一个重要方面。构建"智慧地球"从"智慧城市"开始。2009年9月，美国Iowa州的Dubuque与IBM共同宣布建设美国第一个"智慧城市"。利用物联网技术，在一个有6万居民的社区里将各种城市公用资源（水、电、油、气、交通、公共服务等等）连接起来，监测、分析和整合各种数据以做出智能化的响应，更好地服务市民。

在IBM、微软、甲骨文等企业的推动下，美国政府于2015年9月发布了《白宫智慧城市行动倡议》，计划投入1.6亿美元进行智慧城市建设，将在20个城市做试点应用，包括物联网技术、科学研究等方面。

纽约的智慧城市建设水平在美国排在前列。在"智能化城市"计划、《2007年信息技术战略导向》、"连接的城市"行动计划的基础上，2014年11月，纽约市与Google等公司合作实施"连通纽约"（"LinkNYC"）计划，将所有的公共电话亭拆除，重新架设拥有Wi-Fi热点、电话、充电功能和户外广告功能的公用信息站（kiosk）。这些公用信息站可以使纽约市完整覆盖在无线网络中，并且接收各类传感器（如环境传感器、空气污染传感器）传输的数据，来侦测交通与环境情况，并能及时探测到危险事件的发生。

除智慧交通、智慧医疗、智慧能源等建设之外，纽约的智慧城市建设还非常注重开放数据推动公众参与。纽约市通过了《开放数据法案》，将政府数据大规模开放纳入立法，要求除了涉及安全和隐私的数据以外，纽约市的政府及分支机构所拥有的数据必须对公众开放。市民可以随时看到与生活息息相关的各类数据，如人口统计信息、用电量、犯罪记录、地铁公交系统的动态实时运行数据、小区噪声指标、停车位信息、饭店卫生检查、注册公司基本信息等。这样有利于大规模的公共数据得到充分利用，服务人们的生活，维持社会的高效、有序发展。

美国智慧城市建设带给我国的启示是，充分发挥市场机制的调节作用，使得融入智慧城市建设产业链成为企业的自发行为，通过建立相关的标准和质量体系，推动智慧城市建设的健康发展。

尤其值得重视的是，在美国公布的一份长达35页的《2016—2045年新兴科技趋势报告》中，通过对近700项科技趋势的综合比对分析，最终明确了20项最具代表性的科技发展项目，作为对未来30年可能影响国家力量的核心科技目标。

物联网。最保守的预测也将会有超过1千亿的设备连接在互联网上。这些设备包括了移动设备、可穿戴设备、家用电器、医疗设备、工业探测器、监控摄像头、汽车，以及服装等。

机器人与自动化系统。机器人和自动化系统将无处不在。自动驾驶汽车会使交通更加安全与高效，或许还会给共享经济带来新的动力。机器人则会负责日常生活中大量的任务，比如照顾老人与买菜，以及工业中的职责，比如收获农作物、维护公共设施等。

智能手机与云端计算。智能手机与云端计算正在改变人类与数据相处的方式。手机的威力越来越大，功能也越来越全面，移动网络的铺展也将加速。在2030年，全球75%的人口将会拥有移动网络连接，60%的人口将会拥有高速有线网络连接。

智能城市。全世界65%~70%的人口将会居住在城市里。随着城市人口的增加，全球人口超过1千万的超级都市将会从2016年的28座增加至2030年的41座。

量子计算。在未来的5~15年里，很有可能制造出一款有实用意义的量子计算机。量子计算机的出现将会给其他的研究方向，比如气候模拟、药物研究，以及材料科学带来巨大的进步。

混合现实。虚拟现实和增强现实（VR和AR）技术已经在消费电子市场激发了极大的热情，各科技公司也迅速开始进入这个市场。

数据分析。在2015年，人类总共创造了4.4ZB（44亿TB）的数据，而这个数字大约每两年就会翻倍。在这些数据中隐藏了各种关于消费习惯、公共健康、全球气候变化及其他经济、社会还有政治等方面的深刻信息。

人类增强。科技将带领人类突破人类潜力的极限甚至生物的极限。由物联网连接的可穿戴设备将会把与实时有关的信息直接打入我们的感官中。外骨骼和与大脑连接的假肢将会使我们变得更加强大，为老弱病残恢复移动力。

网络安全。随着物联网的发展以及日常生活中越来越多的连接，网络安全将会成为网络行业首要的话题。

社交网络。在未来的30年里，社交科技将会给人们带来可以创造出各自微型文化圈的力量。人们将会使用科技形成社会契约和基于网络社区的社交结构，从而颠覆许多传统的权力结构。

先进数码设备。人们将会拥有更多的计算能力以及更广的数码资源。移动网络和云计算将会给人们带来几乎无限的内存和计算能力。虚拟技术和基于软件的系统将会允许政府和企业在不需要昂贵的硬件升级的情况下迅速调整升级IT系统。

先进材料。材料科学的突破给我们带来了许多种先进的材料。从可以自我恢复和自我清理的智能材料，到可以恢复原本形状的记忆金属，到可以利用压力发电的压电陶瓷材料，到拥有惊人的结构和电力性能的纳米材料，这些都是材料科学家的成功。尤其是纳米材料，它有着广泛的应用价值。

太空科技。探索甚至移民太空是现代人长久以来的梦想，随着更多的国家开始依赖天基设备，对太空的控制将有可能成为一个全新的爆发点。天基武器不再是不可能，而反卫星也将成为未来战争的一部分。

合成生物科技。我们已经可以通过搭建新的DNA来实现无中生有，创造出新的生物。科学家正在开发一种可以分泌生物柴油的海藻，这种海藻的DNA中则被编写了数千GB的数据。在未来的30年里，合成生物科技将制造出可以探测到毒素、从工业废料中制造生物柴油，以及通过共栖来给人类寄主提供药物的生物。

增材制造。在2040年，3D打印技术将改变世界。新一代的3D打印机将可以融合多种材料、电子元件、电池及其他原件。人们将会利用3D打印技术制造工具、电子产品、备用零件、医疗设备等各种产品，并按照自己个人需求来实现真正的"私人定制"。

医学。各种科学技术上的突破将改变医学。通过基因组学，我们将会得到真正的私人药物。在未来，癌症、心肺疾病、阿尔茨海默病，以及其他目前看似无救的疾病将会由针对患者个人基因的药物来治疗。

能源。在未来的30年里，全球能源需求预计会增长35%，我们则正在面临着一场能源革命。新的采油技术，比如水力压裂以及定向钻为人类添加了大量可开发的油田和气田。

新型武器。数种新型武器技术将出现在战场上，除了目前正在开发中的非致命武器以及能量武器之外，数个国家也正在开发可以阻绝军事行动能力的反介入和区域阻绝武器（A2AD）。A2AD技术包括反舰弹道导弹、精密制导反车辆反人员武器、反火箭炮、火炮和迫击炮系统（CRAM）、反卫星武器，以及电磁脉冲武器（EMP）。

食物与淡水科技。海水淡化、微型灌溉、污水回收、雨水收集等科技将会减缓人类对淡水水源的需求。基因改造农作物以及自动化将会允许农民使用更少的土地来出产更多的食物。食物和淡水将会成为新的科技热点，也会成为新的冲突爆发点。

对抗全球气候变化。根据目前的数据，在2050年，地球表面的温度将增加1.4至3摄氏度。就算我们采取了一些极端方式来减少温室气体的排放，气候的惯性也会引起温度的提高。而地表温度的提高则会带来一系列的恶果，比如海平面的提高给海岸城市所带来的危险，农作物产量的下降所引发的饥荒。这些危机将会引导各方投资，研究可以减缓气候变化所带来影响的科技，包括在地图上标出有洪水危险的系统，以及可以抵抗干旱的基因改造农作物。

（四）德国——政府与企业、居民合作的智慧城市建设

"智慧城市"的概念一经提出，立即在世界多个国家和地区得到了普遍的认同和广泛的接受。德国的智慧城市建设主要采用政府与企业、居民合作的模式，为了提高居民的生活水平和城市综合竞争力，建设项目主要集中在节能、环保、交通、医疗等领域。

柏林的智慧城市建设主要由柏林伙伴公司负责，柏林伙伴公司是柏林市政府旨在促进经济社会发展而成立的一个专门机构。在具体的建设项目中，通过财政补贴的方式引导企业进行相关研究，最终从若干参与者中选出合适的合作者。项目实施前，会充分地考虑当地居民的需求，在项目实施之前选择若干志愿者进行实际体验，之后根据志愿者的意见和建议对项目方案进行修改完善并在更广范围推广。

柏林在智慧交通建设方面，比较典型的是电动交通项目。柏林的目标是成为欧洲领先的电动汽车大都市。2011年3月，柏林提出"2020年电动汽车行动计划"，建设智能电网和大量停车场，便于电动汽车充电。注册用户在250平方千米范围内都能租用到电动汽车，根据自己的意愿长时间驾驶，然后在运营区域内的任何公共停车场归还汽车。目前，柏林-勃兰登堡首都地区是德国最大的电动汽车"实验室"，拥有220个公用充电桩。

在智慧经济方面，德国通过实施工业4.0战略和《德国数字化战略》，

在装备制造业领域形成了全球领先的发展优势，尤其在智能装备、智能工厂等智能制造方面不断取得突破。以德国奥迪汽车为例，在其2030智能工厂规划蓝图中，传统的生产流水线已经不复存在，零部件通过无人机在车间里传递，客户通过三维扫描获得身体尺寸以定制座椅，工人与机器人协同工作，车身零部件由3D打印机打印，汽车以自动驾驶的方式驶离装配线。生产方式智能化、构建智慧工厂，就是IBM"智慧地球"理念在制造业实际应用的结果。

德国智慧城市建设带给我国的启示是，既要发挥政府和市场两方面的重要作用，也要重视公众参与，遵循"以人为本"的理念，把满足广大人民群众的利益作为核心宗旨，最大限度地满足人们在城市生活中的物质需求、精神需求和感官享受。

本文执笔：

庞啸　第一、第二、第四部分（华夏文化创意研究中心研究员）
付羚　第三部分（黄浦区委党校教师）

2010年：低碳、节能与城市生活

主持人
俞　涛
上海市科协副主席

出席领导
周太彤
上海市政协副主席
徐逸波
中共上海市卢湾区委书记
乐景彭
上海市政协经济委员会主任

演讲嘉宾
褚君浩
中国科学院院士、中国科学院上海技术物理研究所研究员、华东师范大学教授
诸大建
管理学博士、2010年上海世博会顾问、同济大学可持续发展与管理研究所所长
郑时龄
中国科学院院士　同济大学建筑与城市空间研究所所长
何建江
雅玛多中国运输有限公司中国区经理

俞涛： 尊敬的各位领导，各位专家，大家下午好，欢迎光临科学会堂！

今天各位领导、专家在此举行低碳、节能和城市生活——后世博时代上海城市发展模式专家论坛，探讨低碳技术对上海未来经济发展和城市生活的导向意义，为上海发挥后世博效应，构建资源节约型和环境友好型城市出力。我们对大家的到来表示欢迎！出席本次论坛的专家有中国科学院院士、上海市规划委员会城市发展战略委员会主任郑时龄先生，中国科学院院士褚君浩先生，2010年上海世博会顾问、同济大学可持续发展与管理研究会会长诸大建教授，还有来自企业的雅玛多中国运输有限公司中国区经理何建江先生，以及来自我们科学会堂的各位专家。对你们的到来表示欢迎！

首先有请中共卢湾区委书记徐逸波先生为论坛致欢迎辞。

徐逸波： 尊敬的周太彤副主席，尊敬的郑时龄院士、褚君浩院士，各位专家、领导、来宾，大家下午好！

在举世瞩目的上海世博会成功有序地举办期间，在人民的眼光越来越

多地投放到后世博上海发展的重要时刻，市政协经济委员会、市科协将"低碳、节能和城市生活——后世博上海城市发展模式专家论坛"放在卢湾区举行，这是对卢湾区的厚爱，是卢湾区的幸运。在此，我代表卢湾区人民政府向出席今天论坛的各位领导、专家、企业家和新闻媒体的朋友们，表示最热烈的欢迎！卢湾是一个具有深厚历史文化底蕴的中心城区，我们卢湾人为卢湾是中国共产党的诞生地、中国近现代民族工业的发源地、海派文化的发源地而感到自豪和骄傲。今天，卢湾又非常幸运地成为上海世博会场馆所在地。世博园区现在游客已经超过5000万，其中就有1000万是通过卢湾区的入口进去的。我们区在全力以赴做好世博会服务保障工作的同时，也注意抓住世博会给卢湾区带来的千载难逢、得天独厚的历史机遇，以加快现代服务业为重点，不断地优化服务经济为主、楼宇经济为主的经济结构，积极打造体现卢湾独特城区魅力的城市名片，如田子坊、南部世博滨江地区，以推动卢湾经济社会又快又好地发展。当前我们卢湾区正按照市委、市政府的整体要求，结合实际，以"十二五"发展规划为抓手，积极谋划后世博文化的发展。我们已经确定了要以坚持科学发展，放大世博效应，努力把卢湾区建设成为上海的国际金融中心、贸易中心，建设成为人民安居乐业、社会和谐文明的现代建筑区域，从而更好地演绎海派文化，彰显城市的魅力。我们在研究规划的过程中，越来越深刻地体会到，卢湾的未来发展要十分注重世博理念，注重低碳绿色发展，体现"城市让生活更美好"的世博主题。为此我们曾组织全区的机关干部去世博园区参观学习，感受世博会的主题。

我们在讨论研究的过程中，也深切地体会到，由于眼界和知识的缺陷，实际上我们对低碳绿色发展知之不多，对它的探索也是非常有限和初步，所以这次的专家论坛放在卢湾区，给了我们一次极好的学习机会，可以帮助我们拓宽眼界，增进知识，从而形成更全面的推动城区低碳绿色发展的理念，因此我们由衷地对论坛的举办感到高兴，并恳切地希望各位专家多提宝贵意见。最后预祝本次论坛成功地举行！

俞涛：谢谢徐逸波书记。我们这次论坛的副标题，是周太彤主席给我们加上去的，对我们这个论坛起到了画龙点睛的作用，下面有请上海市政协副主席周太彤讲话。

周太彤：同志们，在世博会顺利举办之际，市政协经济委员会、中共卢湾区委、卢湾区政府在这里共同举办低碳、节能和城市生活的专家论坛。这个论坛在当前这个时候是非常必要的。刚才徐逸波书记发表了讲话。我想呼应他的讲话，谈一点我自己的想法。

首先，要深刻认识发展低碳经济的重要意义。低碳经济作为应对全球气候变化、能源安全需求的新模式而引起了全球的广泛关注。它已经变成了应对能源危机的一个战略性的发展模式，变成了一个国家、一个地区、一个城市发展模式的一种选择。我想，关于低碳经济的重要性不言而喻，许多文章、领导的讲话，包括专家的论著，都已从各个角度阐述了其中的重要意义。我对这个问题的认识是，我们对低碳的问题，或许更为重要的是，需要在全市各个层面形成广泛的认识。重要意义比较好讲，但要形成从上到下的共同意志，而且这种意志能成为指导和统领"十二五"规划的大家的思想共识，更为重要。

低碳作为一种发展模式，能否被选用，能否自觉地被各个行业采纳，涉及我们国家是否可以可持续发展的问题，也是我们城市发展的一个非常重要的战略性问题。我对这个问题重要意义的概述，可以理解为低碳最重要的是价值理念的接受、推广和普及，以及使这种价值理念成为我们城市文化中的一个重要组成部分。我想，这个问题可能要做大量的宣传工作，做大量的实际工作，能够成为思想共识，成为党和政府十二五规划中一个非常重要的思想统领。这是我对这个问题的一个体会。

其次，我认为低碳经济的发展和低碳社会的建设是要齐头并进的。我们这个题目是研究低碳、节能和城市生活，显然，要研究的范畴不是一般经济领域、产业领域，或者是我们制造行业、服务行业节能多少的问题、减排多少的问题，也不是仅仅为了完成这些指标。我觉得可能整个低碳的技术，应该是融合和贯穿于整个城市生产、生活的各个环节和各个领域之中，所以我非常赞同这个观念：低碳经济和低碳社会建设必须齐头并进。这里有大量工作要做，我相信等一下各位专家会就这些命题进行充分的展开。角度要全，应该成为一个群众运动、全方位的运动、社会进步的运动。

最后，促进低碳发展，充分发挥世博的效应。低碳这个概念，可能提出来的时间不长。就这个领域的工作而言，党和国家对它的重视应该始于20世纪90年代中期。我印象是1995、1996年的时候，著名学者孙尚清在北京提出了可持续发展的命题，这个命题就是现在研究的低碳命题。当然，作为一个完整的理念，还是这几年开始逐步形成，并且为全球所接受。我们要进一步做好低碳节能的示范，这对上海来说是非常有利的，可以利用世博效应这个条件。世博效应从目前的进程来说，绿色、节能、环保依然是这次世博给我们最重要的启示之一。世博会有很多启示，文化上的、建筑上的，但对大家受益比较大、影响比较深刻的，还是在这个命题上。所以这次世博会大量反映了绿色能源的技术和先进的低碳技术，演绎了城市可持续发展的理念。世博园里有很多绿色汽车，还有LED的技术，太阳能的广泛应用，这些技术的应用，毕竟还是要从技术手段上进行推广。我想，更大的推广还是要在整个产业链的循环经济过程中，融合和推广到我们生产、生活的各个领域，充分发挥世博的效应。另外，同济大学处于研究的制高点。大学研究这方面问题，肯定有其独特的优势。今天在卢湾开这个会，是不是也有这样的一个暗示，最后总要找几个地方，稍微示范一下，总要有一些示范区。像卢湾、静安这样较先进的区，有财力，关键是市民素质比较好。是不是可以找到这样几个区，在"十二五"规划的基础上，率先建设低碳节能的示范区。这里有一个理念的问题，这些区的民众有水平。如柏万清就有这样的能力，能调停市民的矛盾。南昌路47号（科学会堂）也是一个金字招牌——科普对于一个人一生中的教育和启示，有时候作用是非常大的。卢湾有这么好的经济基础和人文环境，我们希望通过论坛，找到几个区，先建设出低碳节能的示范区。最近市政协在研究"十二五"规划，我们想，总要推几个活动，比如垃圾的全面回收。市人大在忙世博会之后怎么进行城市管理，市政协在忙今天这个事，关心这个理念是不是可以被广泛接受。我期待这个想法能够实现。谢谢大家！

俞涛：谢谢，周太彤主席的讲话给了我们很大的鼓励！2010年世博会的成功举办，已经让绿色低碳节能成为一种群众运动，成为一种共识，也成为一种时尚。下面我们就请中国科学院院士郑时龄给我们做主题发言，他发言的主题是"后世博的上海城市空间演变"。

郑时龄：谢谢俞涛主席！各位领导，各位专家，各位来宾，感谢卢湾区给了我这个机会，来谈一下后世博的发展。我们可以考虑这么一个问题，上海在世博之前和世博之后，一定是有很大差别的；世博会一定是上海的一个里程碑，无论是观念上、城市的建设上，还是可持续发展上。因为城市化的进展非常迅速，这次的世博会也是因为在城市化的发展进程中，中国50%的居民变成了城市居民，而且我们是在快速城市化的发展中，对城市未来的发展进行思考，这一定是非常重要的，将来的碳排放也是非常重大的问题。刚才我也和乐主任在讨论，我们上海究竟能够支撑多少人口。现在上海的人口增长得非常快，当初规划的时候，到2020年，应该是1600万人，现在已远远地突破了，现在这个计划还要突破下去。我们要算一下，我们的土地可以承受多少建筑，上海需要多少建筑，这是一个最大的可持续发展的思考，否则无限制地发展，其实也会有问题的。

上海的情况，现在是人口非常集中，按照人口的指标，已经超过了2000万，三分之一是外来人口，怎么样使城市更好、人民的素质提高，这是一个非常关键的问题。从1997年到2006年，上海城市发展呈现了蔓延的状态，而且郊区已经出现了无法控制的状态。这一张图上的绿色是1997年以前的城市用地，红色的是1997年以后的城市用地，我们试图控制住这样的蔓延，但是非但没有控制住，而且越来越严重。1996年时上海城市用地平均是84平方米，现在达到了124平方米，变成了粗放型的城市发展。有一些统计数字说我们的城市用地已经达到了60%，剩下的既要有绿化的用地、休闲的用地，也包括基本保障的农田，还要有安全的用地。

在世博会准备期间，我们的公共交通快速提升，而且上海较早思考了怎么样发展郊区的公共交通。有两个因素对上海的发展起了非常重要的作用：一个是浦东新区，现在已进入第20个年头，它带动了城市特别是黄浦江两岸的发展。由于黄浦江两岸的发展，也带动了世博会，所以世博会对于上海的未来，对于中国乃至世界未来城市的发展，都起到了重要的示范作用。另一个是从后世博的情况来看，我们城市的发展应该是怎么样的，这里我只是结合当前的一些工作，谈一些个人的思考。我们去年承担了上海市建委"十二五"规划的研究，提出了提升上海金融中心的城市定位，包括建设后世博园区的中央商务区和公共活动区，完善公共服务体系，建设多元化的城市环境。从世博会原来的选址，利用了城市要更新的土地来做，而且成为城市更新、空间结构充足与世博会场地相互呼应的典范。跨黄浦江的布置，也创下了世博会独一无二的方式，历届的世博会都没有跨越河道的。这一届世博会的主题核心价值——可持续发展的绿色宜居城市，这是以前不大提到的。尤其是相对上海来说，原来的周家渡地区存在着棚户区改造的问题。

如何改造中央综合功能活动区？我们和纽约、伦敦相比，还有比较大的差距。对上海来说，我们需要整个城市的支撑，历史形成的功能区在上海是比较明显的，多元化和多功能化在城市中心的分布要广大得多，因此就提出了建设中央功能活动区的概念；不是原来的中央商务区的概念，而是把中央商务区活动的内容扩大、多元化的一种功能，把整个城市的中央商务区拓展到除了陆家嘴之外，还会向卢湾、静安、虹口、长宁、徐汇、闸北乃至整个上海的城区辐射，把整个城市的功能综合起来，支撑这么一个国际金融大都市。所以后世博对黄浦江两岸发展的带动，应该对上海整个城市空间产生非常重要的作用。希望在世博会以后，留下一些会展中心，留下世博公园，留下一些商务区；同时在浦西地区结合城市最佳实践区，希望能够发展一种服务业的园区，当然也有商务区和功能区。就卢湾区来说，它的综合功能和外滩金融聚居带，对于上海未来的发展是非常重要的。因为世博会首先融合了两岸的发展，浦东陆家嘴的发展本身就是迎合了两岸的发展。黄浦江两岸的公共开放空间，应该重视它的发展，建设创新的城市空间，让文化成为城市发展的动力。最近有一些专家还提出了希望在世博园区内打造一个国际文化中心、打造一个全新艺术港的思考。

从世博会的发展来看，我们可以总结一下，它强化了两岸功能的作用，已经形成了丰富多彩的功能活动区。这次世博会也是一次建筑的博览会，带动了文化对经济的促进作用。世博所创造的人文环境，我们应该长期规划，分期集中一些地块，实施一些比较重大的对上海发展的措施。从历史来看，浦东开放20年，使上海进入了一个城市空间重组的时期。上海的城市化在全国是最高的，达到了89%。要进一步提升城市化的品质，使各个地区不同的资源得到均匀分布，一些区域的文化资源、环境资源、医疗卫生资源的差距还是比较大的，希望可以完善，同时创造比较好的居住服务环境、公共服务体系等。

我们上海从1985年到2008年，建造了7亿平方米的建筑，中心城区的开放强度已经达到90%，大概是东京的3.35倍，我们的城市密度是北京的3倍。所以要结合上海的实际进行发展，我们现在是不是还要建造这么多的高楼？在低碳环保和绿色发展时期，我们应该想一下上海发展的未来。我们现在还在竞争，黄浦江两岸的发展会给城市空间带来非常重大的影响。所以我们说后世博也应该结合城市的发展战略，要保护环境，因为上海60%的水源是来自黄浦江上游，对于黄浦江的保护非常重要，需要保护生态景观，完善公共活动中心，缝合并重构黄浦江的功能。

现在上海在进行一个规划，对环境的保护会更重视，对黄浦江下游的保护也会更重视。本来黄浦江有五大发展目标，在后世博期间，需要更加拓展它的功能。尤其是城市的中心地区、沿江两岸的发展，黄浦区的外滩金融聚集带，现在也纳入了发展的重点。黄浦江一直延伸过去，从北外滩延伸到南外滩，金融聚集区的拓展，对靠近南浦大桥的金融区进行更新。特别是要把郊区的发展结合进来，绿地建设还要继续。

上海的历史建筑也会继续受到保护。原来的外滩地区已成为一个高品质的地带，对带动历史文化保护会起到非常重要的作用。最近对一些历史风貌的城镇进行了很好的保护。卢湾区的重点，田子坊已形成了非常重要的创意中心。还有一个问题，就是后世博上海的生态保护问题。因为我前面已经说了，城市的建设用地已经大大超过了原来的预计，一方面对城市原来的用地进行二次改造，另一方面是要制订上海未来的生态保护规划。2008年，市规划局和国土管理局合并以后，考虑未来的发展，郊区的城镇，如临港新城、嘉定新城的规划，还有南桥新城、金山新城的规划，基本生态网络的规划，建立一个城乡生态体系，提出了基础的生态空间、中心城空间的生态系统、集中城市化的空间系统等这么一个规划，希望可以保障上海的生态安全，使我们的水质更好，空气更净化。在上海的发展中，也注重低碳的发展。虹桥商务区一期核心区提出了希望建设一些低碳的商务区、低碳的交通。上海也进行了环境评估，提出了低碳发展的目标，崇明等三岛作为生态发展的规划，崇明的陈家镇作为生态实验区，提出了商务和宜居的生态系统，把产业和生产的结合提到了非常高的地位，普陀区也提出了以节能减排为基本目标。通过世博会，可持续发展深入人心，希望这可以变成整个城市在日常运转中的一个基本的目标，谢谢各位！

俞涛：谢谢郑老师！郑老师刚才演讲的内容让我们对后世博的城市生活充满了期待。城市除了要低碳，要空间，还和能源密切关联。太阳能作为一种可再生的清洁能源，具有非常好的特点，清洁可靠，有助于解决环境问题，也是我们国家推动产业结构调整、转变经济增长方式的重要方向之一。如何利用太阳能，太阳能的利用技术有哪些，其发展情况怎么样，下面就有请中国科学院院士褚君浩院士给我们解读，他发言的题目是"太阳能利用技术与低碳生活"。

褚君浩：各位，当前主要的问题，一个是能源与环境。能源和环境是今后50年面临的主要问题之一，另外还有水资源、恐怖主义、各种疾病等。这个问题提出来的一个原因是气候的变化。最早是1996年，有一位科学家通过一篇论文，介绍了蝴蝶的分布。他发现在北美洲，蝴蝶原来分布在南方的，后来逐年往北。过去的100年全球变暖，温度上升，二氧化碳浓度上升，人口增加。北极的格陵兰岛，1992年坚冰还覆盖得很多，到了2002年就已经很少了。如果冰都融化掉，海平面要上升7.2米。交通大学的一个教授就算了一下，算出来是8米，不是7.2米。北极熊生活的地带现在也少有冰了，冰变成了水以后，对太阳的吸收更厉害。冰川占地球上淡水来源的60%到70%，所以这个问题还是蛮严重的。地球变暖，冰川融化，的确是客观存在。美国、德国、英国、法国和中国，五个国家的化学学会曾研讨过这个问题。到2030年，我们的能源缺口是50%，而我们太阳能的资源还是蛮丰富的。我们有过计算，就是将中国的荒漠地区拿出10%来做太阳能，就够我们中国能源消耗一年了。低碳城市、物联网城市，是当前光电中非常重要的一个部分，包括了物质形态的变化。我们科学工作者，都是很想把电变成光，把光变成电，用来发展我们的经济，造福我们的人民。

第二个问题，是我们看一下太阳能利用的绿色地球的问题。太阳能的利用有很多形式，我们中国馆里四分之一的能源是来自太阳能的，主题馆的屋顶曾是全世界最大的太阳能屋顶，有2.8兆瓦，包括雨水的收集，在世博会里都有非常大的利用和体现。后来他们说这个不是最大的，虹桥枢纽火车站是6.8兆瓦，那才是最大的。LED在很多地方都在利用，太阳能技术、风能和建筑结合，都在被尽可能利用。太阳能汽车现在大概可以有每小时30公里的行驶速度，当然这需要高效的太阳能电池。太阳能还可以用在飞机上，（指图）这个飞机已经在飞了，是无人驾驶的；（指另一张图）这个是有人驾驶的。这个飞机他们是希望可以绕地球一周，它已飞了25个小时，这是人驾驶的，完全是太阳能的。明年开始，这个飞机就想绕地球一周。当然有电池在上面，白天充电，晚上就用里面的电池。这是一个新生事物。

现在太阳能转换热水器的应用很广泛，但是不能变电。太阳能把水烧开，光热变电。这个是技术上的一些曲线，实际上是把光打到材料里，把电子分开，跑到PN级里。一分开以后，电极就可以松出来了，所以太阳能电池可以放在屋顶上，也可以输到电网里去。现在各种太阳能电池还是以硅为主，硅电池占了90%。这方面我们中国的产量是第一的，2008年的数字还占三分之一以上，但是太阳能电池的利用，中国只占千分之七。能量回收的时间，人家经常会问，做太阳能电池是不是要用电，不是很浪费吗？晶体硅大概是四年回收，非晶硅大概是两年回收。欧洲的机构预测2020年以后，非晶硅的价格也会越来越低，折算成度的话，价格会更低。在五个最大的太阳能公司里，中国有两个，实际上另外一个数据报告说中国有三个，还有一个是常州的天河。太阳能的分布主要是光伏电子，其次是硅。现在第一代是主流，第二代的电池是可以产业化的，第三代就是新电池，能不能产业化现在还不知道，也许可以产业化，也许是实验室里的事，第三代要非常小心地发展。

发展太阳能要抓住当前主要的方向，一个是多晶硅，一个是太阳能电池要进入发展的空间。新型太阳能电池技术要加以发展。另外就是光伏的集成系统，降低多晶硅的原料，物理方法是一种很好的方法，可以大大降低成本。这是我们上海电机研究所做的一个物理多晶硅，硅的材料是地球上最多的，而且肯定是主流，现在的效率是18%左右，多晶的是15%到16%，加上纳米电子，可以提高到50%。

现在华东师范大学在做的大概是7%,还利用一些非真空溶液方法,这个可以放在瓷砖上用的,现在的效率也可以达到7%左右,当然是小面积的。他们也在找一些新的材料,从分子结构上一点点地发展过来。现在最好的可以做到6.7%。中国的很多实验室也在做这方面的事情,有很多文章在研究新型的太阳能电池,另外就是新型的太阳能电池根据成本效率的稳定性,会先后进入市场;现在还在实验室,将来肯定会在市场上扮演主要角色。现在太阳能的转换效率有的到了40%,就是锌电池;也有更高的,把氧化碳放在燃料里面浸一下,从电解质里过去,构成一个循环。搞纳米多孔的二氧化硅,浸在燃料里面,拿出来以后,电极做好就可以了;也可以用量子点,因为燃料是液体,用量子点的效率也会提高。吸收光子进来,然后把光子交给二氧化碳,国内的物理所、化学所,都在很好地做这方面的工作。发明这个电池的,是一位瑞典的科学家,一旦这个电池可以产业化的话,他很可能会得诺贝尔奖。另外就是发展全光谱的多极太阳能电池。太阳光进来了以后,如果可以把不同颜色的光子都转化成电的话,这个效率就会很高。还有的也是为了多吸收不同的太阳光电子。试验大家都在做,现在江苏宜兴在做三个极的电池和太阳能电池。这方面的发展目前还是非常快的。一个光子进去,想办法产生两对电子,可以增强它的效率。另外还有锌、纳米管的结构,希望把太阳光吸收进去,并主要围绕降低成本、提高效率来进行。

另外先进的发电系统,里面的逆变器的作用是非常大的。网上的电压一方面有频率,有位相,必须频率完全一致才可以送进去;也就是白天发的电,用电不一定多,剩下的要送到网里面去,所以并网技术的器件是非常关键的。

太阳能除了光变电之外,还有光变化学、光变生物能的转化,最好是太阳能能变成氢或者氧。水被太阳能照着不会有氢出来的,要有催化剂,水就会分解,变成氢出来。如果有污染物,水加上污染物,加上催化剂,氢出来了,又可以把污染物给搞掉,现在正在研究。所以这是个大的科学难题,一旦突破会影响世界的能源格局,水是无限多的。现在的这个催化二氧化碳,目标就是要找到催化剂,如果能找到这个催化剂,它的作用就可以大大提高。全世界都在研究这方面的课题,有许多非常美妙的想法,中间的是吸光系统,左面的是产氧催化剂,这个还在研究的过程中。

当然，制氢要有一定的工业化的要求，另外就是光子的生物学转化。现在我们正处在信息技术、材料技术、新能源技术建设的转换时期，全球也进入了低碳经济的转型阶段。现在有一个新型的战略性的产业出现，我们要努力建设以低碳排放为特征的产业模式。现在的绿色汽车、绿色建筑等绿色产业，一方面能解决今后面临的能源短缺问题，另一方面又是产业结构调整、转变经济发展的非常重要的方向，其产值相当大。低碳技术一般是减碳，我们的半导体二极管就可以减碳，可以省80%的电，问题是我们做芯片的水平还比较低。我们现在主要是做后道工序，只占整个利润的30%。目前美国有一个计划，就是要把所有的灯都换成LED的灯，今年换一半。中国现在的产量还是有一些的，但是芯片都得从国外购买。我们现在大功率的芯片还做不出来，只能做低功能的。核心的技术现在还做不出来，都是进口德国的。

因此节能也是重要的一个方面。在减碳方面，LED是减碳，所以可再生能源正在形成一个巨大的能源经济。第一次产业革命出现了蒸汽机，第二次是能量转化，第三次就是量子力学，现在是第四次产业的开始，现在的特点就是理论研究变成实际的时间越来越短。科学技术的转化，科学和技术在各领域相互促进，我们的生活已经离不开高科技发展了。第四次产业革命什么时候开始，也许已经悄悄地开始了，也许正在开始，也许还要再等一段时间。我们正处于这样一个时期，发展可再生能源也属于这里面的一部分。为了建设低碳城市，改变我们的观念，当前最主要的是核心技术的突破和转变我们的观念，树立低碳的理念。谢谢大家。

俞涛：谢谢褚老师！刚才褚老师给我们带来了一个很大的期待，以后我们家里都可以安装太阳能电池，然后白天发电，晚上用电，就不用向电力公司交电费了。正如褚老师所说的，第四次产业革命包括了能源技术，也包括了智慧地球，也在影响我们的城市生活，这其中很重要的就是物联网。下面请雅玛多运输有限公司副总经理何建江先生来给我们讲一下"物联网助我们改变城市生活"。

何建江：非常感谢主办方给我们雅玛多中国有限公司提供了这么一个机会，让我们在会上介绍我们一个小小的应用。刚才两位科学家从理论方面描述了我们生活的美好前景，包括对太阳能的应用。在物联网的环境下，我们在这里介绍一个小小的应用,其实是想起到抛砖引玉的作用,希望能给大家一些思考和应用的扩展。

我们雅玛多中国有限公司是专门承担小包裹城市配送服务的,在上海有十几个点,把小包裹送到个人用户的手中。刚才两位院士也介绍了,城市化非常非常快。我们可以看到一个金字塔形的图,运用了马斯洛的需求层次论,底层的是生理和安全需求,中间的是社会需求和得到尊重,最高的一层是自我实现的需求。就整个社会的富裕程度来说,最底下的是吃饱穿暖,往上是一个小康的需求。国内主要城市,包括北京、上海、广州这样的中心城区,正处在小康向富裕阶段渐渐演变的过程中。在这么一个阶段,个人会十分关注周边环境,要有一个便利多样的生活,要有对富裕生活和自我价值的实现。所以今天来谈物联网的应用,正是基于这么一个大背景下。

实际上城市生活的状况像大家看到的,人多车多,所导致的结果就是出行会困难。人出行的时候,会感觉到很拥挤,住房会紧张,路况会紧张。这种情况下,我们可能得到尊重的机会,或者是受到尊重的程度,相对来说就会降低。在这样的状况下,怎么样改善我们个人的感受,这是目前城市生活中遇到的难题,这个难题我们认为是现有的生活习惯和服务方式造成的。原来我们习惯以这种生活状态出行,以我们现有的生活方式来做建设,比如我们的出行是公交、地铁、自驾车、自行车,我们现在的城市应该就是以这种方式来建设和布局的。到了现在这个阶段,遇到人多车多的困境,我们认为可以通过一些新的技术来改善,比如物联网的技术来推动新兴的产业,比如电子商务的发展,能让我们在现有的困境中得到一些解脱,以改善我们的生活。

这是传统的商务模式和电子商务的对照,传统的是从生产商到各个环节的过程,现在的电子商业从生产商直接到消费者的交流,这个交流需要一个环境的支持。我们认为在环境的支持中,有一些因素制约了电子商务的发展。比如法律的环境,在安全方面电子商务的模式是不是一个安全的方式;另外如物流,我们的网络是不是能够支持进一步发展电子商务。这些都是制约电子商务发展的一些因素,我们认为最重要的因素就是中间的三角形(指图),是一个诚信的问题。当然诚信是传统商务中也会碰到的问题,在虚拟的情况下，诚信问题显得更为突出。通过影响物联网的一些技术，我们可以在提高电子商务交易过程中，感受买家和卖家之间的诚信。

这张图说到了物联网环境下的电子商务。物联网就是物物相连的互联网。怎么样做到物物相连呢？每一个物要有一个身份的标志。身份标志了之后，要有身份标志的信息发送出去的功能，要有接收装置来接收，要有交互的传输，还要有信息中心，传递和处理物物之间交互的信息。整个物联网的特征，第一个是先进。它的应用可以涉及各个领域，包括我们做运输和物流行业的，在智能供应链上有很多的应用。现在我们有了3G网络，有因特网，通过这些通信工具和网络系统，可以做到时时的物物相连接。第三个是智能，通过一些传感系统，一些电子化的身份识别系统，可以实现智能化的物物的交互。

这个是在电子商务的环境下，重塑买家和卖家之间相互信任的一个图像，中间核心部分就是它的信息流，通过因特网来做相互的交互。第二个是物流，从买家下订单开始，一直到收到货物，整个过程中都可以通过我们的扫描仪，来确定位置究竟是在车上，还是在配送中心，这是一个物流的过程。还有一个就是支付的过程。现在有很多支付的方式，可以通过银行系统网上支付，还可以通过现金交易，刷卡也可以。支付的资金流也是需要网络来传输信息。我们认为物联网可以促进整个物流，电子商务和支付向着更先进的方向迈进，但是整个电子商务的环境下，最基础的一个环节，我们认为是城市物流体系的建设。因为虚拟交易实现了以后，最终买家和卖家可以体会到的就是你真正地买到了这个东西，或者是感受到了送货员给你送来所买物品的完整性，它的质量是符合你的要求的。所以我们认为物流是一个基础的东西，没有物流，虚拟交易大家就体会不到，或者也不会有很好的发展。

物联网有几个主要的方面，第一个可以帮助我们设计一个很好的物流配送的网络；第二个货物的信息，可以随时通过网络来做传递；第三个是车到了什么地方，也就是我的货是在车上的，车到了什么地方，都可以做及时的跟踪，现在有GPS；第四个可以选择合适的逻辑，不要跑冤枉路了，都可以通过物联网来做路径的优化。我们认为物联网通过这几个方面，可以推进城市物流体系的建设。当前的城市物流配送体系，相对来说比较缓慢，有大型的车,有20吨以上的,也有十几吨的车,还有一些面包车,什么样的车都在市区的道路上跑;有送到配送中心的,也有送到网店的,还有送到客户家里的,这就导致了城市道路的拥挤。有一些大车进不去的地方,大车就不愿意跑或者跑不了。通过物联网重塑城市物流体系,应该是做这么一个三级的分布。以上海整个市区来说,100公里的范围内,最难的配送应该是最后一公里,送到你家里,送到个人的桌子上,我们把100公里到1公里做了三级的分布。第一个是城市和城市之间的对接,第二个是区和区之间的配送中心,最后一公里,会用相对比较小的车来跑。这样可以做到车辆的装载率最高,对路况的影响最小。每一个配送的车上,我们所配的驾驶员和服务人员,因为服务的客户不一样,他们得到的培训和训练也会不一样,所以我们要做的就是节约化。经过设计的一二三级的配送体系,可以满足城市配送的需要。

下面是我们雅玛多运输有限公司的一个实际应用。我们在上海开了十几个门店,有一个配送中心,100多台配送车辆,300多个送货员,今年上半年已经在上海投入了运营。我们所应用的技术——红外扫描技术,能跟踪每一个包裹的去向,这里面就应用了物联网的一些技术。我们认为我们推出的产品应该是现代服务业和物联网的一个有机结合,我们相信这个会发展得很快,我们的IT系统布局是一层一层地支持的。最左面的是送货的终端系统,最后会有一个亚洲的中转系统来做中转,包括了3G网络,也包括了因特网,包括了我们专用线的连接。最后这个是我们送到客户手上最后一公里所使用的车辆,比较适合城区相对小型的道路,它的排放,特别是装载的容积,都是适合城区使用的。总结一下,我们的物联网对我们城市的影响,可以减少对车辆的投入,不要跑那些浪费的线路,也不要配置浪费的车辆。从使用者来说,我们可以方便地知道,我买的这个产品或者是递送的产品在什么地方,是不是根据我的要求送了过去,或者是送的过程中有什么问题。最后要改善的就是我们对生活的感受,我要的东西想要送过来,我想要的服务可以方便地得到,每一个人都可以得到他人更多的关心、关怀和尊重。谢谢大家!

俞涛:谢谢何总!何总的观点非常明确,借助了现在科学技术的发展。我听下来有一个非常直观的感觉,就是利用我们的物联网,可以使我们物流服务业华丽地转身为现代服务业,可以让我们每一个普通的百姓都享受到高科技，体现出了我们低碳的理念。刚才周太彤主席说，我们要把低碳技术、低碳社会紧密地结合在一起，特别是充分发挥世博的效应。下面请同济大学教授诸大建为我们解答，他发言的题目是"从上海世博看低碳城市建设"。

诸大建：非常感谢，因为只有20分钟，有关世博的内容就不展开太多了。到底什么叫低碳？上海搞低碳面临多大的挑战？现在低碳很热，每天都可以听到很多低碳的概念，热的时候我想说一点冷的话。因为对我们的干部很重要，对企业也很重要。搞低碳的时候有一个概念要求锁定效应，如果我们对低碳理解得有一点差错，你选择的技术有问题的话，这个锁定不是明年就可以推翻，它会影响今后二三十年是低碳还是高碳。

什么是低碳呢？第一个问题，大家看一下这张图。这是一个城市，当中是城市建筑，现在把低碳、生态、绿色混在一起，低碳城市就是绿色城市，就是生态城市，这个低碳的概念好像多此一举了。原来就在搞绿色，到底低碳和绿色有什么区别？所谓的低碳，最重要的聚焦在能源过程，而没有讨论更多的物质的流程。比如郑院士说到的上海的土地、上海的水资源、上海的垃圾，这些我们说的概念是循环经济，这个是指的物质流的转换过程，但是循环经济和低碳经济是两回事，能源是不可能循环的，所以低碳是说的能源的循环。前面是能源进口，一次进口的煤、油、天然气，现在有极其少量的可再生能源，2个百分点都不到。如果是要进口搞低碳，就一个办法，在这些高碳的能源中，煤是最高的，要用天然气进行替代，这是第一道低碳的程序。搞建筑、搞汽车用这个能源替代。这个问题要比较谨慎地把握。刚才褚院士也说到了2020年世界可再生能源的供给量不超过20%，当然我们上海希望用外来的电进行替代，这个仍然是有碳的，所以我们更多的问题是高碳能源如何低碳化地使用。

到了城市里使用，我们叫作终端使用。其中主要是三块，第一块是工业，第二块是交通，第三块就是建筑。因为今天不是只和卢湾区的干部说，是说上海整个的情况。那我要完整地讲，卢湾区的工业不是主要的，一般工业的排碳基本都是在60%以上，全国的平均是70%以上。建筑、交通和生活排碳，占了30%左右，我们强调的生产减碳很重要，但是包括上海在内，今天的生活排碳仍然是低于生活的需求。上海的生活，建筑生活的排碳是东京的五分之一，或者是三分之一，主要是生产排碳。

最后一个环节，能源使用完了以后，末端的时候可以做两件事。我们专家觉得城市生态网络的面积太小，现在我们的面积已经是50%到60%了，而且上海城市的空间小得很，整体的碳吸收不可小视。另外就是高技术CCS技术，把火电排出来的碳，给补下来藏在地下面，这个目前在研究。英国是最看重的，所有的碳都抓起来，达到零排放，要10年左右。当然科学的安全性也很重要。什么叫低碳？进口替代，提高能效和降低需求，最后吸收碳。有了这么一个概念以后，什么叫低碳产业就很明确了，第一个是大力发展可再生产业，第二个大力提高建筑改造、交通替代、工业清新化这么一些低碳的产业。

这个信息里面，给了我们一个结论，如何把碳降下来？很大的可能，不是世博会里面看到的和所主导的明天的、后天的技术，更重要的是我们现在手头应该好好提高的基础。比如说建筑，怎么样通过墙体材料来减少能源的需求，不是说上什么太阳电，这个是供给端。世博会里很多用外部电，叫被动屋，降低建筑本身对能源的需求，而不是上空调，空调的效率很高，上可再生能源的空调，这是叫主动的形式。所以一种是明天或后天的技术，一种是当前五年、十年要干的，这个技术里75%的减碳是靠那样的技术。我们要充分肯定是技术引领社会，我们不能等好多年以后再搞低碳，那已经是非常高碳了。

第二个问题，低碳如何理解。现在理解为低碳是过很简朴的日子，那么不消耗是最最低碳了。低碳要发展，原来有发展，没有低碳；现在走向了有低碳，没有发展。最近有一些国家为了节能减排拼命拉电，把老百姓的生活用电也拉掉了。尽管这是低碳了，但是老百姓可以得益吗？这是非常值得思考的。一个城市有很好的生活质量，同时碳比较起其他的城市是少的，这才是低碳。这是一个需要关注的问题，但是现在挑战就来了。我们的吃穿住行所有的现代化，包括了住房、建筑、用品、服务，所有的曲线都是往上走的，生活变好，过去以来一直是高碳的，所以今天给我们的挑战是，这样的话题还没有走出一个前人的道路。我们很担心，去年哥本哈根会议，知道了一个低碳的概念，今年出了很多先进的技术和模式，好像很早就开始干起来了，实际上概念还没有搞懂，两三年以后又追求新的概念了。世界上谁是比较成功的，都有特殊的条件。比如GDP上去了，生活质量上去了，能源消耗走平。现在有的北欧国家，如丹麦、挪威、瑞典，这些国家的基本结构都是可再生能源。中国最痛苦的，是多煤、少油和缺气。中国未来20年的城市化，大头的能源还是煤。怎么样实现这个路径，和北欧国家完全不一样，即使是美国、德国，也没有超过这个百分比，当然可以讨论2030年的事、2050年的事。2020年的GDP要翻两番，上海的碳怎么样算，2008年是1吨标煤相当于2吨二氧化碳，那就是2亿吨。2008年上海的常住人口不超过2000万，2亿吨二氧化碳的排放，人均排放10吨二氧化碳，世界到现在为止是四点几吨，上海大约是世界的2.5倍。对我们来说，低碳到底是陷阱还是馅饼，我们不说西方的，中国的发展模式，什么东西可以让我们改变模式，我们经常说的土地收紧，逼着你产业转变。这是转变经济模式很重要的东西，所以这个不是污染的问题，这个是发展的问题。

上海经常和纽约、伦敦、巴黎、东京比一下，我们对世界金融中心的指标比了很多，但是忽视了人家的碳指标是怎么样的。纽约的碳指标减少30%，伦敦的减少60%，上海还处于往上冲的过程中。纽约也在定规划，GDP还在上去，新增27%，以2005年为基础，碳指标要净减少57%，这就是它的一个总体战略。纽约用这个战略指导它的产业结构，指导它的经济发展。

第三个问题是中国城市的碳源到底是什么。我们可以让老百姓的生活觉悟提高，提倡减碳这是很重要的，但是上海这样的城市，减碳对上海的贡献很少，五年、十年里要减碳，最主要的矛盾是在产业，特别是一度轻型化的流程开始扭转，2000年的时候第三产业已经超过了50%了，到2010年，整个产业都在摆动，对于上海的碳的影响非常大。80%的政府力度在哪里？我们经常说要老百姓都步行，空调开26摄氏度，这当然很重要，培养意识，但是还不能马上实现上海低碳的要求。

第四个问题大家可以看一下，上海工业排碳的强度总体是在下降的，强度是指单位工业产出的碳排量。现在关注上海，不是关注强度，而是关注总的排量，单位的强度下降，工业的产出一乘，总的排量就上去了。高层也很关心这个事。如果要关注碳，大概是三个步骤，第一步通过产业结构的调整,先把强度给降下来,这个是生产型的;第二步是把人均给降下来,因为人均还有人口,到底上海有多少人口,三千万的上海还是五千万的上海;第三步才是碳的总量,所以设计上海的低碳,必须是从强度,到人均,到总量。

强度的话,发达国家中,一种是美国模式,他们人少地大,不是很积极,最积极的是欧盟。美国投下来和日本都是3万多吨,日本3万多吨是用比美国少一半的碳来实现的。我们中国要走什么模式,上海走什么模式,上海已经10吨多了。我们的生活碳还要增加,把工业的空间留给交通建筑,还是工业继续排碳,上海的总量就上去了,能不能工业给卡住,你们在做报告的时候,是怎么提出建议的,我们觉得这个是伤筋动骨的,但是上海已经没有退路了,人均10000美元以后,就是发达水平的城市。国际上看中国,也是人均3000美元,到了10000美元以上,你的发展权利就进入高一阶层了。现在我们要走到多高,有没有一笔详细的账,哪一年可以走到。

最后一个问题,如果我们做战略规划有两种思路,现在是供给导向,这个起点是2005年,我要做2010年的经济战略,我先定GDP的增长率,先定产业结构,需要多少的碳能源满足GDP的总量,这个是有供给导向的。满足你的经济增长,什么叫作总量控制,下面的图倒过来算,到了2020年,可以有多少能源供给我,这和土地是一样的,有多少的碳容量。根据这个倒过来算经济增长速度,是9个百分点,还是7个百分点,这个就是需求管理。所谓3.0版的中国、3.0版的上海,1949年到改革开放的30年是1.0版的,是政治版;改革开放以后的30年是改革版;今后的30年是怎么样的,未来有多少容量,这是上海未来要思考的问题。

俞涛: 谢谢诸老师,3.0版本的上海应该怎么样发展,时间的问题,使得诸老师不得不停下来,每一位专家只有20分钟的时间。下面为了弥补各位专家在时间上的不足,我们有一个环节,是请各位领导和我们的主题演讲专家进行互动,如果问题问得好,我们诸老师会把4.0版本的也说出来。

嘉宾: 我是上海社科院的,我对经济特别感兴趣。还有从建筑上,我觉得低碳、节能、环保、绿色,这个概念到底有什么区别,我比较困惑。我对建筑这一块接触比较多,所有的技术如果说经济上不可行,这个技术肯定不行,这是一个关键的问题。卢湾区说起要建示范区,比如说建筑,建筑是

30%的碳排，有一个主要的门窗大概占了75%，实际上也有办法做，门窗全部换掉。如果某小区有一家换，要10000元，但现在整个小区全部换掉，卢湾区要做这个事的话，经济上的承担很大。太阳能热水器，它是一种概念，三代同堂的家庭可以做，有一个老人可以在家里洗洗菜，洗洗衣服，但是三口之家，根本没有必要，用反而是浪费，还不如LED。我的一个经验告诉我，经济上一定要有可行性，低碳、节能、环保、绿色，这是相互有交集的。低碳是世界各国资源文化的一种匹配。低碳的话，我发现现在我们各省市做的都是节能技术。我们说是低碳，其实都是节能，到了地级市都是在说环保，这个是有经济利益所在的。

俞涛： 看一下还有哪一位。

嘉宾： 我在思考一个问题，现在我们50%的企业是外资企业，外国投资不能直接转换成国力或财富，但是它占用了国内的市场，我们的资源、我们的排放受了它的干扰很大。这是一个非常重要的问题。第二个工业经济本身是一个能源经济，一个低效的国家，三大问题形成了它的高碳：第一个是能源的结构，第二个是能源的效率，第三个是能源的需求。今天的主题非常好，后世博时代，还有前世博时代和世博时代。前世博时代是前八年的时间，大家都在筹办世博会，前世博时代是能源释放的时代，后世博时代是能量转化。这三个关键词连在一起，后世博和低碳生活，我想谈三点看法。我不是针对某一位专家的。世博的后续效应我个人的看法，并不是体现在世博场馆的利用上，更大的收益在于世博举办城市整体和长远效益的提升，这个是最重要的。现在我们讨论的也是这个主题。任何一个城市的世博会都有两个主题，公开的主题是社会需要，争取城市的长远发展。日本的世博会公开的主题是建设国际的科技城，其内部的主题也演绎得很好，就是如何把科技要素从都市吸引到小的地方，他们成功了。西班牙的世博会也很成功。上海公开的世博主题是"城市，让生活更美好"，它的过程管理应该是内部主题，城市更新和模式转换。这两个问题如果做得不好，世博会的后续效应就不可能实现。城市更新主要是解决什么问题？就是城市工人的升级的问题。第一从生产主导型的工人，走向服务指导型，包括和产业的构成是什么关系。第二从提供私人产品为主，走向提供公共产品为主，前者是高碳，后者是低碳。主题的第二个层面是模式转换，模式转换是解决一个要素地位的升级问题，上海的人力资本是全国最丰富的城市之一，但是有一些要素非常短缺，地方政府40%的税收是来自房地产，靠土地的收入。上海的土地面积只有天津的二分之一，单位面积的产出高于任何一个城市，这是第一个问题。

第二个问题我想说一下"城市，让生活更美好"。这是人类社会对工业经济发展的思考，工业经济从早期到了中期、晚期，可以说现在的工业经济已经走向了衰弱的阶段，已经走向了资本不断增值的阶段。财富增长的代价，第二个就是环境的代价。我认为非常重要的问题，人是什么，人是一切社会关系的总和，所以现代化的城市，人不可能生活得美好。其中的原因是什么，有社会关系，包括分配关系；有劳动管理、交换关系，这些关系有的在扭曲，有的在恶化。所以这些问题不解决，城市让生活更美好等于是空谈。离开了世博会以后，外国人第一站到了田子坊，世博会怎么样让城市更美好呢？田子坊最起码是在优化分配关系，我们卢湾区必须认识到这个意义。

高碳经济是传统工业模式，低碳排放的计划，本身是工业产品提供的范畴，哥本哈根会议没有针对这个，第一点传统的工业化的模式，是成本外化的模式，不触动这种工业化的模式，不在转变模式上下功夫，包括产业政策、行业管理、税收政策，就不可能做到很好。第二点是不能对哥本哈根会议基于不切实际的幻想。低碳减排的计划，是公共产品提供的范畴，但是实施这个计划的主题，是本国利益的最大化。各国政府在哥本哈根的会议上，在国际市场上，是本国利益最大化的追求者。所以不可能做得到。现在的实践已经证明，欧盟在这个会议上承诺到2010年以前，整个资助发展中国家1100亿欧元，可现在只有100亿欧元。

嘉宾： 今天会议的一个主题是能源的使用，郑院士主要是从城市的规划空间来说的；另外一个主题是能源的开发和低耗。我针对这两个问题想问一下郑院士，上海在进行二次城市规划，这个对低碳也是很重要的考量，请问一下郑院士上海二次城市规划的重点是什么，在现实中有一些什么困难；第二个是褚院士您介绍的太阳能的问题，太阳能的推广和使用，究竟它的主要障碍是什么，是技术的问题，还是电的联网的问题，或者是成本的问题？

郑时龄： 在城市的规划上是没有办法控制的，这是比较大的一个核心。2008年开始把两个规划合一，在规划合一的过程中，我介绍的基本生态网络的规划，是总的发展战略，其中的一个规划，今后还有其他的，包括水、绿化。谢谢！

俞涛：郑老师作为一个规划师，城市所描述出来的PPT的图片有一点好像是科学幻想的事。

褚君浩：现在一个是技术的问题，使价格可以下来。技术要提高，这个在发展中间，在这么一个过程中，希望政府要实施补贴政策，上海现在也有补贴政策，现在有一个"金太阳"工程，给你补贴一半，你只要出另外一半就可以了，一算觉得蛮划算的，五年就回收了。这个"金太阳"工程，现在国家还在搞，每一个省市都有指标，会逐步把价格降下来，然后普遍应用。我们中国这两方面如果都可以起作用的话，将会更好地推广。晶体硅一般就是四年回收，非晶硅一年就可以回收了，即使是多晶硅的电池第五年就可以进行回收了。电池的寿命也就是15年。

俞涛：在我们国际会议厅的外面，玻璃走廊的顶就是太阳能发电的，我们外面的大屏幕就是用太阳能发的电来显示的。

嘉宾：听了诸大建的发言，有几个问题引起了我的思考。一个问题是对低碳经济的发展，有两种观点，一种观点是比较乐观，一种观点是比较悲观。我们上海不能太悲观，也不能太乐观，领导有时候太乐观，特别是不抓工业的领导太乐观。第二个问题是要看上海的发展。上海发展到现在采取的一些方法，我觉得是顺应了我们整个国家的发展趋势，关键的问题是进一步重视技术。第三个问题，我们在经济杠杆上的变量还做得不够。上海政府的行政能力很强，却没有从法治的角度加以考虑。去年4月份以来，美国出了一个综合清洁能源法，我读了，有1000多页，说的就是能源利用的问题。我们对国外的政策研究得较少，我觉得里面有很多值得研究的内容，可以促使大家转变观念，从行政观念，转到法律的观念。

俞涛：提得非常专业。

记者：我想提两个问题。我看到何总的发言提纲是关于物联网的，我不知道世博会中是否提出过物联网的概念。就我们了解的情况，物联网会涉及更多的基础设施建设，因为它不是简单的话题，是掀起了第二轮基础建设的投入，还是物联网只是一个行业美好的愿望，实施的可能性不是很大，或者是最近的几年不可能实现？第二个问题是给郑院士的，上海缺少城市天际线，随着第二次城市的再规划，上海市政府是不是已经考虑到了所谓的天际线的问题，会不会对我们的城市规划做一些更完善的计划？

何建江：如果有好的技术，我们会更深地利用它。

郑时龄：上海的天际线确实是有问题的。从高处看100米的地方，就好像城墙一样，没有一个美学的考虑，包括传统的东西都已抛弃掉了，所以规划局也在做一个课题，就是要看一下整个城市空间的管理。上海的城市空间是追求利润的结果，同时我们也缺乏一种理想。按照日照、面积算出来的，缺乏一种理想。通过世博会，已引起我们思考未来城市的发展。谢谢！

乐景彭（市政协经济委员会主任）：天际线的前景一定要开阔，你站在南京路上已经无天际了，只能看天。它是自然形成的，关键的前提是要开阔。

郑时龄：争取把每一个人的生活空间做得美一点。

褚君浩：物联网是一个非常大的产业。它是一个朝阳产业，我们中国的器件主要是进口的，主要是低碳的一些产业，如果这个产业可以发展得很好，麻将牌就可以换了，就不要搞高碳的产业了。

俞涛：最后一个问题。

嘉宾：关于太阳能，因为我们国家是全世界产量第一，我们国家使用得又比较少，大量地出口，但是太阳能在生产的过程中，它的能耗和污染都留在我们中国了。国外是清洁能源，划算不划算，排除对GDP的贡献，排除就业的问题，如果单纯从本身来看，给我的印象，我们中国人做了冤大头。

褚君浩：所以我们要推广太阳能应用的扶持，现在国家也出台了很多政策。如果没有政策的扶持，根据现在的情况，我们是-1+5=-1，所以中国肯定是不划算的。这个问题提得非常重要，所以我们一定要有政策，一方面提升它的水平，另一方面在这个过程中，有适当的补贴和支持，让它很快地发展起来。

嘉宾：现在有三个政策阻碍了它，即自由贸易政策、产业政策和安全。这些问题不考虑，其他的很难。

乐景彭：现在上海的城市碳排放的强度是最高的，实际上和我们经济发展的方式是有关系的，因为就是在大城市的周边搞招商引资，搞大项目。西方国家的话，这种产业的分布是根据地理优势，不一定都集中在大城市。现在这种体制上的东西，一定是在我的院子里的。社科院经济所的同志说了，真正要把能耗降下来，这才是关系到我们国家经济发展的一个大方向；至于碳排放的强度，有朝一日我们国家定出来，碳指标就像我们当年的粮票一样，只有粮票可以买到米，买到面，这时候就没有人买酒了，因为用于日常三餐的粮食都不够，还有人用这个粮票去购买酒吗？同样，如果是碳指标有朝一日变成了我们国家经济发展的粮票，这时候的产业调整就会出现另外一种情况了。

俞涛：今天的时间有限，很多领导和专家都没有机会把自己的观点充分表达出来，本来我是想请乐主任做一个小结，乐主任更乐于谈看法。我们期待论坛的成果能够早日诞生，期待低碳上海顺利构建，期待低碳节能让我们的城市生活更美好。今天的活动到此结束，谢谢！

2011年：智慧城市与物联网

主持人
俞　涛
上海市科协副主席

出席领导
钱景林
上海市政协副主席
左焕深
上海科普教育发展基金会理事长，原上海市副市长、全国政协常委

演讲嘉宾
花　建
上海社会科学院文化产业研究中心主任
过敏意
上海交通大学教授、博导
刘　源
中国电信上海分公司副总工程师
封松林
中国科学院上海高等研究院（筹）研究员，
方家熊
中国工程院院士，中科院上海技术物理研究所研究员
张建明
上海市经济和信息化委员会信息基础设施管理处处长

俞涛：尊敬的各位领导、专家学者、同志们，大家下午好！今天我们齐聚科学会堂，举行"智慧城市和物联网"论坛，共同研讨，相互切磋。本次论坛提供一个交流学术观点和实践经验的平台，为实现上海的崭新发展出力。出席今天论坛的还有几位特邀的专家，他们是中国工程院院士、上海技术物理研究所研究员方家熊，上海社会科学院文化产业研究中心主任花建，上海交通大学的过敏意教授和中国电信上海分公司副总工程师刘源先生。这次论坛得到了政协有关部门的重视。下面我们请上海市政协原副主席钱景林致辞，大家欢迎。

钱景林：尊敬的各位专家、各位委员、各位嘉宾，在市委、市政府召开推进上海智慧城市建设会议后不久，今天我们团聚在这里，参加"智慧城市和物联网"论坛，首先我代表上海市政协，对本次论坛的举行表示热烈祝贺。大家知道，去年的世博会给我们留下了许多宝贵的财富，其中很重要的

一个方面，就是使我们更加清楚地认识到加快以数字化、网络化、智能化为主要特征的智慧城市的建设，事关上海推进"四个率先""四个中心"的全局，而在上海加快发展物联网产业，是贯彻国家发展战略性的新兴产业，加快产业化，实现创新驱动、转型发展的重要决策。100年以前的上海，正是以多元的文化融合和繁荣的经济发展，成为当时中国最具影响力的城市，而现在，上海要继续走在全国发展的前列，其中非常关键的是要通过推进智慧城市的建设，来极大地提升上海城市发展的水平，我们要围绕韩正市长在动员大会上提出的目标，到2013年，基本形成基础设施能级跃升，示范带动突出，关键技术取得突破，相关产业、信息安全总体可控的格局，为全面完成"十二五"规划提出的信息化整体水平迈入国际先进目标奠定基础。

我理解智慧城市的建设，可以比喻为将城市看成是一个有机的生命体，也拥有高度发达的大脑和神经系统，云计算就好像是大脑，能高效地处理庞大的信息，物联网就好像是神经末梢，能捕捉信息。建设智慧城市不仅需要商业模式的创新，更需要体制和机制的创新。打造智慧城市的过程，将为上海新兴产业的发展提供更大的空间。

在今天的论坛上，中科院上海分院、上海社科院、上海交通大学、中国电信等方面的专家学者，将从不同的视角做精彩的发言，我们相信大家一定会受到教育和启发。我们人民政协是中国共产党领导的各党派、各阶层大联合、大团结的组织，拥有众多各方面的专家。参加这次论坛的嘉宾，都是学识渊博的专家学者和知名人士，也包括多名上海政协委员。我们期待与会嘉宾围绕主题畅所欲言，扎实推进智慧城市的各项工作，积极抢占智慧城市的制高点，贡献大家的真知灼见。最后预祝本次论坛取得圆满的成功，谢谢大家！

俞涛：谢谢钱主席的致辞！钱主席的到来，就是对我们工作的最大支持。今天我们参加智慧城市论坛，所有参与者都是很有智慧的。智慧城市的发展，肯定是要让城市里的人受益。有了城市里的人，必定要涉及与人密切相关的文化，所以我们首先请上海社会科学院的花建主任给我们做报告。他发言的题目是"智慧城市的文化建设新视野"。

花建：非常高兴来参加这么一个论坛。大家知道，近年来，智慧城市的浪潮席卷了整个世界，它不但依托于互联网、传感网和云计算等信息计算，也对人类的文化创意、艺术，乃至整个社会生活，产生了非常深远的影响。我想大家还记得，去年的这个时候，在上海世博园内的联合国馆，联合国教科文组织的总干事亲自发布了联合国成立65年来第一份关于文化多样性的报告，其中结合信息技术、智慧城市，对文化做了新的定义。他说，文化有双重意义，从纵向的历史传承来说，是对不同民族、不同国家和不同城市的自我肯定，因为有了文化，就和别人有所不同，比如说巴黎不同于伦敦，大阪不同于东京，上海不同于北京；另一个层面是指文化也给了我们另外一种新的挑战，并且包含多元化的可能性和新的重大的机遇。

联合国教科文组织的总干事告诉我们，当智慧城市、智慧地球、智慧产业的浪潮扑面而来的时候，也可能有一些城市和有一些企业在这么一场浪潮中逐渐迷失了方向。我们应该利用这个机遇，而不是在浪潮中迷失自己。所以我想联合国选择在上海发布这么一个报告，可谓意义深远。上海作为一个国际化的大都市，承担着建设国家软实力的重大使命。我们应该顺应这个潮流，研究智慧城市、文化建设和整个城市发展的重大问题，并且把握这个机遇。下面我展开几个想法：

第一部分，智慧城市开阔了人类文化的创造空间。从本质来说，文化是人类智慧、知识、想象和热情的结晶，它是人类对自己实践的一种精神上的高度提炼，这种创造的过程是和人类所运用的物质载体和技术手段密切相关的。随着数字化技术的普及，随着智慧城市的到来，城市人也可以说整个城市的成员，在开拓文化创造的意义上，有了空前的创造机遇。比如说我展示的这个图片，就是不久前在美国微软总部做考察时所拍摄的，他们领先开发的3D裸眼显示屏和一系列的技术，给我们未来的文化创造提供了极其广阔的空间，以后我们所知道的这种表现手段，都将获得一个更新。我举一个例子，去年以来，国家在全国范围内设立了三个音乐产业基地，北京一个，上海一个，广州一个，而这样一个国家级的音乐产业基地的建立，很明显就是依托了智慧城市的建设。过去音乐的开发，无非是有三种发展模式，第一是播放影碟、光盘，第二是开演唱会，第三是在电视中插播广告；现在的话，音乐发展的模式可以说比老三篇扩大了几十倍，甚至是上百倍，我们有数字下载，我们有iPhone，我们还有网络型的俱乐部，有由此引申出的各种方式。在智慧城市时代，人人都是音乐家，因为有了这样的软件和传播方式以后，很多人不需要经过长年累月的作曲的训练，就可以用应用的方式来开发自己的音乐潜能，也可以来享受这种产品。正因为这样，我们所说的数字游戏、数字音乐、数字杂志、数字博物馆，其巨大的容量远远超过了一般文化意义上的载体。这是2009年全球数字内容产业的份额，越是和数字技术融合得紧密，越能为人们提供便利的文化样式，增加得也越快。目前数字游戏占了32%，数字音乐占了27%，数字报纸占了4%，数字杂志占了8%。这些都在启示我们要抓住机会，利用最新的载体，使我们的城市和我们的国家，乃至更广阔范围内的人的精神、智慧和热情，通过这样的平台，能够有一个更大的创造。这里我还想举一个和上海关系比较密切的例子。现在全球都在关注上海的迪士尼，记得去年我在《解放日报》上发表了一篇长文，谈到我们上海对迪士尼的认知和上海要把握的重点。有一些报纸或者是某一些场合，很多人还在争来吵去，说上海搞迪士尼，是不是让美国文化侵略了？这应该从更高的意义上来探索上海参与全球竞争的可能性和可行性。

今天的迪士尼是什么呢？它难道是主题公园的代名词吗？它难道是一个米老鼠的家园吗？它其实已经远远不是了。我们可以看到迪士尼的主要业务，最左面的是内容介绍，第二是网络产品，然后是主题公园。其实最左面的一部分，就是内容制作的部分，由于逐渐缩小了所占的份额，主题公园的收益也不是很大，最大的恰恰是网络传媒，也就是数字化、智能化和网络化的传播方式，它是以这样的一个最富有创新活力的板块，来拉动娱乐、媒体、休闲和创意相结合的产业群；也正因为这样，我们可以看到这个图的上面，迪士尼有一个特殊的管理架构，不但有和一般企业相类似的管理部门，还有一个世界范围的服务部，有一个环境政策部，有政府关系部，通过这样的网络，把迪士尼这么一个组团，在全世界展开，并且能够充分利用世界各地的资源。

我们上海和这样的巨头相比，还有差距，这个正是我们上海的雄心和我们的远见。我们要超越那些鼠目寸光的议论，在更高的意义上和智慧城市紧密结合，和具有全球化运作能力的企业巨头合作，在与狼共舞、与人共舞的过程中，提高我们上海文化创新活力和竞争力。随着2014年上海迪士尼开园日的临近，随着每年1500万的游客来到上海，我们相信上海会依托智慧城市的建设，显示出上海的活力和上海的风采。

第二个部分，我要汇报一下智慧城市改变了人类文化传播的方式。过去很长一段时间内，信息的传播是单向式的，是强对弱、一对多的传播方式，所以曾经有专家说，农业时代的传播方式是井圈式，被束缚在这里，这个村庄里的人不知道那个村庄里的人在干什么；到了工业经济时代，世界的市场被打开了，但是由于行业的分割，信息的传播可能是河流式的，一个领域在一个大的区域里，信息的流动是比较快的，但是不可能有更大的辐射；今天，在知识经济和我们所说的后工业化的时代，特别是随着工业城市的建设，人类信息传播的方式已经多向式，被网络的传播格局所取代，这大大拓展了人类参与文化活动的自由。即便从今天全球的范围看，已经不完全是强对弱、一对多了。我们可以举一个极端的例子，就是半岛电视台，在中东地区，和半岛电视台有关的势力，已经被美国打得落花流水，但是谁可以说半岛电视台是一个弱者呢？半岛电视台发表的一段视频，不管本·拉登是死是活，会立刻在全世界引起波动，甚至石油价格也会受到影响。在军事实力上可能是不堪一击的，但是可以通过网络，迅速把他们的想法扩散出去，并且对经济、社会、能源产生挑战。

第三个部分，智慧城市正在重塑文化创意产业的格局。随着创意经济、文化产业在全球格局中扮演的角色越来越重要，它和智慧城市的结合，也使我们重新看待文化产业方式。谁可以更有效地利用智慧城市提供的科技条件，并和活力相结合，谁就可以在今天的世界上掌握中心地位；谁失去了这种活力，就慢慢地被边缘化了。我们来看一个例子，这个人我们都熟悉，就是乔布斯。我今天要说的是他和迪士尼的一段因缘。2006年，当时乔布斯花了500万美元买下了一家小公司，后来又注入了500万美元，这个小公司和迪士尼相比，简直就是蝴蝶和大象。可在随后的20年里，以乔布斯为主的团队，不断研发出电脑、人工智能、电脑仿真和以特级技术为主的优秀动画片，比如说《海底总动员》《昆虫特工队》《汽车总动员》和刚刚在上海亮过相的展览，开发这些作品最大的特点就是创新性，它的票房价值平均每部达到了4亿美元，是迪士尼拍摄动画片的2倍。这样的潮流对原来的动画片形成了巨大的挑战。2006年，迪士尼公司居然出资74亿美元，并购了这家小公司，而这位两次换过肝、被医生两次判死刑的领军人物，也因此获得了37亿美元的迪士尼股票，并且成了迪士尼最大的股东。这就是今天竞争的现实，这就是上海要面对的现实。随着智慧城市的建立，随着技术化城市的普及，我想在更高意义上呼唤上海成为一个创新城市，诞生更多的领军人物。但我们也应该清醒地看到，在今天的世界上，我们用这个示意图来表示，红色是发展中国家所占的优势，蓝色是发达国家的优势，我们中国还应该在更大的力量上发挥一种后来居上的作用。说到这里，我想提一下，最近的这几年来，国家的整个文化建设对上海寄予厚望，上海这几年建立了几个国字头的数字基地，中国上海网络视听基地、金山绿色基地、国家音乐产业基地和国家动漫产业基地。这些名字里，都是希望上海能够发挥科学与文化、技术和创意、人才和产业、政府扶持和市场调动的双重优势，不但是为上海，为长三角，而且为我们整个国家的软实力和综合实力的提升，做出更大的贡献。我想在这个意义上，我们上海既不能妄自菲薄，觉得上海这也不行，那也不行；也不能盲目乐观，感到自己很了不起。我们要看一下国家对我们的期望在哪里，世界对我们的期望在哪里。

最后我简单说一下，智慧城市也呼唤着城市的文化创新战略。这几年来，一些主要的发达国家都提出了和智慧城市相关的重要战略，比如说美国二次提出了创新战略，英国提出了软创新，欧洲多次提出报告，新加坡已经三次发表城市文艺复兴创新报告。在这些报道中，他们都指向一个重要的前沿，就是依托智慧城市的建设，激发文化和创新的活力，让文化和城市的活力相结合，并且使人民能共享财富。所以我想我们在智慧城市时代的文化战略选择，一是上海要借鉴国际潮流，大力发展新兴产业项目，二是上海要建立文化基地，三是依托上海多中心的有利条件，在文化的建设中做出更大的贡献。所以我们相信顺应智慧城市的潮流，上海的建设也为我们的国家，为21世纪的文明做出更大的贡献。谢谢大家！

俞涛：谢谢花主任精彩的报告！从花主任的报告中，我们可以感知在智慧城市的建设过程中，上海文化界面临着很多机遇和挑战，但是机遇大于挑战。在未来的智慧城市中，文化的力量是巨大的，而文化和科学技术结合起来以后，这个力量就特别大。当然在未来的智慧城市中，当我们每一个人的这么一种生活、工作和学习都被数字化、智能化和网络化之后，就需要科学技术大量地提供高性能的计算，而这样的一个需求，就对我们科学技术提出了很高的要求。下面我们请上海交通大学的过敏意教授为我们介绍一下他们的研究成果，他报告的题目是"智慧城市的实践：普适计算、云计算和物联网"。

过敏意：刚才花主任从文化产业的角度，阐明了上海在建设智慧城市过程中的许多道理。我本人是做计算机的分布式处理和网络方面的研究，在"十二五"期间对普适计算拿了一些项目，"十二五"期间又开展对云计算和物联网的研究，下面就从技术的角度，讨论一下什么是智慧城市。现在可以从报纸上看到很多关于智慧城市的报道及怎么样建设智慧城市的议论，因为大家都来讨论这个问题，所以也可以从各个不同的角度来看一下什么是智慧城市。目前的话，没有一个统一的定义。这个智慧城市到底怎么搞，各个城市和政府都在进行实践。我们也可以提出一家之言：我们需要什么样的智慧城市，有什么技术壁垒要打破，我们需要建设的目标是怎样的。第三个部分，我说一下，我们的交通大学嵌入式和普适计算中心在"十一五"期间做的一些工作，在智慧城市中我们做了一些什么事。

在介绍智慧城市前，我们看一个例子，怎样用智慧来改变我们的生活。假定说，我们经常碰到这么一个问题，说要买一个iPhone4，可iPhone5马上要出来了。目前为止，能够达到的智能服务是什么呢？就是说可以确定你当前的位置在哪里，来提供给你一些建议。比如说商场离我们有7.3公里，iPhone4的专卖店有3.4公里，到电脑城有5.2公里，到某一超市去，有多少公里，这些位置的周围有怎样的环境，现在iPhone4可以达到，用户的评价、道路的导航、电子狗等。目前来说，我们已经都做到了，但是还有什么没有做到呢？假定说去商场的路上在堵车，去运营商的地方没有停车位，或者是到了超市，不卖iPhone4，已经没有货了，在专卖店里排很长的队，而到了电脑城，你是VIP的用户，还有折扣，我们到了5.2公里，要选择这个地方去买iPhone4，这个就是我们智慧城市要做到的事情；也就是说，动态的、公共的信息，卖场的信息，用户特征、偏好信息，以及智能服务，都要综合起来。所以我们的普适计算服务，只是解决了它的单一的、静态的、单个服务的提供，而不能提供综合的信息，所以我们要给出更人性化的智慧服务信息。

普适计算在任何时间、地点，以任何方式处理信息服务。我们在买手机的这个例子中，充分挖掘用户信息和城市信息，从而得到一个聚合，这样才可以对周围的环境、资源进行个性化分析；也就是说，智慧城市中的服务和普适计算中的服务是不一样的。以社会为中心，获取城市发展与运行的各方面的来源和信息，也要挖掘城市的各种信息和资源，这就是智慧城市。

我们说智慧城市也不是物联网。自从2008年温家宝总理在无锡提出改制中国的号召以后，物联网的发展很快。虽然最早不是中国提的，但现在中国提得很热，物联网是不是智慧城市呢？物联网是把一些无线射频技术、无线传感器，把物品与互联网连接起来，把物体与人连接起来，使得这些物体和人、人和人之间、物和物之间，有信息的交流，有智能化的识别，方便监控和管理的一种网络。说到底，物联网还是一种网络，所以智慧城市要运用物联网、普适计算的这些概念，提高城市在智能化服务中的作用。我们说物联网是智慧城市的通信命脉，物联网不能提供社会服务。

云计算怎么看，我们上海的概况，我们的总面积6000多平方公里，住房总数、机动车的保有量，都是全国数一数二的。提供各种信息，我们每个人的二代身份证、医疗档案、社会档案、网络档案都有，上海市一年的信息总量和用户总量是超过了10PB，美国的国会图书馆所有的是70PB，所以我们一年的城市总量是超过了美国国会图书馆的很多倍。这个量，普通的电脑能处理吗？不能的。普通的服务器能处理吗？也是不能的。所以我们需要云计算，在云计算的过程中，要处理巨大的信息总量。国外对智慧城市进行了很多研究，也进行了很多实践。日本从2000年到2015年，提出了三步：E就是电子化；到了2004年它提出了U-japan，就是随时随地都可以提供服务，比E更进了一步；到了2015年提出Ijapan，就是智能的。新加坡的话，大家都知道，整个国家都要建立智慧城市，前一段时间，刚刚当选总统的原副总理来我们学校访问，和我们学校合作一个项目。新加坡投入几个亿的资金，和上海交通大学、浙江大学合作。那么美国大家知道，它是最早提出智慧城市概念的。目前我们国家其实是属于三步并一步的方式，跨越式地发展。我们也没有E上海、U上海和I上海，我们直接就是智慧上海，我们是三步并一步地在走，有很多机遇，也有很多挑战，这里面有很多的技术问题。

国外的企业，最早是IBM提出的智慧地球，战略上要涵盖社会生活的各个方面，来进行智慧的服务。这个概念提出来以后，对地球上的所有，比如说水电怎样才能达到智能电网。西门子说要做绿色城市，对交通、楼宇、水资源、智能供电进行处理。西门子是德国一家很大的公司，提出了可持续发展的理念。IBM在不断地创新概念，目的就是卖他们的服务器。你没有新的概念出来，人家不买你的服务器。IBM的服务器是目前世界上卖得最好的。所以这些企业有他们的局限性，从底层硬件到上层应用，全部都是一手包办的。我给你打包，你用我们公司的产品，这里面可塑性差，不可定制。包括我们国内大多数的银行系统，都用IBM的服务器。银行的可靠性比较强，实时性、可靠性、安全性都是要保证的，基本都是用的IBM的产品。

还有封闭的东西，比如说IBM做的产品，绝对不会提供给西门子的。你来做我们的方案，那是不可能的，IBM的方案一定是IBM来做的。所以公司虽然提出了这些东西，不可避免地具有封闭性和局限性。在我们上海，如果你注意看报刊的话，《文汇报》《解放日报》和《新民晚报》，也正在大力推进智慧城市建设宣传。现在各项技术都带上，10兆的宽带进入家庭，基础设施上得很快；还有市民的社保系统，都要进行信息化；还有电子政府、智能公交，已经做了很多。目前的交通还是在堵，GPS是即时的，前方是不是在堵车，大概会堵多长时间，我们目前的GPS做不到这一点。目前为止，我车子上安装的GPS就没有这个功能，所以很麻烦。这些都是基础设施建设的示范服务。我们铺了这么多的光纤，建了这么多的基站，能不能在通信领域、物联网领域和普适计算领域，提供智慧城市？

我们现在社保给的社保档案，能不能由点到面，连成一体，而且相互之间都可以参照。还有发展的目标是各界都可以分享的，不光是我们个人可以用，政府部门、其他企业都可以得到应用。我们要从基础设施、终端服务上进行城市发展。

智慧城市的基础有三个，即普适计算、物联网和云计算。我们现在的信息技术还比较薄弱，要来一个跨越式发展，所以我们不能按照国外企业的产品要求。比如说这个部门搞西门子,那个部门搞IBM。我们一定要自力更生,来设计我们的整体方案。这个涉及国家安全方面的问题,还有就是政策上、技术上促进整个经济的发展。我们需要怎样的智慧城市,总结一下,就是开放的、可复用的、服务好的。我们社会的现状,我们国家的技术水平,我们信息产业的发展,其实是非常快的,目前为止已经赶上了发达国家。我们的无线通信、超级计算机、一些基础的通信设施,都已经赶上了发达国家。我们原来的一些成果,包括物联网的成果、普适计算的成果和云计算的成果,要能够用到智慧城市中来。我们人口众多,人口密度大,需求比较复杂,所以我们要开放和定制。

城市的发展水平,基础化的城市建设已经很好了,但是各行各业的参与程度和信息化的建设,还是需要加强的。技术需求的话,因为时间的关系,可能没法着重展开了。刚才我已经总结了这四个方面,促进现有产业的服务升级,推动经济发展,运用新的服务产业。

现在有三大墙,一个是封闭系统之墙,各个系统是隔离开的;第二个是普适计算和智慧城市之墙;第三个是服务与服务之间的墙。我们要建立各个行业都可以参加的普适计算和智慧城市之间的墙。我们目前的服务都是隔离开的,也就是说,你做的推荐服务,我们十一五期间,做了很多的推荐,比如你在当当网买了一本书的话,它会推荐给你其他的书,这个只是一个简单的推荐,所以服务要整合起来,用户的信息共享,要有优势。所以服务的整合是一个非常大的挑战。再一个就是普适计算与智慧城市之墙,"十一五"期间,我们做了很多的普适计算的东西,很难轻易地移动到智慧城市中。

我们在前期做了哪些工作呢?我们主要是在普适计算和云计算方面做了一些工作,搭建了这么一个智慧城市的平台,叫Iservice;对服务进行分析,比如你个人的爱好、你的用户的轨迹、你的历史记录都会有;对用户的信息进行挖掘,对服务进行整合,来提供给智慧城市的服务。其重点是要解决关键问题,就是服务特征的评估、用户特征的分析和适应性的接口。服务特征的评估,你要怎样抽象出它的特性,怎样获得它的特性,对服务之间的关系,最后对服务进行检索。第二个是用户特征的分析,用户的资料,实时的需求,买了iPhone4以后,是不是有可能买iPhone5,记录里就要有这一条,历史性的记录,你个人喜欢什么样的电子产品,都要记录在里面。用户技术分析,这也是相当难的一件事。第三个问题就是适应性的接口,我们要给各行各业提供统一的接口。还有一个是服务整合。服务整合的话,因为涉及行业壁垒,有公司和政府部门的问题,也有用户和用户之间的问题,所以服务整合是整个第三部分最难做的,我们现在就在解决这个问题。

"十一五"期间,我们的自然基金的重点项目,就是普适计算的服务。我记得在2005年的时候,普适计算还不是很热的,需要提供一套理论支持,只要你身上带着FID,我就可以识别出你个人的轨迹,iPhone3和iPhone4里面都有这样的功能。你们要小心了,谁要是把这个打开的话,把你手机里的软件读出来,就可以知道你人在哪里。云计算方面,我们做了CPU和GPU的一个架构,一个是校园导航,一个是车载系统,还有即时通信,你在什么位置,和你通信的人可以自然地屏蔽,也可以把他加过来。这是我们做的一个普适计算的积累,我们实现了几秒内就可以得到的结果。我们在智慧城市的实践中,愿意参与智慧城市的一些技术架构和系统的实现。谢谢大家!

俞涛:谢谢过老师深入浅出地给我们介绍了智慧城市和普适计算、云计算这么密切的关联性。在未来的智慧城市里面,当人的需求逐渐被数字化、网络化、自动化之后,我们的过老师已经用高性能的计算,给我们算了很多的东西,天上也长出了很多为我们服务的云。如何把这些服务传递到每一个城市里的人,就需要一个通道、一条高速公路。上海电信作为上海最大的电信运营商,是推进我们智慧城市的重要力量。下面有请中国电信上海分公司副总工程师刘源给我们做介绍,他发言的题目是"电信运营商在智慧城市中的作用",大家欢迎!

刘源:我们上海电信在智慧城市和物联网方面做了一些工作,第一个是做了上海智慧城市三年行动计划,第二个是在智慧城市方面做了一些工作,第三个是我们上海电信本身做了一些工作。

今年9月7日,上海市政府颁布了上海市推进智慧城市2011—2013年的计划,明确提出了推进智慧城市建设是上海加快实现创新驱动、转型发展的重要手段,是深化实践"城市,让生活更美好"的重要举措,也是信息化新一轮加速发展的必然要求。智慧城市是工业化、城镇化、信息化在特定历史时期交会的产物，也是调整经济结构的必然要求。这说明上海在着力推进智慧城市的建设。

智慧城市的建设内容，一条主线，提升网络宽带化，构建四个体系。中国电信对物联网和智慧城市的理解，智慧城市是借助新一代的物联网、云计算等信息技术，在信息全面感知和互联的基础上，实现人、物、城市功能系统之间的无缝连接与协同联动的智能感知、自适应、自优化，从而对民生、环保、公共安全、城市服务、商业活动等多种城市需求做出智能的响应，形成具备可持续内生动力的安全、便捷、高效、绿色的城市形态，进而创造更美好的城市生活。两者的关系，我们认为物联网是智慧城市的重要标志。智慧城市用智能技术构建城市的关键基础设施，形成物联网，实现对物联城市的全面感知，为市民提供人与社会、人与人的和谐基础。

智慧城市和物联网是电信运营商的发展方向。目前基础设施的发展，现在已经有了光纤，这是一个非常大的变化。无线网络从2G到3G，逐渐向4G过渡，也是一个大的发展。业务的话，从语音通信到数据，到视频，也有了一个飞跃的发展。发展的对象，从人到物，这些变化带来了极大的机遇。目前的终端已经达到了50个亿，人口的80%，上海的移动终端渗透率已经达到了127%。业界预测到2020年，全球的终端数要扩大到500亿。这么一个规模是非常大的。

第三个变化就是智能感知所带来的海量信息。物联网主要是多了一层感知层，中国电信认为这是一个非常大的历史机遇，进一步把这一个机遇作为信息化的创新战略，为战略转型提供新的机遇。中国电信在智慧城市的建设中是一支重要的力量，计划在"十二五"末，南方城市实现家庭和政企用户光纤网的全覆盖，光纤入户超过1亿户，世界领先。到2012年末，全国无线城市热点覆盖达到100万个。中国电信的目标，一是要在全国率先实现城市光网的覆盖目标；二是上海宽带服务达到国际先进城市水平；三是在规划期末，上海电信覆盖热点将达到3万个，实现光网、Wi-Fi和3W之间的无缝切换，为上海构筑起高速畅通、安全可靠的立体化信息基础设施体系。

在三网的融合方面，上海电信和上海文广集团合作的IPTV，已经形成了国内公认的上海模式，用户突破130万，上海已成为国内IPTV第一城。上海电信也在落实云海计划。

在物联网方面，全球电信运营商物联网发展迅速。截至2010年底，全球M2M终端数已经达到了8140万，年增长率达到46%。美国的运营商ATT的M2M终端数为最大，达到了930万；Verizon为第二，达到了810万。我们也看到了在去年底有一个统计，全球主要运营商物联网应用，主要是在汽车、医疗、金融、运输这么几大块。

上海电信公司在物联网的发展方面，目标就是实施智慧城市工程，智慧安防、医疗、交通、校园、节能等，产生的收入要达到5个亿，带动物联网相关产业发展达到20个亿。上海电信物联网的运用体系，目前已经构建了统一的接入平台，物联网的终端应用也非常广泛，现在已经具备了一些应用终端，为物联网的应用，专门申请了一个13位号，可以为各个行业及个人提供物联网的服务。物联网在业界普遍认为是有三个层面，即感知层、网络层和应用层，和传统的电信网络的不同就是增加了感知层。感知层承担着信息的采集，由获取受控对象状态的传感设备及网络和物联网终端组成，是一种智能化的信息基础设施，将成为信息内容的提供者，是最具有发展潜力和挑战的领域，须重点规划和发展。这一块也是整个物联网发展最为薄弱的环节。

网络承担着信息的传输，包括固网、移动网、卫星网及下一代网络IPV6、LTE等。已为物联网终端申请了独立的13位移动号码资源，10649，目前的网络资源可能支持近期的物联网业务发展，网络构架基本不变。随着物联网业务规划的发展，将为物联网业务建设单独接入网关服务器BRAS、AAA服务器和PDSN等。

应用层承担着信息分析、处理与决策，完成从信息到知识，再到控制指挥的智能演化，完成特定的智能化的应用与服务，包括接入管理平台和各类应用平台。建设物联网统一接入管理平台，实现对终端的管理和数据转发。随着业务的发展，不断汇聚需求，逐步向通用能力平台演进，同时也存在专业化的接入管理平台。

我举几个典型的例子，比如智慧出行，今年刚获得了国家物联网专项资金的资助，这是我们上海电信通过产学研的方式，联合了同济大学共同申请的，对市民出行提供实时的各类交通信息。有道路的相关信息，两分钟便可以更新一下道路的拥堵状态，便可以及时地进行发布。这个就是一个基本的框架。下面是运营车辆的终端，个人的移动终端，甚至还有短信服务和个性化的通信，通道主要采用的是CDMA的无线平台，有实时的图像服务。在上层的话，有车和物流的动态服务应用，对象有重点的车辆，比如说有公交车队，还有一些危险品管理的车队，要对自己的车辆位置进行实时跟踪和观看。

另外对于市民的出行，有大量的信息。有一些人可以对这些信息进行二次开发，在这个基础上定制一些应用。还有对出租车的管理进行对接，我们一出门要定订车，看一下周围500米之内有没有空车，有空车的话，就可以点一下，和出租车的调度系统对接起来，然后就是和司机对接，他也可以看到有人来点我了，位置是在哪里的，马上就可以过来了，完全是位置和位置之间的一个沟通，不需要电话来叫车了。

目前可以提供的信息，第一个是在驾车出行方面，可以查看各种路况信息，看2000多个路口的视频信息。今后都希望可以纳入进来，动态的路线规划，出门的时候，需要选一条路线，过去是按照里程距离来给你规划路线的，今后哪一条路是最好走的，不堵车，实时地进行更新，在5公里之内的状况下，都可以推送给你；甚至在屏幕上，你选择的这一条路线上可以标出红、绿、蓝。停车场的查询，我们现在去哪里，有没有停车位。我们去那里开会的话，会务组会给我们寄一个停车证，解决我们最关心的问题，包括有没有空位，是不是可以选择一个最便宜的停车场。

第二个是公共交通出行，地铁、公共线路，时间规则，客流和公交的动态。目前前两个没有问题，公交的动态到站是当前一段时间需要大力推进的事。

第三个是出租车的出行，可以看到500米以内的信息，可以进行订车服务、综合查询。我们针对二客一危车载监控与服务系统，按照国家的要求，也建立了这样的监控，然后和路况信息进行结合，对这样的车辆管理是非常有利的。我们提供多种信息监控与服务呼叫。上海有260多家危险品车辆的运输车队，总共有七八千辆车，平均下来一个车队有二三十辆，这么小规模的车队，对他们的车辆进行24小时监控，其实是一件不划算的事情。这个完全可以委托呼叫中心来进行管理，每天出一个日报，对车辆的状态进行一个详细的说明。ONSTAR在全球的车联网方面已非常有名了。在安防方面，已经设置了3万多个监控点,对整个城市的安全起到了非常好的作用。

在医疗领域,我们认为物联网的潜力也非常大。在今年的移动大会上,移动医疗是作为一个主题论坛,包括了全球的卫星与教育领域的基金会、比尔•盖茨基金会。比尔•盖茨也进入了这个领域,全球主流的运营商也进入了这个领域。AT&T和一些第三方的公司,合作提供药物和用药剂量的管理。有一个小瓶子,这个小瓶子如果打开就说明病人服过药了;如果这个小瓶子一直没有打开,也会发信息给病人,提醒他服药。再就是提供医疗健康与监护服务。法国电信成立了医疗事业部,主要开展针对老年人的健康监护。有一个腕表,可以监察老年人的脉搏。AT&T和Verizon为老年人研发的智能拖鞋,如果他不慎摔倒了,也会立刻报警。第三个是提供运营商代收费的服务。我们上海电信在智慧和健康方面,主要是提供通道和平台,也是重点关注老年人、儿童和孕妇的健康,包括健康平台这么一个领域。

在智慧工业方面,我们也做了一些尝试,在一个压缩机上做了一个远程的监控。如果没有这么一个远程监控的话,每年的维修量,不管大事小事,对方打电话来,都要派人去,对他们的成本投入非常大,因此和我们合作,搞了这么一个监控器,对它的设备和主要的参数指标进行监测,对它的能耗进行一定的控制。趁这么一个机会,介绍了几个典型的应用,给大家一些启发。我的介绍就到这里,谢谢大家!

俞涛:谢谢刘总的介绍!有了2G、3G、4G的高速通道,刘总给我们描述了智慧城市中非常诱人的生活方式。中国电信了不起,其服务对象从人扩展到了物。今天论坛的主题,除了智慧城市,还有一个是物联网。刚才刘总也提到了物联网,有了高速公路,可以把人和人联系起来,可以把人和物连接起来。这么一个物联网,过去的发展历程是怎样的,作为一个新的经济增长点,能够给我们的产业推进带来什么新的机遇?下面请中科院上海高等研究所筹备工作组组长封松林发言,大家欢迎。

封松林:很荣幸能和大家交流物联网发展技术的趋势和智慧城市的关系,我大概分三个方面来讲,一个是物联网的发展历程和现状。物联网是从2008年开始的,其实是指通过信息传感设备,按照约定的协议,把任何物品与互联网连接起来,进行信息交换和通信,以实现智能化的识别、定位、跟踪、监控和管理的一种网络，它是在互联网基础上的延伸和扩展的网络。实际上物联网这个词最早是MIT，现在已经远远超出了这个定义。物联网有几个来源呢？一个是传感网，实际上传感网早在二次世界大战就有了，电子标签是20世纪MAT提出来的；另一个是运营商提出来的M2M，以及数字物理系统。从学术的角度看，由这两个方面组成了物联网。

因为我过去是做传感网的。最早的传感网，在二次世界大战时期，英国的雷达网就已经有了。到了冷战时期，美国在北大西洋公约组织中有一些传感网的网络，以控制苏联的潜艇。当时传感网的雏形就出来了。计算机、通信、半导体和MEMS技术的进步，推动了无线传感网的研究，使人们有可能达到当初设定的目标。中科院在1999年时就开始了物联网的研究。早期的时候，我们和国外的一些研发基本同步，但是随着技术的发展、应用的普及，我们慢慢落后了。这个决定于我们国家的整个工业基础和科研模式，以及应用的模式。为什么物联网一下子这么热了呢？2008年的时候，IBM提出了智慧地球。当时奥巴马竞选总统的时候，概念就是要进行改变，他认为可以提高美国的软实力，是美国国家发展的核心领域。另外在2008年"5·12大地震"的时候，当时在堰塞湖的监控系统，可以直接传到总理的办公桌。所以科学院成立60周年，我给温家宝总理汇报时，总理对抗震救灾情况下，我们国家第一次把一线的信息技术和抗震救灾结合起来，感受非常深刻。可能是一个技术的发展，我们国家要抓住机遇进行改变，这是总理的一个核心意识，所以才进入了国家专项基金发展规划。

现在大家说的物联网，每个人的理解都不一样。如果是整个信息产业都涵盖的话，物联网就等于什么都不是，就没有办法突出重点了。每一个国家的推动，也都有不同的方式。我们国家在"十二五"期间，要攻克一批关键核心技术，构建一个标准体系，打造一个产业链，抓好一批示范项目。在没有物联网的时候，这些都是空话。很多省市都建立了产业联盟，这也是我们国家比较有特色之处；只要有一个新生事物出来，马上就风起云涌，全面铺开，东部大的城市几乎都铺满了。我们看几个数据，一个是无线传感网在2001—2010年申请专利的情况，一个是韩国的电子通信研究院，中国科学院排在第三。无线传感网仍处在学术层面，还没有进入企业，都是一帮科学家、学者在推动，企业并没有真正介入。温家宝总理说了话以后，企业才真正进入了这个领域。

申请的地区中国排在第四，说明大家非常重视。RFID在中国有很大的市场，申请专利人的时候，中国公司没有一个，说明尽管在科研方面，我们的产业可能这一波不一定赶得上。基于这个，因为一直要讨论什么是物联网的产业，信息系统大致的发展有顶层的应用。我个人认为，物联网应该是顶层的应用加上终端，互联网、通信网和云计算等公共支撑行业。现在的话，在物联网的专项政策，物联网的规划应该是在重点的支持。因为物联网、通信网和云计算已经发展得非常大了，这个也就像物流业不能把公路也算在物流行业一样。

再一个看一下物联网的关键技术和一些特点。科学院在进入创新2.0时，也在研讨未来的信息技术到底是往什么方向发展的问题。现在达成了一个共识，其实未来的信息发展，文化要渗透到技术的发展中。在很多情况下，讲技术的人只讲技术，不管商业，但是现在的物联网、智慧城市实际上都是一个大的系统的概念，如果只谈技术，最后只有一个一个单项技术，形不成规模。未来的发展，物联网到2020年可以达到500亿的终端，现在只有50亿。安全也是过去大家谈得比较少，现在的话，大家会觉得平时没有什么数据，比如说家里的用电、用水，这个是什么了不起的数据，但是如果你每5分钟、10分钟取一次，连续一个月，就能把你家里的行为全部暴露出来，所以数据一聚合，成了组合以后，性质就发生了改变。数据的安全，尤其是进入了物联网，各家的信息、行业的信息进入以后，信息的安全就变成了一个非常重要的问题。另外信息通信产业，耗能已经占了全世界容量消耗的6%，所以也不能说信息产业是一个绿色产业，已经成了第五大的耗能产业。数据中心每年都要翻番，有一些大的数据中心需要一个大的电厂给它供电，所以能源的消耗也是一个大问题。一个是规模的挑战，一个是性能的挑战，以及能耗和安全的挑战，这是未来所面临的四项主要的挑战。

这就呼唤我们必须有一些系统的工程，不能只是单一的技术，当然单项的技术还是要有发展，不能只做全面的系统。作为机构，作为国家的话，要有全面的考虑和全面的规划，而不是把它弄成一个一个孤岛。我们很多项目都是没有全面考虑。

技术路径一个是云计算,一个是要保证带宽。现在有多少P的数据,用硬盘拉到北京有一吨左右;如果是用最快的光纤来传,也要传不少天,必须重视前端的处理,所以上海市的海云工程,就是带有大量的处理能力,而不是都到上海。第二个因特网的发展,是不是可以支撑10倍、上百倍的终端数据量的增加,未来的网络也要有更新的发展,以保证安全。第三个也不是数据越多越好,现在的话,到处布满传感网,到处是摄像头,好像就建成了智慧城市,实际上这个并不是智慧城市。

我觉得物联网应该把中间的这一层拿到,物联网更多的是上面这一层加上下面这一层,这样会更有针对性,更能促进新产业的发展;而中间的这一层,国家信息产业在规划的时候,会有专项,也没有必要都挤到物联网。实际上物联网这个词也未必是一个非常好的词,从欧盟可以看到,说到了十个方向,所以技术的话,小到一部手机,都是全的。三层的话,任何一个小东西都是全的,所以不能说三层所有的东西都是物联网。欧盟的物联网有十层,但不是物联网专有的技术,通信计算机都需要有这十类技术,所以欧盟把安全放在很重要的位置上。现在我们国家"十二五"规划的时候,把安全也提到了议事日程上,信息安全越来越重要。特别是随着互联网的和行业的所有东西进入网络以后,一个小的攻击,都可能造成整个网络的崩溃。现在群体性的事件也越来越多,互联网给大家的生活带来了很多好处,也可能会出现一些事故。很多群体事件,可能就是网上的一个小帖子上去以后,一下子就发展成了一个报道。

因为对物联网的理解不一样,所有标准化的组织都来做物联网的标准。物联网的未来,一个是传感网络和信息,会改变人的行为,就好像是现在运营商推的手机支付。现在到底是银行来主导,还是运营商来主导;三网融合以后,是电信来主导还是广电来主导;信息进入很多设备以后,到底是信息产品,还是什么产品,这些就变得非常模糊了,甚至会推动政府治理方式发生改变,以及一些法律法规发生改变。物联网的话,第一个是学科的综合性非常强,智慧城市就更强了,甚至会涉及人文和建筑。第二个就是产业链,几乎和整个信息技术的产业链是一样的。第三个是渗透的范围广,因为物联网有大量的传感器控制以后，所有行业和领域都会渗透进去，这个就是在信息技术从数字化演变到智能化的一个重要阶段。上海浦东新区也公布了智慧城市的指标体系，从五个维度，包括了19个二级指标，64个三级指标，智慧城市有一些专家认为包括了6个方面。全国的话，过去建物联网联盟的地方，都要建智慧城市。中国建智慧城市，第一个是基础设施导向，第二个是产业导向。上海智慧城市发展目标，到了"十二五"末期，基本形成城市信息基础设施体系、信息感知和智能应用体系、新一代的信息技术产业体系。

北京的智慧城市建设分为两个方面，政府管的归政府管，市场管的归市场管，并非眉毛胡子一把抓。深圳也是从政府和产业两个角度来规划智慧城市。物联网一个是在智慧城市里的一些单项的技术、公共安全的监控、智能电网、智能交通等。现在运营商也积极地加入物联网的建设里。

最后我做一个小结。物联网技术的特点，具有学科综合性强、产业链条长、渗透广泛的特点。在物联网的发展过程中，有新的城市理念和政府管理流程的再造。要满足人类的需求和用户为中心的要求，技术并不能保证一切，还需要低成本、低能耗等加以支撑。谢谢大家！

俞涛：谢谢！因为中科院在物联网方面的研究和推广，是做了很多工作的，也取得了很多成绩，特别是刚才松林所说的在"5·12大地震"中，无线传感网发挥了很大作用。从刚才的介绍中，我们了解了传感网是物联网一个比较早的起源，在传感网方面，还有很多应用，传感网在民用方面有重要作用，比如说气象和环境，如何发展气象和环境的传感网，使它起到一个辅助的作用。下面请中科院上海技术物理研究所、中国工程院院士方家熊先生给我们介绍气象和环境传感网。大家欢迎！

方家熊：前面几位已经说了互联网和传感网，我这里还是坚持用传感网，或许不一定恰当。早期的传感网、物联网是向感知地球的方向交叉发展的。物联网有很多标记，没有感知的功能，现在是相互交叉，在国内的话，统统称之为物联网，但是将来会怎么样叫，就不清楚了。

传感网一般是说地面无线传感器网络，是多学科的综合。大量的传感器都从传感器的网络来结点，这里有一个头，那里有一个头，相互之间形成一个网络，每一个结点有一种或是多种功能，动态地感知一个区域。

气象与环境和人的生活、经济安全息息相关。现在国内专用地面监控系统非常大，像上海气象局就有100多个点进行测量，但是整个上海市的话，一个小区里面你不可能有一个气象站。从市中心坐公交车，过了一段时间，温度降低一点；极端情况下，市中心的温度会比川沙高10摄氏度。夏天的时候，这是极端的条件，所以不能满足要求的，它的分辨率，自动气象站的分辨率是5至6公里可以分辨开；一个小区的话，最多是一公里，所以地面上要专家现场取样。一个气象站这么大，10万块钱一个自动气象站；另外的话，我们国家也非常完善，20多年来，气象卫星系列，海洋卫星实施了大范围的遥感测量。目前，气象预报就是空间、轨道运行传输数据的，但是一个小区的情况就不知道了。所以需要重要的实时监控辅助手段，我想现在还没有完全实现。空间检测不能满足要求，就要想办法，就想从物联网方面来考虑，有没有可能性，下面我来介绍一下。

生活小康了以后，你家里的情况怎么样，这个小区的情况怎么样，要实时监控。生活不好的时候，这些就放在旁边了。现在的话，就要锦上添花。所以传感网可以对监控系统和空间遥感起到重要作用。

气象传感网尤其是在高速公路、高铁沿线实时检测，这个卫星上是看不到的，得靠工人去巡逻。天冰冻的时候，路不好走，不知道什么地方倒下来了。如果有一个实时监控，马上就知道在哪里出了问题，有一个专门的术语叫微气象。环境传感网包括家里的、小区的空气、水等，这些方面综合起来叫气象环境传感网。

气象环境传感网究竟是什么东西，它要动态地监控城市内的微环境，在所有人存在的地方，都要监控起来。智慧城市无非是为了城市的生活朝着更美好的方向发展。城市生活主要是人，如智慧养老，现在存在保姆荒，还有人没钱，这些就是大城市人口老龄化后出现的问题和挑战。微电子技术的发展、轻便、低功耗。微型传感网，人的手脚也是一个环境，这个名字不是我起的。人的身上布满了100多个传感网，来保证人的身体健康。南京市鼓楼区是第一个智慧养老的试点，比较成熟的东西当然很贵，但它就为人体的微循环的发展提供了有利的思路：究竟哪一些是有用的，哪一些是没用的，建立人体的环境微传感网，是一个非常重要的探索。

气象与环境传感网在智慧城市中的定位是什么呢？那就是锦上添花，政府服务、城市管理、身份感知、位置感知。比如说这个东西是什么成分的，现在的传感网缺乏物的成分感知，全世界都没有。不是说基础上不行，有一些是没有做到这么小，另外也比较贵。这里面有一个技术叫光谱。有一些有机的东西，这个光谱是没有办法的。现在也发展了一些实验室，但是取样会比较困难。

智慧城市这个方案是几个大电信都在说，物联网的三个环节，一般都强调了当中的一个网络层，三个公司实力大，就搞网络，但是最重要的，起步的东西，第一步感知层，全世界最薄弱的环节就是感知层，没有感知层的话，一切的智慧就等于是零，没有什么东西好传输了。

下面谈一下气象传感网有没有可能性，微型的传感网就只有大拇指这么大，全部功能是按照中国气象局的要求来设计的。做的气象站就只有手机那么大小，应用领域却非常广泛，这是对微气象学的研究，非常有用处，比如在军事、农业上。环境传感网，嘉定新城今年开始了，他们搞的东西很大，花的钱也不得了，说明他们在探索这个事。

下面介绍一下物的成分感知。光谱是感知的有效手段，从光谱里面提取一些成分和性质，首先是配合航天、航空的需求。这个检测的设备有很多种，光谱的、短波的、热红外的、激光观测等。分阶段发展，第一阶段是初级的光谱节点技术，可能要做成一个地面上的光谱传感网。现在的结点里面，难点是低频超、低噪音。下一步就是智能化的，要发展国内的核心芯片、多芯片封装、光谱SIP，有可能实现光谱的结点。光谱是感知物的特征的有效手段。

气象与环境传感网是培育中的一种新型的物联网系统，在智慧城市中，能以人为本地得到体现。谢谢大家。

俞涛：谢谢方老师！方老师的报告让我们感觉到气象和环境的传感网能够给我们的生活带来很大的便利，能够提高我们的生活质量。我们今天还请到了一位嘉宾，他是上海市经信委信息基础设施管理处的处长张建明先生，他将向我们介绍上海推进智慧城市建设的三年行动规划，大家欢迎。

张建明：各位嘉宾，很高兴有机会和大家交流一下。对于智慧城市的理解和我们接下来的一些做法,刚才专家们已进行了很多很好的诠释,我也想在这个地方,提出我们的行动计划,把这个内容介绍给大家。我今天介绍的内容,主要是两个方面,第一个是智慧城市是什么,第二个是未来的三年,我们想做什么。上海智慧城市建设,首先是政府层面上,最早提出要建设智慧城市是在2010年的8月30日,我们的俞正声书记提出的。在人代会上,我们的规划就提出了以数字化、网络化、信息化为特征的智慧城市。9月7日,市委、市政府召开了智慧城市建设动员大会。在动员大会上,我们向社会公开发布了《上海市2011—2013年推进智慧城市的行动计划》,并且成立了上海市智慧城市建设的领导小组,由俞正声书记担任组长。

在这个行动计划的编制过程中,我们的一些研究和理解,前面很多的专家都说了智慧城市,从我们的研究来看,关于智慧城市,目前我们搜集到的国内外的资料,大概有200多个城市都在提建设智慧城市,不过目前为止,还没有形成统一的定义,但内容上还是比较接近的。

我们的理解,是新一代的信息技术、物联网、云计算等,以新一代的信息技术为依托,通过全面感知和广泛的互联,并对感知技术进行智能化处理和分析,在各个领域进行广泛应用,使城市的运行更加安全高效,市民的生活更加便捷舒适。

国内外200多个城市都在建设智慧城市,国内明确提出智慧城市建设的,除了台湾,还有20多个城市,明确写入了"十二五"规划中。为什么从2008年底或者是2009年初IBM提出智慧城市以来,有这么多的国家和地区纷纷响应?我们的理解是智慧城市的提出,有三个背景,一个是城市发展理念的优化和转变。大家纷纷认识到,促进经济转型升级,打造城市核心竞争力的迫切需要。通过智慧城市这么一种手段,也是经济社会发展的客观需求。同时有一个很客观的情况,就是新一代的信息技术为我们智慧城市的建设提供了有力支撑。除了物联网和云计算,还有我认为很重要的一个原因,是我们的基础网络为物联网和云计算提供了可能。如果我们的技术网络还停留在前几年的水平上,我想是难以承载我们的物联网,也难以承载我们以后的智慧城市的各种应用,好在我们的网络正向宽带化演进。

通过对国内外智慧城市的分析,我们归纳了三个共同的特点,第一个是普遍把信息技术建设放在了首位。第二个是突出了新技术的应用和示范带动作用。新技术的应用，我想不用多解释了。示范带动也非常重要，因为物联网也好，云计算也好，很多都处于起步的阶段，在探索的阶段，我们想通过试点示范来带动其他领域的应用。第三是积极推动了相关领域的发展，这个也不用多解释了。从上海来看，创新驱动，转型发展，要使信息化发挥更大的作用，当然也还存在不少制约和突出问题，都需要我们通过智慧城市的建设来不断地予以解决。

第二个方面，我们上海智慧城市的提出，是一个渐进的过程。从1996年开始，市政府就提出了信息港的工程建设。通过15年的建设，应该说信息港工程的基本建设，在各个方面都取得了重大的进展。在这个基础上，我们提出面向未来的智慧城市，应该是应势而为。

下面我就想介绍一下，我们在9月7日向社会发布的2011—2013年行动计划的主要内容。在这个行动计划里，我们明确提出了建设智慧城市要大力实施信息化领先发展和带动战略，发展的主线是提升网络的宽带化和应用的智能化水平。我们也明确提出了上海的智慧化建设有四大体系，即国际水平的信息技术体系、便捷高效的新一代信息技术体系、可信的信息体系和智能安全体系。我们在行动计划里，还提出了夯实基础、分步推进和惠及民生的构想。重点说一下夯实基础，分步推进，就是把基础设施的建设放在首位，同时无论是物联网的建设，还是目前公众的需求和企业的发展，都越来越离不开发达的信息基础设施。上海要建设四个中心，或者说经济的转型发展，会比以往更加依赖于我们的通信网络建设。至于分步推进，我们想通过十年左右的时间，把上海智慧城市的框架基本建成。具体是通过三个三年，刚刚我们发布了第一个三年行动计划，未来还会滚动发布下一个三年行动计划。

还有一个就是突出重点，聚焦项目。智慧城市的建设涉及方方面面，涉及城市建设的每一个领域，但是三年可以做的事，无论是时间，或者财力、物力都是有限的。怎样突出重点，聚焦到项目，还有社区联动、示范带动，主要还是靠企业作为一个主体，起到一个示范和带动的作用。因此119个项目，主要是一个示范和带动。

我们也明确了未来三年的目标，基本形成基础设施的能级跃升，示范带动效应突出，关键基础取得突破，相关产业布局合理，信息安全总体可控。具体来说，我们的宽带城市和无线城市基本建成，这是在基础设施方面，我们的信息感知和智能应用。我们也提出了一些明确的目标，包括重点的应用、电子健康档案，明确三年人人拥有，实现信息可追溯、城市的网格化的管理全覆盖、智能交通达到动态交通的多渠道获取。新一代的信息技术产业成为我们智慧城市的有力支撑，其中信息服务业的支撑占全市GDP比重的6.2%，信息安全总体可信、可靠，各种体系相互关联。信息体系是整个智慧城市的基础，智能感知和应用是我们智慧城市的关键和核心，新一代的信息产业是我们智慧城市的支撑，信息安全体系是我们智慧城市建设的保障。围绕着这么一个目标和指导思想，在我们的三年行动计划里，明确提出了24个专项和119个项目。这24个专项和119个项目，都是政府可以主抓，看得清，并且列入计划里的。这样通过政府的引导，也通过项目的带动，来促进整个社会各个方面参与到智慧城市的建设中。

在这个任务里，我要着重对宽带城市和无线城市做一个介绍。刚才电信的刘总工也做了一些介绍。三年以后，或者是2013年，上海的宽带城市要基本建成。韩正市长也提出，三年内把上海建设成通信质量、网络带宽和综合服务最具有竞争力的城市之一。具体目标，通过这几个项目和工程的建设来加以实现。首先是光纤宽带网的建设，三年内，全市城镇化的地区要光纤到户，接入能力能够达到百兆。因为有这样的接入能力，各个家庭可根据他们的需求和经济能力，不一定是全部申请100兆，但我们说的是平均水平，平均达到20兆以上的水平。现在中国电信采取了很多措施，希望可以提前实现这个目标。

宽带城市里面，我们也做了很多体制和机制的改革。目前市场上提供宽带的，至少有三家基础电信运营商，移动、电信和联通，还有长城宽带、东方有线等。但如果深究一下，虽说有这些运营商可以提供宽带，实际上你是被选择的，为什么呢？在你搬进小区之前，你的开发商或者物业已经和运营商签了协议，要么是和电信签了协议，要么是和联通签了协议，如果想换，对不起，不可以换。在以后新建的小区，其宽带应由第三方公司来管理，公司不具体做宽带运营，宽带的运营还是由原来的运营商负责。一个家庭想选择电信，第三方公司就在小区的机房里做一下跳线；下一个月想选择联通，再重新跳到联通。当然这个也不是那么简单，可能要和运营商签一些合同。我们也在积极地改造广播电视网，三年完成490万户有线电视的改造，也是基本覆盖城镇化的地区。

第二个工程和大家都很有关系的，就是我们的无线城市。三年内，我们要把上海的无线城市基本建成。无线城市是什么？就是2G向3G发展。这么一个移动通信网的宽带化，来解决我们全市的覆盖。目前3G已经基本覆盖全市，要进一步优化。另外一个发展的重点就是Wi-Fi，Wi-Fi是宽带化的延伸，解决人群密集地区或者是高带宽的无线上网。Wi-Fi比较有成效，在三年内，我们重点的场所就是公共交通、行政办公、文化体育、旅游景点等八类场所。这八类场所基本上概括了你经常去的公共场所，要覆盖80%以上，我们算了一下，大概有22000处场所，IP达到13万。从城市的规模来看，IP数应该说可能是全球第一的。其他的在基础设施方面，包括通信枢纽，除了提供接入网的带宽水平，还可以通过光缆的扩容，包括了IDC超级计算的建设。

关于信息感知和智能应用，我这里要讲的八个领域，主要是政府在实施、推进的。包括城市建设管理的六个项目、城市运行安全的五个项目和智能交通安全的五个项目，因为时间关系，每一个项目就不展开了。这些项目的建设，让我们的信息感知和智能应用有一个明显的效用。我们提出了上海要倡导或者是推动的几个领域，包括云计算、物联网的计划、高端软件、集成电路、下一代的网络、车联网和信息服务八个领域，每一个领域都有八个方向。在信息基础设施方面，我们也提出了四个项目，产业支撑有三个项目等。因为这些项目，我们的三年行动计划是向社会公开发布的。这是这两天在做的工作，包括翻译成了英文，争取在国庆节前在网上进行公开。

因为材料都是公开的，大家可以在网上找到。智慧城市的建设，虽然我们是列出了24个专项、119个项目，却不仅限于这119个项目。智慧城市是城市发展的一个理念，也是一个城市发展的形态，是我们今后发展的方向。到2020年也只是建成一个框架，需要我们长期不懈的努力，也需要广大市民和企业的共同参与。我的介绍就到这里，谢谢大家！

俞涛：谢谢张处长！我有一个感觉，今天我们讨论的话题，智慧城市和物联网，其实离我们非常远，也离我们非常近。刚才很多专家提的很多未来的东西，在目前这个时间节点上，已经出现了很多具体的应用，所以今天这个机会非常好。

2012年：智慧城市与视听文化创新

主持人 苏秉公
上海华夏文化创意研究中心理事长

演讲嘉宾
花　建
上海社会科学院文化产业研究中心主任

郭良文
台湾交通大学教授、人文社会学院传播研究所所长

王世伟
上海社会科学院信息研究所所长

孙健君
派格传媒总裁

祝建华
香港城市大学媒体与传播系教授

花建：关于智慧城市和视听文化创新，我有以下几点体验：

第一，智慧城市的建设潮流代表了城市和产业升级发展的前瞻趋势。上海建设智慧城市，我们要关注一些独特的背景，即软实力、生态型、拓展型和城市化。首先，提高综合国力须提升文化实力，包括文化的内容、文化的载体、文化的形态等。其次，绿色经济、生态文明、节能减排的潮流席卷全世界。再次，科技的发展带来了人们的生产方式和生活方式的革命。最后，新的城市化需要文化做出更多的贡献。

比如上海，在改革开放之后就从一个比较单一的工业创新城市逐渐走向经济城市，随后又通过科学技术的推动，使服务业和制造业走向更高的阶段。

第二，从城市空间来讲，也从原来的单中心向多城化、多中心发展，城市的发展要素配置也很重要。一个工业发展到初级阶段的城市，需要的设备、厂房、土地、劳动力；到了一个中心城市，需要的就是资本和其他的要素。产业和城市的转型升级是和智慧城市密切相关的。于是，智慧城市的特点成为人工智能的系统大整合，理念是智慧、互联、协同的城市，它的趋势是全面感知互联互通和智能服务。就是在这样的基础上，整个文化生产方式进行了重组，它绝不仅仅是提供了一个新的产品，而是在一个比较深刻的基

础上，重新打造起人类的文化生产方式。

第三，在智慧城市的基础上出现了商业模式的雏形，它的模式就是互联互通。在线的互联互通和高度的人际合作，使一些机构获得高速增长。这种增长速度是过去传统产业和传统生产模式很难想象的。

此外，他们还创造出以信息化、数字化、网络化为基础的新的经营模式，比如"长尾模式"和"跨区域选择"。

第四，文化消费的集成和创造。在智慧城市的历史上，过去意义上的生产者、传播者和消费者的角色发生了变化。今天，新的业态正开始出现，原来意义上的文化消费者走向了生产者，走向了创造者，走向了投资者，也走向了传播者。

郭良文：我跟各位分享的是两个经验、两个案例，一个是跟台北有关的，一个跟新竹有关的。

第一，新竹虽小，却有自己的特色。它有很多高科技的厂商，也是台湾经济的龙头之一。它在上海世博会结束后，把世博台湾馆运回台湾，建成了一个比原建筑还大的台湾馆创意产业园区，并将附近的旧厂房也改建成一个创意产业的展示区，摇身一变为新竹的新地标。

第二，接下来我想跟各位分享一下台北的梦想。以花博会的梦想馆为例，它结合了科技、人、经验和新媒体来展现创意产业，也结合了新闻、人和艺术。

梦想馆非常强调故事，有故事行销的感受，让观众参与其中，如同人跟花果树木的成长互动。其中科技与艺术的完美结合，也离不开工程师、科学家、艺术家、设计师的合作。

第三，新竹是一座强调科技的城市。新竹县政府赞助了约700万人民币，帮交通大学建了一个三维虚拟摄影棚，民众可以在这里看到将来城市建设的规划蓝图。

台湾的建设模式是一种小规模的，强调科技与人文结合的模式。以科技为载体，它结合了中国的很多传统文化和台湾的地方文化。台湾也很重视对自然环境和原生态的保护，对少数民族也持有一种平衡的发展观念。同时，这两个案例让我们体会到，台湾的视听文化创意产业非常重视人的经验和体验,而且强调有故事的行销模式。

孙健君: 智慧城市与我们这个行业相关的基本有五个方面,即如何创新科技手段,创新传媒方式,创新娱乐的形态,创新消费业态,创新赢利模式,来服务城市生活,追求智慧城市。现代科技手段与我们行业相关的东西越来越多。

第一,从传播的方式来讲,传媒行业的发展日新月异,但万变不离其宗就是六个基本面,即图、文、音、像、人、物。新科技手段和传播方式的嫁接,产生了很多变种,也就是我们说的娱乐新形态。这些新形态有一些前瞻性的形式,就是把所有高端的东西做融合,虚实结合,视频无所不在。视频已经进入人们生活的每个空间,然后就是互动体验。

第二,娱乐与消费领域的联系无所不在。盈利模式的创新是文化产业发展的一个命脉。所有的文化价值实践依赖于传播,而娱乐内容和传播相结合的常态的营运模式主要是娱乐内容的产业消费和广告,但竞争非常惨烈,娱乐、内容和传播产业的引领模式最大的发展,就在于全面融入消费业态,创造娱乐的新形态,融入消费业态,同时改造消费业态。例如娱乐直销就是一个崭新的盈利模式。这个形式的运营体系虚实结合,空间无限,而且它是一个开放的平台,可以与很多东西结合,如电视台、出版物、网络、手机等其他一切图文、影像、展览都可以在这个平台上交融和互动。

王世伟: 我想讨论三个方面内容,即智慧城市、智慧城市的灵魂和智慧城市的精髓。

第一,数字化、网络化、智能化仅仅是智慧城市的基础,智慧城市还应该包括社会、环境、关系及绿色等方面。我用五个字概括智慧城市:城市泛在网。也就是说它是全面感知的,它是深入协同而不是单独作战的。智慧城市的发展突破了时间和空间的限制。智慧城市是高效的城市,包括节能、低碳。在能源互联网时代,绿色节能和智慧城市的结合是大有可为的。智慧城市也是便利的城市和互联的城市,比如说市区图书馆就可以做到书书相连,任何一本书的馆藏情况你在网络上都可以查到。在智慧城市中,这样的人物互联、人人互联、物物互联的发展空间是相当大的。

第二,智慧城市的灵魂是绿色发展。对智慧城市来说,绿色发展主要体现在自然的绿色、经济的绿色、社会的绿色,以及我们人、思、行的绿色。在绿色低碳方面,智慧城市要发展新的能源,提高新能源综合利用水平,推进节能减排,倡导低碳的绿色生活。

第三,智慧城市的精髓首先是广大市民的共同参与管理,即公民的参与。绿色治理的指标还包括信息素养(我们今天这个大会就是信息素养的教育)和绿色智慧。如今技术的城市化使得智能化、数字化及网络化成为可能,它们亟须在市民中得到普及。比如上海是中国电梯最多的城市,可以建立垂直交通的全面感知网络。

第四,智慧城市究竟为了什么?为的是让人们更好地生活。

祝建华:科技仅仅为智慧城市锦上添花,没有高科技也可以成就智慧城市。城市是人与人之间的关系,因而超越技术的组织、管理、运行的能力才是智慧城市必不可少的要素。

智慧城市是一种复杂的系统,这个系统的外部环境和内部结构往往会发生各种不可预测的变化。能够在这种不可预知的环境中生存下来的,是那些具有极高智慧能力的系统。

社会化媒体依靠自我纠错能力将社会组织起来,并将其管理得井井有条。社会化媒体包括早期的论坛、社会网络,以及现在的社交网、博客等。我举两个例子:第一,B2B系统。我们依靠它在网上获取、分享的资源,如书籍、音乐等。它对人们的帮助和贡献是无可估量的。因为不愿意看到它的死亡,很多人都愿意主动为其捐款。第二,Facebook、微博等社会化媒体。它们的核心技术并无特别之处,高明的是它的商业运营模式。从海外的Facebook,到人人网,再到微博,用户根据自己的需求,根据自己的生活和信息的生态做出选择,形成了独特的适应能力。面对网上繁杂的信息,网民创造出来的自我纠错能力和自我进化能力充满了智慧,充满了想象力和创造力。这些都告诉我们,一个系统如果灵活且有适应能力,一定是在其系统内部有一种安排、设计、原则及机制,自下而上地纠正错误。

2013：智慧城市与现代生活方式

主持人 苏秉公
上海华夏文化创意研究中心理事长

演讲嘉宾 封松林
中科院上海高等研究院院长

王德培
福卡智库首席研究员、上海经济预测研究所所长

封松林：信息技术已经渗透到人类生活的各个层面。基于集成电路的发展，英特尔创始人提出了摩尔定理，用以表示CPU性能增长的倍数，从40年前至今，已有九个数量级的增长。有了信息技术的发展，才有通信技术的发展。

随着物联网和各类终端的增加，产生的数据量接近爆炸。网络现有电子邮件2100亿封，Facebook有1000万个视频，每月新增10亿照片和1000万个视频。大数据最大的特点是非结构化的数据信息，表面看没有任何关系，但重要的是如何在这些貌似无关的数据之间，找出它们的相关性并加以利用，甚至是商业性利用。

现在中国电信和中国移动开始做第四代移动通信的网络，随着信息技术的发展，最终计算机、电视和手机很可能就三屏合一了。这就是所谓的智能终端一体化。在移动通信这一块，未来引领世界技术和市场发展的，主要在中国。中国具有单一而又强大的控制能力，中国的频点比WCDMA要多得多。

互联网也是爆发式地增长，终端不只是计算机了，各种各样的移动装置，如电视等都可以连接，当传感器接进来就是物联网了。物联网技术的发展，推动了智慧城市建设。这其实是IBM公司的商业战略。信息技术领域的概念都是它提出来的，像云计算、物联网、智慧城市，每两年抛出一个新概念，就推动了服务和计算机的销售。

网络数据的失窃及攻击一个或数个服务器，就可能导致整个网络的瘫痪，都说明现在的互联网非常不安全。如何保证网络安全及发展低能耗的信

息技术，这都是未来要着重研究的问题。

今后的30年，信息技术应该是惠及大众的。建智慧城市为何而建，人究竟是技术的奴隶还是技术为人服务，这个根本命题至今还有争论。

信息化催生了一些新的制造形态，在飞机制造公司，波音、空客等都是数字化制造。像空客A380，实现了30多个国家、1500多个零部件的网络协同。现在的波音飞机，都是从数字化模型到部件模型，在数字化阶段就进行各部件的模拟组装。但是在实现协同制造的时候，怎样控制质量，怎样按标准验收，这又是必须面对的一大问题。

现在的信息技术业，除了技术，还必须有好的商业模式，以及强大的竞争对手，这些因素缺一不可。

关于信息技术对社会产生的冲击和影响，需要辩证地来看待：

第一，信息技术取代了资金和能源，成为第一重要的财富创造力；第二，无处不在的信息技术和互联网的普及，推动了全球化放松管制，开放市场、全球贸易扩张、信息技术促进了劳动生产率的增长；第三，和传统技术相比，信息技术可以服务更多的人，甚至可以让使用者定制个人专属的服务；第四，信息技术有利于解决社会问题，如老龄社会、社会保险等，也可以推进教育和文化的多样性，以及安全、健康、环境和危险管理，为高效公共服务提供手段，扩大民生和公共生活的参与度。

以上是信息技术对社会产生的有利影响，但我们必须认识到信息技术的发展造成了一些有待解决的问题：

首先，信息技术的发展目前仍会造成极大的能耗。其次，人们越来越依赖于虚拟网络社交，真实生活的参与度大大降低；此外网络平台在快速发展的同时，政府监管和舆论引导还跟不上，出于商业利益等原因，人们有意或无意地通过网络将各种事件无限放大，社会舆论或者现在应该说是网络舆论，就是蝴蝶效应。当然，信息技术无所不在，使得人际联系变得异常容易，但这也导致了人们隐私和生活自由度的降低。浮光掠影的快餐文化也是信息社会的产物，看似信息量巨大，其实公众关注点过于集中，文化和思想的深度与多样性都极大地降低。

信息技术后续发展所面临的挑战：一是作为半导体，缩小线宽已到了极限，须找到新的系统，而系统的负责度也越来越高，CPU是6万行，主板有上千行，操作系统更无须赘言，这样复杂的信息系统，已没有任何一家公司可以完全透彻地分析和掌控它，开发成本也越来越高；二是能耗成为不可回避的问题；三是商业模式和需求之间的平衡、商业利益与社会责任的平衡等，都需要这个行业的所有从业者加以深思。

王德培：在未来，人类历史上会出现一股新的潮流，这股潮流是去国家化和非政府组织的，而这股潮流是和互联网的发展息息相关的。

IPV原是军方开发的，是在当时技术表现下的一种网络结构。这个网络结构的网址是有限的，43亿个，随着信息化的快速发展，网址的分配就不够了。IPV式的技术框架，严重地滞后于当下技术的发展。于是，世界就要开发一种新的版本，也就是IPV6网络。美国人力挺这种模式，而其他国家反对，因为在IPV6的框架下，必须有一个树根，全世界共13个，其中美国占有9个，日本1个，所以我们国家开发了IPV9，在推进上面临着利益集团的矛盾，因为IPV9更体现出互联网的精神，域名不由一个国家控制，而是一种分布式的基本的道德。当下很多政治上的纷争，包括技术管控，也是有技术支持的。IPV9的关键是会导致世界上国与国的地位产生变化，使每一个国家都可以相对独立。

人类的经济生活、社会生活、政治生活，都会越来越脱离原来的架构，但如果互联网根本上不是由主权国家掌控，而是被一个非政府组织掌控，那么对整个人类生活、经济、政治都会带来一种釜底抽薪的变化。信息技术的发展把城市概念釜底抽薪了，这个是战略性的危机。战略危机就是指背景性、前提性、根本性发生了变化。信息业的发展、互联网的发展，就在这个意义上开始颠覆以往的生活轨迹。城市的边界逐渐模糊，最终将彻底消失。甚至在未来，线上和线下的界限也将越来越模糊。信息技术发展的根本趋势，就是去中心化。

关于智慧城市这个概念，我个人的体会是，它实际上是智能化，不是智慧。

提出这样的概念，并不是阴谋论，而是企业发展到一定阶段的必然性。一个经典的工业化背景下的企业，必须有六个阶段：第一阶段是生产经营的规模做大做强；第二个阶段技术含量较高，即科技创新；第三个阶段是生产性的服务业；第四个阶段则是产能的结合；第五个阶段里有些大企业开始做集成，把扛不住的人力和原料成本剥离出去；第六个阶段就走到了企业战略。

城市发展到今天，原有那种所谓的城市的集中性已经扁平化了，如果我们依然利用原有的中心意识来建设城市，那么我们的发展策略就必然将与历史规律相抗衡。

既然城市的集中性注定被消解，那么下一个问题是：未来，城市究竟经营什么？在过去，城市经营生产、贸易、金融，而以后，城市所要经营的则是一种理念，一种幸福感。城市要经营人的愿望，对城市的形态和功能就要进行改造性的变化了。我们国家的城市建设主要是基于实用性，这点在未来势必迎来改变。当城市所经营的已变为人的精神、人的体验时，还围绕着为工业经济搞斗争的金融大厦就不现实了。

智慧城市这个概念里，究竟什么是智慧，IBM提出的实际上是智能。必须认识到，在城市的发展过程中，很少有智慧的存在。聪明是一种生活状态，而智慧是一种生活境界。我们城市的发展太注重当下利益，我认为是聪明的，但有时，聪明反被聪明误。大数据之间的逻辑关系要找出来，怎样把悖论的现象统一起来，我认为真的要回到智慧上，智慧和聪明不是一回事。希望我们最终会重新找回所谓的城市的智慧。

2014年：智慧城市与城市生态

主持人
苏秉公
上海华夏文化创意研究中心理事长

出席领导
左焕琛
上海科普教育发展基金会理事长，上海市原副市长、全国政协常委
王智勇
上海市科协副主席
刘仲岑
上海市黄浦区政协副主席

演讲嘉宾
诸大建
同济大学可持续发展与管理研究所所长
马云安
上海市政协人口资源环境建设委员会常务副主任
顾　骏
上海大学社会学系教授
张　雨
上海电信副总工程师

苏秉公： 今天我们在一起举办"智慧城市和城市生态"的论坛，我受主办方的委托来主持这个论坛。今天来这里参加论坛的有上海科普教育发展基金会理事长左焕琛、上海市科协副主席王智勇先生、黄浦区政协副主席刘仲岑先生等嘉宾。

我们为什么要将智慧城市和城市生态这么一个主题，作为我们今天论坛的命题？目前世界信息技术革命日新月异，信息化和全球化的相互促进，互联网已经融入社会的方方面面，并且深刻地改变着我们的生产和生活方式，中国已经成为网络大国。可见，我们正处于一个战略的机遇期，正逐步向中高端的方向迈进。

在这个发展过程中，我们受到一些资源的约束，水污染和空气的污染，给我们带来了很多困惑，所以要修复生态，治理污染，要保护环境。我们听取了很多专家的意见，在往届举办的智慧城市论坛的基础上，今年提出了这么一个命题，也就是说我们要怎样来建设一个绿色的智慧城市，建设一个智

慧的生态城市。今天我们请了四位专家来给我们做演讲，第一位是同济大学经济与管理学系的教授诸大建，另三位是政协人口资源环境委员会副主任马云安、上海大学社会学系的顾骏和上海电信的副总工程师张雨。接下来有请上海黄浦区政协副主席刘仲岑致辞。

刘仲岑：多年来，我国在建设智慧城市方面取得了一些进步，特别是商务电子化方面的成绩是有目共睹的。我们的智慧城市一开始就向广义发展，绿色智慧城市，智慧生态城市，当今世界信息化和经济全球化相互促进，深刻地改变着社会和人们的生活方式。

我国已经成为网络大国，正处在大有作为的战略期，从国际产业的中低端向中高端提升，我国发展的各种资源趋紧，水污染、空气污染、土地污染严重，危及人们的生存和发展，所以治理污染、保护环境成为当前紧迫的任务。智慧城市是一个全新的概念，我们衷心希望通过主讲人阐述的观点，经过碰撞，产生新的思想火花和真知灼见，为上海的智慧城市提供丰富的理论指导，带来前瞻性的启迪，有利于提升上海智慧城市的建设和生态和谐发展的整体水平。

观点构建未来，生态智慧城市的观念，是可以为可见的未来服务的，是可以为人类不断地可持续发展服务的，是可以为社会趋向和谐服务的。有专家说过，数字科技是可以把人们吸引到更和谐世界中的自然动力，新一代的信息技术，让城市拥有了新的明天、新的框架。所有发展的最终目的都是为了人，将人作为最终服务的对象和根本所在。生态智慧城市让社会更和谐，让生活更健康，让生命更美好。

诸大建：最近上海在讨论2030战略、2040国土发展战略、2050上海全球战略，我也参加了这方面的会议。今天我要谈的几个问题，都是其他场合我还没有谈过的。

第一个是大家都在推工业4.0，前一段时间我们讨论了第三次工业革命。在20世纪90年代做上海发展战略的时候，迈向21世纪的上海，里面的经济中心就是这个理论。那时候长波只有第三波。每30年到50年有一个波动，每一次都有一个科技导致新的产业。最早的是纺织，到钢铁，到石油，到IT。20世纪末出现了新的创新长波，这个概念就是绿色。

可能市民一听绿色就以为是烧钱的。一直说的垃圾分类，大家以为是从GDP里拿出来。今天我要说的绿色是可以赚钱的，绿色是一种创新。宏观上就是两个字，脱钩，一个是生活质量，一个是经济增长，一个是资源使用。资源的环境消耗，要往上走，所以什么是生态，很简单，两个脱钩，生活质量、寿命和资源消耗的脱钩。比如说上海进了2500万人，能不能和土地脱钩？能不能和垃圾脱钩？另外一个是和经济政策的脱钩，前一段时间是重化工业，都是消耗能源的。使GDP和能源消耗、水气资源脱钩，全世界都在讨论这个问题。我觉得科协可以把这个问题做大一点。这是第一个概念。

第二个概念，稍微深一点，就是微观上的提高生产率。这是一个很简单的生产函数，前面的Y表示GDP，中国过去30年的经济增长是劳动密集型的，然后FDI是外商投资。这两个增长率很高，上海的GDP已经翻了十几倍，这绿色的R是每一个单位土地、每一吨能源、每一吨垃圾创造了多少GDP，国际上叫作资源生存。以前是资本生存率，现在提出自然资源生产率。这就是我说的绿色要变成经济。所以这就是第六次创新长波里的两个新的东西。

上海要建设全球有影响的创新中心，目前说得比较多的是科技创新中心。我想上海要创新，必须考虑三方面事宜：第一是上海有实力，第二是国家有需求，第三是符合国际发展的趋势。中国现在的发展主要是我们老百姓的生活质量怎么样，所以讨论绿色创新，正好是在这三个点的聚焦上。上海外高桥第三发电厂，搞了一个老外都服气的、认为上海是领军的绿色创新火电发电机组。这就是上海的实力。三个指标、资源、减排，都远远超过了国家标准，还超过了世界上最严格的北欧国家。对上海来说，每年节省几十万吨的煤，节省5亿的成本。要是中国的火力发电都以国外为标准，那中国的煤可以节省几十亿吨，所以这些案例具有三个重叠，上海有实力，国家有需求，是国际领军的。

大家都很满意上海的四个中心，好像建得不错。上海的城市规划基本是围绕着经济中心、贸易中心、航运中心和金融中心而展开的。这四个中心的排序中，上海都是前10位的，前面有纽约、伦敦、巴黎、东京、新加坡和中国香港。但不管怎样，上海进展的速度还是非常快的。当然，上海的生态环境基本上在100位左右，全球宜居城市是第83位，全球城市生活质量是第95

位，城市PM10空气质量是第978位。上海呈现出硬实力不错，软实力严重滞后，存在软硬分化的发展。今天的这个话题，对上海规划未来30年是非常重要的。

今天我们的主题是把智慧城市和城市生态结合在一起，这个话题很好。比如世博会的时候，我们的手机里面会告诉你今天世博会的入园人数爆满，你就不去了，这就是信息，这就是大数据；节省了时间，节省了你的资源，把智慧和生态效率连接了起来，这是我们要讨论的问题。

下面是第三个概念，我想谈一下怎么样做？这个也是很有挑战性的，有三个重点的内容要思考。第一个是怎样做规划？绿色创新我们以前做的规划，比如说这个是现在，要提供多少能源，要排除多少废弃物。作为外推的战略，以前是可以的，但是现在的生态告诉我们，上海的能源总量是多少，土地是多少，这些都是框死的。什么是转型？比如说到了2030年，上海的土地消耗只有3000多平方公里，在这样的情况下，产业结构怎么样，增长的速度怎么样，这个箭头是不一样的。

到了一个非常重要的思考阶段，不能再外推地思考问题了，这个就谈不上转型。我经常举的一个例子是上海过去的30年，是在探索中发展的阶段。需要多少GDP，需要多少土地，这个是增量发展。把土地填满了，发展的空间都没有了，所以上海要置换，要转型。更具挑战性的含义是下面这个，现在上海2500万常住人口，土地3000多平方公里，透支了500多平方公里。上海接下去的一个话题就来了，要么人口继续增长，保持3000多平方公里，现在2500万人，人才要引进才可以配平，另外把土地吐出来，这个就是上海面临的发展。上海现在没有更多的增量，要么是把多的项目拨出来变成生态的空间，这个挑战比前面的更大。前面的是填项目，现在是拔掉项目，不是退二进三的问题，甚至是退三进六的问题。我们的内环线有没有可能有一天变成人行的走道、人行的绿道，这就是整个城市发展的全生命周期的阶段，也许我说得早了一点。

第二个目标怎么做，有两条路子，一条路子是沿着原来的方向做技术改进，比如把大排量的汽车改成小排量的，把老能源的汽车变成新能源的，所有这些沿着原来的方向，出行还是小汽车，把建筑变成绿色的建筑，这是革命性的变化。上海道路上的汽车全部换成新能源的汽车，拥堵的问题还是存在。新能源不能解决拥堵的问题，这还是老的问题。现在有创新之道，即汽车是不是可以共享，是不是可以创造一种平台，汽车不用的时候，通过这个平台出租给有需要的人。到欧洲去，一辆汽车被十个人共享，一辆汽车每天可以运行很长时间，这样就把另外九辆汽车给省了。这个不是技术，这个是社会的创新。我们很少想到这方面的创新，我们想到的就是技术，就是工厂。

城市做大了，再搞汽车，再搞一个无车日，这都是作秀。一开始就把城市做成交通紧凑的，把工业园区和居住园区搞得紧凑一些，以减少交通路程，让交通不成为多数人必要的消费，这就是另外一种创新的思路。

我说了三点，如果是讨论这个话题，上海刚刚开篇，上海的资源很少，会逼着我们做一些创新。这方面多做一些工作，是可以对国家和世界做出一些贡献的。我就说这些，谢谢大家！

苏秉公：诸教授说得很简要，却给了我们很大的启发。接下来请上海市政协人口资源环境建设委员会副主任马云安发言，他长期从事绿化和市容改造工作，有很丰富的工作经验和独特的见解，大家欢迎！

马云安：秉公先生要我讲一下城市生态，其实这几年我做的事一个是种树，一个是管垃圾，生态环境和这两件事是密切相关，但又不仅仅局限于这两件事。所以我想说一些具体的情况，这几年我一直在这一领域工作，到了政协以后，对整个城市的生态情况也做了一些研究。刚才诸教授说得比较宏观，绿色创新说得非常到位。其实未来人类要生存下去，要提高自己的生活质量和幸福指数的话，生态环境是我们每个人必须去面对和思考的。这不光是政府的事情，因为每个人既享受了环境，同时也会对环境造成一定的影响，在未来的发展中，包括生活中怎么样去保护好环境，这确实是非常重要的事情。

我搜寻了一些资料，生态环境这个词，在我们国家正规的文件中出现，也不是很早，也就是1982年的宪法草案当中，第26条提出了国家保护和改善生活环境和生态环境，防止污染。后来随着经济社会的发展，很多专家学者认识到，其实生态环境主要是人类赖以生存和发展的物质条件的综合体。人类环境包括了自然环境和社会环境。自然环境又分为地理环境，地理环境当中主要是人类周围的自然界，主要的是水、空气、土壤，包括生物。

从法学的角度把生态环境做一个明确的定义，是1989年全国人大通过的"环保法"，里面说的环境是指影响人类生存和发展的，各种天然的和经过人工改造的自然因素的总和，包括大气、水、海洋、土地、矿藏、野生生物、风景名胜、自然保护区、城市和乡村等。这是我国法律对环境的首次表述。

诸教授是从宏观上说的，我主要是说一下现状。从水、空气和绿色垃圾的问题说起。垃圾的问题确实是影响我们生活环境很重要的一个方面，土壤的问题我也想谈一些想法。

政府部门的信息也很透明，这一部分的话，资料上有了，我就不具体展开了。水的问题，这几年治水、供水，政府是投入了很大财力的。比如说水源地的建设，青草沙完成以后，崇明的东沟西沙也已经建成了。包括对水草的在线检测，这个也是上海做得比较到位的。现在水务部门对各个水厂治水的过程是时时检测的。再好的水源，老百姓关注的是水龙头打开后的水到底质量如何。这几年在供水管网的改造上，也是做了许多工作。应该说包括水管的改造、水箱的改造，比过去有改善。

再就是排水。目前上海市区的污水处理率，已经达到87.7%；从全市的范围来看，也达到了76.1%。白龙港有亚洲规模比较大的污水处理厂，现代化的程度也是比较高的。还有一个是关于河道的治理，黄浦江、苏州河是比较明显的，大家是能够感受到的。郊区这几年连续不断地在搞中小河道的治理，成果也是有的，但问题还比较多。

这几年大家比较关注的是大气的环境。应该说上海这些年通过连续不断的环保三年计划，通过产业结构的调整，通过提高排放的标准，通过优化升级，通过相关执法部门强化执法监管，总体上是在往好的方面发展。客观地说，目前上海大气环境的质量，相对十年以前是有所改善的，但是对照发达国家仍有差距。去年以来，在空气环境上，比较集中地关注了PM2.5的问题。这两年环保部门及社会各个方面都做了大量调查研究，现在基本上把上海地区PM2.5的来源、成因搞清楚了。最近环保部门也说了，到年底会对社会有一个正式的公布。来源搞清楚了以后，国家很重视，国务院还发了关于清洁空气的纲要。总体来说，大气环境的现状是比过去有了明显改善。

关于社会环境现状当中的绿化的问题,上海结合旧城区的改造、产业结构的调整,包括新区的建设,整个绿化环境比过去有了长足的进步。但上海没有天然的森林,每种一棵树都要花代价。上海绿化的指标提升,是与政府花费很大的代价分不开的。垃圾花了很大的代价,其实绿化花的代价更大。

另外呢,关于垃圾,这是城市生态环境当中要引起大家共同关注的一个问题。现在上海的人口急剧增加,每年增加五六十万,垃圾的产生量和人们的生活水平的提高是成正比的。生活水平提高得越快,产生的垃圾其实是越多的。上海曾经走过这么几段路:20世纪80年代之前,市民基本上是分散抛弃,那时卢湾区的垃圾都是船运到青浦,在青浦随意找一块空地丢弃在那里,花一点钱,付给当地的生产队。实际上垃圾扔在那里,对周边的生活环境,包括对当地的地下水的污染,是非常严重的。2003年,浦东建了一个焚烧发电厂,江桥建了第二个焚烧发电厂。在老港挖一个大坑用很厚的薄膜做衬底,把垃圾填进去,化了很大的代价。当时老港5000亩地,计划是用45年,但是2005年投入使用以后,中心城区的垃圾到老港每天10000吨,2008年时已经有近40%的地用完了,高度已经到了正28米。原来设计的寿命是45年,如果是再填下去,20年不到,整个老港就填完了,未来必须从源头上让垃圾循环利用。

不过说实在的,这需要一个很长的过程。2010年,我们去看了台湾地区的垃圾焚烧厂。那里焚烧厂的量在逐渐下降,过时不收,谁扔出来,会被追究刑事责任。这个事台湾做了,上海的话,可能有一点难度。过了7点就不收垃圾了,今天的上海做得到吗?你不收,或者是他扔出来你去处罚他,是不是可以做到?因此在目前的状况下,我们只能是研究一个战略,一头是大力推进源头的分类,另外一头是必须把末端的问题解决好。目前解决垃圾处置的问题,全世界多数是焚烧,也有利用土地进行卫生填埋的,比如美国、加拿大、澳大利亚,他们土地多,没有问题。在中国,特别是东部沿海地区,类似用土地填埋垃圾的方法,都是不可持续的。另外,世界上还有用垃圾堆肥的,上海也做过这方面实验,理论上是可行的,可事实上是需要先决条件的,即首先把有机的垃圾分出来。把有机和无机的分清楚之后,有机的做肥料。好在近年来,上海城市垃圾处理的大的方案已基本形成,就是抓源头的分类减量,这个需要全社会一起来参与,持之以恒,逐步地加以解决。

关于上海的生态环境,我们觉得有几个难题,是需要大家来关注的。比如水的问题,由于上海的地理位置,是需要长江流域一起来协同的;如果不能很好地协同,上海再怎么搞也不行。

现在的问题是长江中游的沿江城市都在发展,而且大量的重化工企业,前两天我看了一个数据,到2013年时,长江排放的污水已经达到333亿吨。这个问题要引起全社会的高度重视。我们一直强调有关长江流域水的问题,是需要立法的,但是一立法,长江上游和下游之间就有一个生态补偿的问题,不能说上海发展了,就不允许中游发展,你不允许它发展,就要给它补偿。那么讨论这个问题就比较复杂了,我补偿了以后,是不是可以保证中游、上游的水是好的。青草沙是68天的咸潮,但是中游过来的,又是另外的事了。对上海来说的话,今年底要开工黄浦江上游的一个水库,在金山区那里。黄浦江的上游,沿岸的所有工厂都关闭了,可一出上海的范围,进入了江苏,水泥码头、建筑材料码头,包括煤码头,全都是污染。这个要调整的话,也是会涉及经济的问题。现在管太湖流域的,你若要他调整,他会说他的钱从哪里来?不然光是自己搞清楚了也没有用。

第二个是水厂的水好了,现在主要是水龙头的水,主要是二次供水,世博会之前对水箱进行了一些改造,可还有2.4亿的二次供水的设备没有改进,这个任务也非常艰巨。你要改造水箱,政府补贴,但是立管是要从每家每户穿过的,装修好的房子要敲,改这一根管子,这个就会带来很多的问题,也是需要大家一起来配合的。二次供水的设备不解决好,水厂的水再好,也是要打折扣的。以前的水管都锈了,那水质肯定不会好。另外的话,现在上海中小河道的水质黑臭是解决了,但是用这样的水来生产农作物,包括养动物,将来会不会有问题,有什么问题,这个我们去年开两会时做了一个提案,今年水务局在做检测,从蔬菜地的用水中做检测,用河道的水种蔬菜,种出来的蔬菜金属物的含量到底是多少,会不会对蔬菜有影响,这个需要一个检测的过程。但是从感觉上来说,上海郊区的这些河道,如果不继续加强治理,而且是综合的治理,农民的垃圾乱扔进河道,对我们的食品安全是会有影响的。

再就是关于流动污染物的治理,现在的PM2.5初步分析下来,四分之一以上是流动源,其实不光是车辆,车辆只是一部分,还有船舶、航空器。现在问题最大的是船舶,因为上海是一个航运中心,特别是黄浦江上的小船,柴油机的排放对空气的污染非常大。问题的复杂主要在于流动源的监管主体不是很明确,什么样的油、什么样的发动机排出的烟是可以允许的,什么样的是不行的。所以流动源的气体排放这一块,上海的压力是很大的。另外还有社会领域的,餐饮、干洗,这些都会对空气质量产生影响。

还有一个问题是我们要关注土壤。上海的产业结构现在正处于调整期中,原来的工业企业的土地要改变,改了以后,这个土壤一定要处理,不处理肯定会对未来产生后遗症。最近,桃浦一直和普陀区在沟通,桃浦是一个化工区,现在要转型,是马上实施还是把污染的土壤修复好了以后再实施,这是一个很实际的问题。因为修复土壤,第一个是需要代价,第二个是需要时间。这两个问题很现实地摆在了我们的面前。上海在发展经济的同时,一定要更加注意生态环境的改善。展望未来,只要我们的各级领导、社会的各个方面高度重视,上海的明天一定会更好!

苏秉公: 马主任说得很具体,有一些内容还希望他可以多说一点,比如说土壤。我们这些人对土壤污染的问题不是很清楚,常有人告诉我们土壤污染得很厉害,可到底厉害在哪里,现在还不清楚,以后应该继续探索。刚才马主任说了很多实际的东西,诸教授是从理论上、宏观上叙述的,下面再请顾骏教授从社会学的角度分析一下,大家欢迎。

顾骏: 谢谢主持人,谢谢主办方!先给大家讲一个故事,上海有一对老夫妻,本来是住在市中心的,他们觉得很方便,可空气不好,可供锻炼的地方也不行,再说城市里面很拥挤,去女儿女婿家里看一下,高高的公寓楼,下午晒太阳很舒服。另有一对小夫妻居住在城市的外围,他们一直想置换到中环里面来,因为他们都在市中心上班,每天都要借助公共交通工具。大家知道上海的交通很紧张,开车也好,坐地铁也好,都不是这么舒服。老夫妻和小夫妻一拍即合,就互换了住宅。换了以后,老夫妻过得好好的,身体也比以前好多了;小夫妻也不用早出晚归,省去了好多用于交通的时间。所以这么一件事,两个家庭之间互惠一下,不需要政府掏一分钱,也不需要任何投资，甚至没有公共政策层面上的任何操作，老百姓自己就解决面临的问题。这个问题解决以后，原来小夫妻是挤地铁的，那地铁里就少了两个人；原来这两个人是开汽车的，那么道路上就少了一辆车，其实也就把人的住址换一换而已。

智慧城市中的智慧到底怎么理解？智慧有的时候越来越狭义化，认为信息技术就是智慧。我认为这个有道理，可是不完整，信息技术是为我们提供服务的，如果我们用得好，可以更合理，更有效率。可如果没有相应的配套，技术再好也没有用。智慧城市就是技术的智慧和人的智慧，不过主要还得依靠人的智慧。在人的智慧之中，又有两个部分，一部分是每个人的智慧，一部分是城市管理者的智慧。比如我们的城市管理者，如果早一点把就业岗位放在市中心，那就没问题了。全世界的就业岗位大多在市中心，可如果把两种类型的人区分一下，一类是惰性人口，已经不需要就业了；另一类是活性人口，是需要就业的。如果把这两类人的位置安排得合理一点，将不需要就业岗位的人安排得远一点，将需要就业岗位的人挪得近一点。这样就可以解决很多问题，这是城市管理者的智慧。

还有一种做法，城市管理者给我们每一个家庭留一点空间，大家想搬就搬，想换就换，这样每个人出一点力气，也可以解决问题。所以包容即智慧，就是这个意思。

我们想想，从计划经济到市场经济，它的实质是什么？实质就是计划经济相信计划做的事，认为把一切的事都安排好，这个社会就能取得最大的效率。可事实证明，再好的管理者也做不到绝对合理。最合理的办法，还是让每个人的智慧都发挥出来。过去这个叫作大河流水小河满，大河没水小河干。比如说现在要做这个茶杯，做的时候你给我一个转炉，脚一踩转炉开始转了，捏出一个杯子，然后去窑里烧一下。但是我们做这个杯子的时候，我们的注意力都是在瓷土上的，在看得见、摸得着的东西上的。不过装水的部分是没有瓷土的，因为有空间才可以装水；如果我们做的杯子是实心的，就只能用来打架，不能用来装水。

这里就提出了一个概念，叫作实用空。事情做得实，实际上面用的部分是空的部分，拿着这么一个思维考虑问题，在建设智慧城市的时候，那就不是说我们要建一个城市，而是一个真正的智慧城市应该是做实而用空，给大家一个智慧更大的发挥空间。所以有空间才叫智慧，全部做满了，那不叫智慧了。从这个例子中我们来看一下，两个人之间要换住宅没有问题，可你要叫全上海的人都换，能做得到吗？现在一个家庭里面，爸爸妈妈已经退休了，住在市中心；孩子因为房价高，住房买在中环之外。如果孩子和父母建议我们换一换，很可能成功。但是其他的人，比如是黄浦区的老人换一换，他们就不愿意了，人口要压缩，可是土地不能增加了。那我们在考虑人口和土地的时候是不是可以引进一个变量，就是人口和土地之间不是静态的关系，而是动态的关系。最近我在人口发展中心开会时就提出了一个动线管理，不仅是考虑静态的人口分布，还要考虑每天在上海形成交通的这一条动线怎么安排。

为什么地铁越建越多，很重要的一条就是我们没有动线安排或者是动线管理。我们的静态安排很不合理，造成了额外的动线的需求，这才有了每天道路拥挤，地铁拥挤，所以这个城市里面，我什么都不用动，就把人给挪一下是不是可以。发改委告诉我不行，因为老头老太不希望离开，如果是和子女换，他们肯定是愿意的，9点上班，6点出门；6点下班，9点到家，心疼孩子就会换了。可是到了社会上，用家庭的伦理道德进行处理肯定是不行的，这就需要规划者、管理者的智慧，需要给他们做一个杯子，惰性人口和活性人口可以实现交换。

搬到了郊区，生活环境和居住环境肯定会有所改善。可是他觉得有很多的不方便，所以至少要在公共政策上给他一些配套，比如对老人，有三件东西是必不可少的，第一个是菜市场，第二个是公园，第三个就是医院。一个是每天开门七件事，另一个是消磨时间，再一个是他还想多活几年。

根据统计调查，一个惰性的人口，一年的动线范围有多大，这个都是可以算出来的；一个活性人口，一年的动线频率有多大，一比较也能出来，所以就需要有相应的公共政策的配套。现在归结为真的要建设一个智慧城市，建设一个绿色生态的城市，两种智慧都需要，而且两种智慧必须配合好。这个配合的方式就是我说的做实用空，大的框架有了，给市民留出充分的发挥智慧的空间。到了这一步，哪怕是技术没有改进，只改变人自身，就可以改变一个城市，改变我们自己的命运，因为毕竟人才是决定一切的。

苏秉公：顾老师的观点，从智慧技术方面说到了思路上的转变。20世纪70年代有一个解决市区交通拥挤的设想，搞过一个工作岗位或者家庭住宅调换的方案，但是现在不行了，现在的房子都是自己买的，工作都是要自己找的，这个就比较复杂了。今天最后一位发言的是上海电信的副总工程师张雨先生，他有20多年电信行业工作的经验，在信息化、云计算方面都很熟悉。我们觉得请一位企业工作的同志来说一下，非常必要，大家欢迎！

张雨：很高兴有这么一个机会，和大家一起来探讨智慧城市和城市生态的话题。大家知道，智慧城市这个概念，是IBM公司最近提出来的。目前智慧城市的建设在全世界100多个国家展开，IBM全球智慧城市2013年的报告中，提出了一些数据，反映了智慧城市的效果。在交通领域，高峰车流下降18%，碳排放下降14%，电力能耗下降15%，电费下降10%，医疗诊断和运营的效率提升了10%；从供应链的方面看，成本下降了30%，库存下降了25%，商品零售额提升了10%。

从城市治理的理念看，就是要建立参与和包容的城市；从可持续发展的角度看，要建立一个可持续的生态城市；从未来发展的引擎看，要建立活力多元的创意城市。这就是智慧城市三个方面的内涵。作为一个生态城市，有三大核心内涵，包括了环境压力的持续降低、绿色经济蓬勃发展和居民生活舒度的提升。

生态城市有三大主体、六大任务。政府、产业、市民，以政府为主导，积极推进产业及市民的深入参与；公共生态城市有六大任务，基础建设、产业发展、生活消费、技术革新、社区建设、对外合作。从基础建设的角度，融入低碳理念及低碳技术。

泛在宽带加速了智慧城市的发展，智慧城市的建设离不开信息技术的有力支撑。建设以数字化、网络化、智能化为主要特征的智慧城市，是上海新一轮总体规划的重要内容。高效智能的信息解决方案，能够使城市的运营和管理达到最佳状态。

4G不仅是通信领域的新技术，更使社会发展到一个新的阶段。信息技术沟通方式的变迁，共同促进了泛在宽带网络的发展。在信息技术演进和沟通方式变迁两个方面的驱动下，高速发展的时代正在进入。根据相关的报告，2014年5月，全球已经有104个国家部署了288个LTE的商用网络，预计2014年可以达到350个。

泛在宽带时代的到来，顺应了人们更丰富、更个性化、更便捷的信息追求，极大地发展了信息网络。泛在宽带为智慧城市的发展带来三大机遇，第一个是移动化，移动设计已经成为身体的一种延伸。全面的互联，互联成本得到下降，连接可靠性和带宽大幅度提升。大数据和云计算的出现，使得数据的覆盖更全面，计算的能力也呈现社会化的趋势。第二个机遇是创新力的释放。泛在宽带网络时代带来了应用深化及创新的热潮，体现了创业者和消费者年轻化、需求小型化。其需求非常广泛，同时提供的这些应用又非常专注于用户的体验，形成了人们新的生活习惯，改变了人们的生活方式，更贴近应用的习惯。第三个机遇是促进了信息的消费，拉动了产业的发展，实现了智能终端的普及，促进了信息消费的普遍化和日常化，为电子商务的发展注入了新的动力。

中国电信对智慧城市的理解，有四大本质内涵、三大创新动力，紧密围绕着一个基础、一个中心，聚焦八个应用主题，实现四大目标。四大目标包括了安全、便捷、高效、绿色。通过这些大主题，实现智慧城市安全、便捷、高效和绿色的四大目标。

下面我再和大家介绍一下上海电信在智慧城市应用创新方面的一些实践。中国电信上海公司作为上海地区信息化建设的主力军，从2006年开始，就积极和各级政府、企业开展信息化合作，助力信息基础建设；从应用、信息和基础设施三个层面入手，系统地推进智慧城市建设，与政府和相关产业等共建绿色、生态城市；以心意化的手段，充分满足生态城市的三大主题需求。

在网络建设方面，我们在实践中探索，实现了上海城市光网的跨越式发展，建成了中国光网第一城；并通过五轮大提速，已经达到中国宽带网速的全国第一。同时，我们加强无线城市的建设步伐，逐步实现了无线城市的全覆盖。

构建综合应用平台方面，我们持续提升数据中心能力，扩容网络出口容量，满足不断增加的市场需求，为日益细分的客户群体提供不同等级的模式，依托云计算技术，打造商务云的平台，为中小企业提供LAAS的基础类的产品。

在智慧交通方面，中国电信的车联网基地设在了上海，以产业链合作切入市场，打造核心竞争力。

在医疗方面，上海电信也依托医疗行业的应用基地，大力推进医疗行业应用基地的建设，大力拓展智慧医院领域项目，推广基于物联网、云计算的健康和医疗服务。

在智慧教育方面，我们推出了智慧社区的服务，并针对五种类型不同的园区，推出了不同的解决方案，致力于打造基础设计完善、产业高度发展、服务高效的智慧园区。

在智慧环境方面，基于物联网传感和无线传输技术，对区域的空气质量、水源质量进行实时检测，便于管理者了解动态环境，创造舒适的生活。

最后我想说一下合作创新的问题。伴随着泛在宽带时代的到来，智慧城市发展进入了应用深入的新阶段，要满足城市发展进程中的多样化的需求，运营商需要构建并依托自身的能力平台，与具备专业服务能力的应用提供商合作，使我们的生活更加美好！

苏秉公：刚才四位专家做了很好的发言，我们今天有很多企业家和年轻人，下面进入互动环节，有请四位专家。

观众提问：我来自黄浦区商务委，我想请教马主任，在您的报告中，您也提到了我们政府在垃圾处理的问题上，投入了大量的财力和物力，垃圾和我们每一个市民生活质量息息相关。在我们的小区里，居委会通常在小区里拉横幅，给大家提供咨询服务。楼长还给我们送垃圾袋，送垃圾桶，一个放干垃圾，一个放湿垃圾。但是一段时间以后，我是比较好奇的，我也是机关的工作人员，会去小区垃圾桶那里看一下，发现干湿垃圾多数没有分类。我们政府和社会想减少塑料袋的使用，当时用了一个很有效的方法，就是塑料袋收费，用经济杠杆的方法，减少塑料垃圾。你觉得在垃圾的分类上，我们是不是可以用经济杠杆的方法？是不是可以换过来，我不向你收费，我给你钱，如果你分类了，你积分到什么程度，我给你纪念品，或者直接给你钱。这个方法在目前是不是实用？我的问题可能有一点长，谢谢！

马云安：你的问题我听懂了。垃圾分类不是现在才开始的，上海十几年以前就要求了，只是效果不明显。效果不明显的原因有很多，核心的问题是市民生活习惯难以一下子改变。推进垃圾分类，用行政的手段还是经济的手段，又或者是法律的手段，我们也都考虑过。有的城市是通过垃圾收费来促进老百姓垃圾分类，但是我们调查下来，好像效果并不像想象中的那样。所以在制订上海垃圾处理的方案时，有关方面的领导也找过我，讨论过上海要不要搞垃圾收费，通过收费来改变市民的日常生活行为。从法律上讲，你不分类垃圾，不按时投放垃圾，就会受到处罚。当然这需要一个过程，大家的法律意识、文明意识都提高了，我相信会慢慢起作用的。在依法治理没有得到充分保障的情况下，单纯依靠经济的手段，效果并不一定会十分理想。其实正向激励，这两年上海也在实施，包括建立绿色账户，政府的投入加大点，激励的力度再提高一点，循序渐进，就没有办不成的事情。

观众提问：我是做企业的，现在很多企业都说是智慧型的。假如真正作为智慧型企业，其自身应该如何做好节能环保，包括对同行业其他企业起到一个引领的作用？希望有专家对此提一些建议，给我们讲解一下。谢谢！

顾骏：应该说从提供产品到提供服务，就是往智慧上走了一步。比如我以前是生产灯具的，这里面可以产生很多东西，如何用新能源，使耗电更少，照明的效果更好，那是不是带有一点智慧的成分呢？更进一步的话，本来你来我这里是买灯具的，现在我告诉你我不卖灯具了，我现在转行了，我卖照明的解决方案。本来家里的灯具想怎么安装，本来你是点名要什么灯具的，这完全是听你的，现在是我来帮你策划和安装，做到让你的照明效果最好，钱最省，朋友面前最有面子，这时候就进入智慧的行列了。现在我是带动客户，朝耗电省的方向去，那就是为绿色生态服务了。只要每家企业都往各个角度延伸，都可能成为智慧企业。

观众提问：我想问专家一个问题，就是在水环境的保护措施上，政府有一些什么想法和打算？

马云安：水环境的问题，从源头治水，上海是花了很多力气的，应该是可以放心的。现在是二次污染，就是进入住房里的这一块，还有1.4亿平方米需要改善。这方面，市财政准备拿一点出来，居民的维修基金也出一部分，可以对二次供水的设备进行改善。像六层楼的房子，物业公司是要跳进去用板刷刷的，那么水箱里面的水怎么可能好呢？当然，这样的改造会有一个过程。只要长江中游不给上海带来很大威胁的话，饮用水这一块，上海还是比较乐观的。目前主要关注的是农业用水，这个原来不被大家重视，可这两年随着食品安全越来越引起社会的高度关注，我们的环保部门也开始重视这个问题了，水务局还在奉贤专门跟踪水和蔬菜种植之间的关系。

2015年：智慧城市与网络生活

主持人
苏秉公
上海华夏文化创意研究中心理事长

出席领导
周太彤
上海市政协副主席
王智勇
上海市科协副主席
张浩亮
中共上海市黄浦区委副书记

演讲嘉宾
张立军
腾讯科技(上海)有限公司总经理
杨坚争
上海理工大学电子商务发展研究院院长
顾骏
上海大学社会学系教授
段涛
上海第一妇婴保健院院长

张浩亮：尊敬的各位领导、各位嘉宾，金秋时节，大家会聚在科学会堂，共同出席"智慧城市与网络生活"论坛，启迪思维，交流经验，分享成果，凝聚共识。在此我代表中共黄浦区委、区政府及会议的主办方，向出席论坛的各位领导、嘉宾、专家学者及媒体界的朋友，表示热烈欢迎！

当今世界信息技术产业蓬勃发展，深刻地改变着人们的生产、生活方式。据统计，到2015年第一季度，我国智慧城市建设的数量已达到386个，而上海是国内最早发力智慧城市建设的前沿探索者，也是互联网+的积极实践者。上海于2010年就出台了智慧城市2011—2013的行动计划，并于2014年出台了第二个三年行动计划。

短时间内，我们通过完善城市通信的基础设施，建设信息公共服务平台，实现城市管理信息平台跨部门融合等设施，提高了公共服务的能力。大型物联网基地、语音建设、物联网和智能终端极大地降低了成本和方便了人们的生活。

黄浦区作为上海的重要名片，认真对待市委、市政府建设智慧城市的要求，加强保障，充分结合区域布局特征，全面提升信息基础设施存在能力，扎实推进一批基础性、整合性、示范性的智能化的运营项目，加快信息化与城区发展，积极推进黄浦区移动互联网产业和电子商务的进一步发展。

当前，智慧城市建设正处于不断发展、不断变化之中，需要进行不断探索。今天，各位嘉宾和专家学者围绕"智慧城市与网络生活"这一主题展开讨论，贡献各自的思想与智慧。我们希望这能为上海智慧城市建设提供丰富的理论指导，带来更具有针对性、前瞻性的帮助，进一步提升上海智慧城市建设和城市网络生活的水平。

最后，预祝本次论坛取得圆满成功，谢谢大家！

苏秉公： 谢谢张书记！接下来我们请上海市科协副主席王智勇致辞，大家欢迎！

王智勇： 大家下午好！建设智慧城市，优化网络生活，是贯彻落实党中央、国务院城镇化战略部署的重要任务，也是扩大内需、加快产业升级和转型的新要求。当前上海正处于创新发展、转型升级的关键时期，通过智慧城市建设，将集约、低碳、智慧等先进理念，融合到城市发展的具体过程中，既可以保障城市健康和谐发展，又能提升企业自身运营效率，降低生产成本，增强市场竞争力，并让百姓感受到前所未有的便民、利民和惠民，由此带来的生活方式转变。

上海作为国际化的大都市，面临着新的机遇和挑战，如何将互联网与传统的金融、医疗等行业相结合，智慧城市如何加强对智能化的管理，如何在大数据时代保证信息安全，是我们在智慧城市建设进程中需要解决的问题。

本次论坛也将聚焦这些热点问题，对智慧城市与网络生活的理念和发展，进行深入探讨，为进一步加快上海智慧城市建设提供决策方面的参考。

最后，预祝本次论坛圆满成功，谢谢大家！

苏秉公： 谢谢王主席！下面我们以热烈的掌声，欢迎市政协副主席周太彤先生讲话！

周太彤： 各位同志，大家下午好，非常高兴又能参加每年一次的论坛！我们的主办单位每年都要商议一个主题，把论坛关注的热点问题，和企业、社会、市民关切的问题，紧密地扣在一起。我想今年我们选择了"智慧城市和网络生活"这样一个题目，看上去比较技术化，却又和市民百姓的日常生活挂钩，因而具有贴近百姓、走入市场的感觉。

我想这个题目也是我们正在研究编制的"十三五"规划当中，需要破解的一个难题。智慧城市作为城市发展的一种新要求，遇到许多方面的挑战，其中有基础设施的问题、资金投入的问题和技术产业配合的问题。当然，智慧城市对我们城市的建设与管理肯定会起到积极的推进作用。

我们要庆幸现在有无线、有4G，未来还会有5G，据说5G是4G的100倍速度，能使我们用一秒钟下载一部两小时以上的电影。我也听过华为等几个大公司的介绍，听了以后让人非常受鼓舞，觉得未来智慧生活、智慧城市不是遥不可及，而是近在眼前。

我们将进入一个新时期，我们应该怎样迎接这样一个新时代，怎样拥抱这样一种美好的新生活？我们确实需要论坛，需要对前景展开憧憬，需要对问题进行探讨，需要对我们所能够做的努力形成共识。我也建议将论坛形成的宝贵共识反馈到有关部门，以便供他们在谋划"十三五"发展的规划时，特别是智慧城市和网络生活这方面的内容，有所帮助。

相信通过我们的多次论坛，能够有效提高上海市民的科学素质。当然我也希望通过这个论坛，能够让上海市民在日常生活当中，更多地领悟到智慧城市和网络生活给我们带来的好处。我就讲这些，谢谢大家！

苏秉公：谢谢周主席！下面由专家给我们进行介绍和讨论。首先是张立军先生，他是腾讯科技上海有限公司的总经理，他先后负责和参与腾讯的多项重要产品研发工作。在他担任腾讯上海分公司总经理期间，公司从200多人发展到现在3000多人的规模，年产值超过30个亿。今天他发言的主题是"以'互联网+'为驱动，推动经济社会的创新发展"，大家欢迎。

张立军：非常高兴有机会来和大家做一个分享。腾讯公司发展到现在已有16年了，但是为人所知，尤其被上海很多白领阶层关注，主要还是在2011年微信发展之后。腾讯几个大的产品，大家都有了解，像QQ、微信、QQ空间、游戏。腾讯是一家上市公司，我们2004年在香港上市，现在是香港的成分股之一。我们最出名的产品就是微信，到现在微信在全球共有8亿左右的注册账户，6亿左右的活跃用户。QQ是1998年发布的，到现在全球共有10亿个注册用户。在社交产品的领域，我们是绝对的第一。

今天我们讲"互联网+"，腾讯其实在非常早的时候，就在提这一概念了。尤其是这样一个+号，腾讯战略现在重点就是连接。我们2011年还提出开放，腾讯就是开放和连接。我们提连接就是希望成为"互联网+"中间的那个+号。我们作为一个连接器，人与服务、设备与服务，连接所有可以连接的一切。我们开放了腾讯所有自由平台，像游戏平台、资讯平台、QQ平台、微信平台，还有其他一些小的，如视频音乐。我们希望利用这些平台，为用户提供最基础、最核心的一些功能，以吸引用户聚集到平台上。我们将平台向第三方运营商开放，这里包括软件服务和硬件服务，希望通过平台给用户提供更好的服务。这是我们基础的期望和战略。

"互联网+"简单来看，有两个核心，一个是核心产品，QQ这一块，很多人非常诧异腾讯的QQ和微信是一个重叠的东西，微信是不是可以替代QQ。实际上这里有一个很简单的数据，现在来看不是这样，但去年之前有很多人有这个质疑。从去年开始，微信活跃度增长缓慢，QQ又重新活跃起来。我们发现一个现象，微信和QQ活跃人群出现一定差异。QQ现在是全球最大的通信软件，未来我们希望可以开放它的沟通、社交、平台支付和硬件的能力，对它的定位扩展为24小时在线生活圈。

我刚才提到人群差异，简单来说是这样，我们越来越多地发现，微信主要集中在大学和大学生以上白领和上班人群，还有中老年人群。QQ越来越多地集中在大学生及其往下的学生阶层。很简单的例子，很多小孩说不想和父母生活在同一个圈子里，这就是定位。未来两者一定会并存，而且会提供既丰富又有差异的功能。QQ上会搭载很多的功能。

另一个核心产品是微信。微信又不一样了，我们对它定位为移动互联时代的创新先锋。我们用四年的时间，从0到6亿，其中差不多2亿在海外，这是迄今为止，中国互联网行业中唯一可以走到国外、可以连接海外的产品。未来我们希望它连接一切平台，引领全新的生活方式。现在上面通过订阅号、服务号、设备互联号等连接很多，如社会自媒体、医疗、教育、卫生、各种各样的服务，还有很多硬件在通过连接。你关注的话，会发现智能家居设备，智能穿戴，家用电冰箱、洗衣机，甚至家里的台灯，很多都可以被微信操作，不过普及还需要一些时间。

我今天讲的主题，前面已经简单介绍了。在腾讯看来，"互联网+"和各个产业的融合，目前主要在第三产业，尤其是个人消费领域，这也是"互联网+"非常活跃的一块。还有一块是腾讯今年力推的，我们和很多政府部门合作推动的智慧城市，非常切合我们今天的主题。智慧城市这样一些服务，主要集中在公共服务领域，包括公共卫生、教育、公益、民生等。互联网与传统行业相互渗透及融合，为什么能够全方位融合呢？主要是互联网可以在各个行业中提供不同的优质服务。例如我们在物流行业，以前没有人想象寄出一件东西后，自己还可以全程关注；现在你能看见这件东西在地图上移动，连什么时候到家门口都可以预知。这对物流业是一个很大的改变。我们的教育、广告、互联网金融，也有类似详细的例子。大家使用的银行卡，未来总有一天一定不用到现场开户，远程开了以后是一个虚拟银行卡，可以完成任何电子支付，这是互联网替代传统银行业一个很好的优势。还有医疗、慈善，互联网医疗这块的事情，腾讯在全国尤其在广州，我们做了很多与传统医疗相结合的事，比如用微信去为日常的医疗服务提供更便捷的方式。酒店大家更清楚了，和携程的"去哪儿"合并，现在很多人订票是在旅游网站上完成的。

我前面提了一个QQ和一个微信，现在更丰富的是在微信、微信公众号，微信平台的广泛性很强。我们主要提互联网+，腾讯很多是用微信落地，这是一些老的数据，现在比这个还高，每天发2.4亿条，平均每人每天发16条，这是一个非常高的数据。

腾讯"互联网+"信息服务业，腾讯本身在这个产业的圈子内。向第一、第二产业进行延伸，我们做了很多事情。我们在信息公益这一块提供微信、"互联网+"；金融这一块，我们做一些基础的储蓄业务，还有个人小贷业务。前两天微信银行刚刚突破两百万的白名单，未来可能会做到1个亿。中国有1个亿用户在线上贷款不用提供任何材料，这里可以直接看到自己的信用和贷款额度，日花费、借贷，每个人都会看到很多互联网消费贷的模式。还有"互联网+"加医疗，我们一直在打造微信智慧医院这一块；"互联网+"加生活服务，我们和58同城合作。我们还和新东方合作在线教育这一块。未来我们会打造智慧交通，包括和一些大的厂商合作，在他们车载系统中直接植入微信的模块，我们自己也有硬件的产品插入，互相之间可以通信，未来车可以联系在一起。

前两天大家还在讨论，自己车载导航中或者手机导航中可以实时发送、实时告诉你哪个路段拥堵，这些是怎么来的？传统的方法肯定是通过国家交通系统加以提示，但现在像谷歌、百度、腾讯都在做自己的系统，系统内收集了很多信息。我知道上海的出租车上就有系统，根据出租车当前的行驶状况、路径和动态产生信息。简单说来，一辆车在道路上行驶得很慢，应该不是堵车，而是开得慢；如果在短距离内有十辆车的话，那一定是因为堵车。

未来如果你允许，每个人手机上有微信，这样的信息把它公开，后台做大数据化以后，可以形成一个非常准确的交通网络实时数据图。

我们的信息传输从纵向来看，深度延伸至整个产业链，包括生产制造运营维护、营销推广和信息传递。在信息传递和营销推广这里，大家看到通过微信、通过微信账号去营销；在生产制造这里，我们大数据平台也做了很多事情。腾讯前几年和英特尔在合作，直接深入芯片领域，未来使用芯片，家里任何电子设备可以直接公开到微信做自己的操作，在芯片领域解决这样的问题。未来我相信行业标准会出现这样的情况：你家里买的东西，别说电视机、电冰箱，就算我刚才说的台灯，也有很多硬件锁。这些都可以连接到网络上去，可以由你自己的手机或者其他智能设备去操控。

为什么现在要提"互联网+"呢？这是因为"互联网+"对各个行业的促进作用非常非常大。从基础层面来看，中国的4G、5G发展得很快的一个原因，是我们的互联网发展速度非常快，用户的需求又反过来促进了运营商的快速建设；从产业层面来看，新兴产业的不断出现，比如在互联网+和各个产业中没有人想象，坐在家里通过手机，不光可以完成日常的各种各样线下付费，还可以叫吃的，可以叫车，可以叫人来洗衣服，各种各样的服务通过互联网，把线下的一个个服务需求连接在一起，于是便出现了很多新产业；从社会层面来看，政府公共服务能力的提升，政府信息数据的公开化，没有互联网的介入，其步骤肯定要多很多。

"互联网+"想象空间，腾讯在做几大块，一个是"互联网+"产业，一个是"互联网+"政务，一个是"互联网+"民生。大家日常接触最多的是"互联网+"民生，而政府比较关注的是"互联网+"政务。在这里，各个行业与之结合之后，互联网金融、互联网娱乐、互联网交通，包括现在创业这一块，互联网+也有去做。

再简单举两大块例子深入谈一下，一个是互联网+大众创新、万众创业这一块，我们已经做了很多腾讯的创业基地。我们在2011年至2014年，开始在全国做了超过20个创业基地，为第三方提供了100亿收益。我们和政府合作，腾讯提供软资源，包括技术、用户资源，政府提供场地、人力、税收优惠，我们再找第三方运营商打造这样一种形式，有20多家公司已经上市。很简单，所有创业者进去，拿一个数据说话，我们给你用户、流量，帮你变现，看你留不留得住用户排名，排在后面直接淘汰。用户的反馈会改变这里的留存率、活跃率。另一个是"互联网+"民生，我们通过微信公众号，做各种各样的服务。微信服务登录上海，包括各种各样医疗，上海大概有14项服务，正在做15项，比如微信在线医疗直接和医保卡挂钩，去三甲医院，手机微信可以直接付费、拿电子单和查询检查报告。未来我们希望将这样的服务更多地推广到全国各地。

更多的公共服务，如上海在"互联网+"政务这一块做得非常好。现在这一块有两个部分，一个是普通民众可以通过它来办事，一些税务的办理，一些公司的注册，一些个人需要政府办的事，都可以通过其后台，通过微信公众号，和公安户政、交通等部门连接到一起，后台直接看到你的需求。还可以做舆论的监控、各方面用户进出的管理等。

我们在上海做了很多大数据的事情，也希望未来可以帮助政府做紧急保障。现在用大数据方式还无法做到，因为通过基站定位不准，无法判断用户的属性。未来通过QQ加微信，可以准确判断出这个地区有多少人，甚至可以知道这些人是男是女，大概多大年纪，这些人是本地还是外地的。我们可以综合判断其属性，用不同的动态应变策略。

"互联网+"交通，现在通过手机直接购票，未来会有电子票出现。我们在一些旅游点，去年10月就在合作电子购票，不用再去景区的售票窗口买票了,开车上山前或者休息点都有一个大的二维码,一扫就可以买,里面还有动态导航,比如某个景点人特别多,景区导航会先做一个景点介绍。

我还是讲超了一点,有机会希望和大家更多分享腾讯在做的"互联网+"方面的投入,谢谢大家!

苏秉公:刚才,腾讯张总给我们展示了一个互联网发展的美好前景。我曾经拜访过上海理工大学电子商务发展研究院院长杨坚争先生,杨院长参加了很多国家级的研究课题,在电子商务的立法方面很有造诣。最近上海市也在研究电子商务的立法,他在其中起了很大的作用。下面欢迎杨院长给我们做报告!

杨坚争:各位领导、各位来宾,大家下午好!我今天发言的题目是"中国电子商务发展的最新走向"。谈到中国,我们先来看看世界。世界电子商务发展到今年,正好是20年。在这20年中间,我们可以看到全世界网民人数的增长是非常惊人的,到现在三分之一的人口通过互联网使用电子商务。到今年8月,全球共有近10亿个网站,其中1.8亿个网站非常活跃。

我们可以看到电子商务的交易额,从2002年6000亿美元到2005年1.5万亿美元,再到2008年的10万亿、2010年的20万亿,到了去年是38.7万亿美元。这个发展速度反映出电子商务具有强大的生命力和广阔的发展空间,这是我们可以看到的整个发展的趋势。

我们可以看到我们国家电子商务的发展,应该说最近几年连续翻了三番,如果从2006年的1.5万亿元开始起步,2008年是3.1万亿,2011年是6.1万亿,2014年是13万亿。现在更新的数字,应该是16万亿。所以说这个发展的趋势好像也是不可阻挡的。

我们的网络零售额,2014年超过了2.79万亿元,同比增长90%,同时比社会消费品零售总额多37.7个百分点,相当于中国社会消费品零售总额的10.6%。这个数字在世界范围内都非常靠近。我们跨境电子商务,去年已经有20万家,平台企业有5000多家,去年的交易额大约为700亿美元,这个增长幅度是比较高的。在出口方面,上海、重庆、杭州等16个城市先后开始了网上出口业务,累计发放单子达3000多万份,到了180多个国家,出口量为20多个亿。在进口方面,我们也达到了10多亿元。尽管由于经济下滑,进出口额都有所下滑,但从整个情况看,电子商务仍高于传统企业的发展。

还有一个很突出的特点，就是移动电子商务的发展。在整个电子商务交易过程中，移动电子商务的渗透率达到了30%。未来几年，我们预测它的发展速度仍然是电子商务中最快的一个分支，并且将超过PC，成为中国网民网购的最重要选择。

我们的涉农电子商务也成为一个新的突破点。连续几年中央一号文件都提出，要加强农产品电子商务平台的建设。我们的农资规模达到了1.5亿元，电子类交易市场379家。整个网购在农村消费的比例，从2012年第二季度的7.11%，提升到2014年的9.11%，这个爆发性增长非常引人注目。

我们最关心上海市电子商务的发展，这个去年达到了1.35万亿元的水平，同比增长了28.3%；其中B2B交易额突破了1万亿元，同比增长了24%。网购达到了2904亿元，同比增长了50.6%，相对其他行业来说增长也非常大。上海实现商品类网购达1655亿元，同比增长52.8%，整个消费品零售总额增长19.0%；也就是说，20%消费品的销售是通过网上进行的。

2014年，上海市建立了电子商务统计监测的专门机构，就是上海电子商务统计监测中心。邮政物流保证了3位数增长。2015年有个很典型的案例，就是美国WISH公司出口平台与邮政合作，出口量从去年底每天1000单，现在达到15万单。上海市试点进口模式，从2013年11月到2015年8月，共有296家企业登录，累计销售商品达到270.5亿件，销售金额为2.1亿元，缴纳税款82.4万元，这个发展速度也很快，特别是最近一两年发展得特别快。

上海市电子商务交易总额已经占到全国电子商务交易额的10.13%。我们在做全国电子商务统计的时候，从10年前开始将全国和上海比较，上海交易额基本的幅度在8%到10%左右，去年最高，在全国的比例占到1/10。所以一大批商务企业在发展中，电子商务成为新引擎和新动力。电子商务的快速发展，极大地降低了交易成本，同时促进了传统产业的转型，加快了新兴产业的成长，有力地激发了上海经济的活力。

下面我想谈一下电子商务发展的新增长点。有这样几个点，第一个是随着"一带一路"倡议和"互联网+"政策推行，跨境电子商务会成为今后各地区政府高度关注的一个热点。我看到沿海9省市中，有6个省市出台了跨境电子商务文件。到去年底，新疆、广西、甘肃、吉林和黑龙江也吸引了一大批知名电商企业落户，开设了新的电子商务基地。特别是黑龙江，我们去参观了后，感觉那里的动作非常大。

在产品方面，我们过去是卖一些小商品，现在产品越来越大，而且覆盖的面非常广。现在国内大量向外推广和引进外面的，像美国、英国、德国这些成熟市场，以及俄罗斯、巴西、印度这些新兴市场，我们都在大力拓展。相关政策也在一步步推进，如关于大力发展电子商务、加快培育经济新动力等。今年6月，国务院又提出跨境电子商务健康快速发展的指导意见，明确提出优化通关措施、完善商检、明确税收政策、完善支付、提供财政支持等。这些都说明国家对这一块给予了非常大的重视。

第二个热点是移动电子商务，刚才腾讯也已经讲到了这个问题，我觉得这非常重要。现在每个人都有手机，用手机订货，用手机做各种服务的预订，已经是非常普遍的现象了。包括各大企业，像阿里、京东、唯品会、苏宁易购等，也都在这方面下了很大功夫，试图抢占先机。

现在移动电子商务正向二、三线城市布局，还有目前没有足够条件建设宽带网络的广大农村，都是移动电子商务发展的区域。不过全国淘宝村已经有212个，淘宝镇有19个，农民购物的积极性一旦被激发起来，那就会焕发出非常大的动能。移动电子商务同样推动了中小企业整体的信息化水平，所以国家从去年开始启动百万小微企业移动电子商务扶持工程。

还有一点，我们需要关注传统企业转型。这几年，国家对传统企业的转型给予了高度的重视。这里面包括百货类、制造类、生活服务类，这些企业的转型，就是希望把传统企业推向电子商务的第一线。2014年我们看到了很可喜的现象，很多百货零售企业在学习苏宁；我们上海的大润发开通了飞牛网，而且去年突破了2个亿的销售，非常快。在制造业中间，最典型的是格力电器。格力去年终于把自己网上销售品牌铺开了，这是我们过去所不可想象的，反映了企业家明白未来的发展趋势和方向。

上海的平台交易额去年达到了9819亿，占总交易额72.5%，其中上千亿的平台有2家，上百亿的有11家，钢铁、化工、有色金属在本领域内有了影响力和定价权。东方钢铁仍然是全国钢铁的龙头，MYSTEEL钢铁价格指数成为芝加哥商品交易所钢材期货衍生品交易基准价。贸易能源化工现货指数成为国内贸易化工的基准价。我们看到找钢网、大众点评等都有非常大的发展。

各地方政府对于电子商务的支持力度越来越大,安徽省提出来,支持生产型企业开展集中采购,常州市启动传统制造业的电商转型示范工程,上海市出台了《上海市促进跨境电子商务发展意见》提出了12项具体任务。我们给了自贸区平台,希望吸引全国电商企业在这个平台上发展,不过现在只做了一个。怎样把上海做成一个公共性平台,吸引全球都过来,这是一个非常重要的问题。至于跨境电商示范园区,上海有很多,我们还将继续增加。

互联网技术的应用,使得世界市场变成了两个市场:实体市场和虚拟市场。在虚拟市场和实体市场相结合的领域,以电子商务为代表的新的增长动力正在形成,这是人类社会发展中的一个巨大转折。如果我们不能认识到现在的市场已经分为两个市场,我们就可能在未来新的竞争中落伍。因此一定要在两个市场上进行竞争,才能够在新的环境下获得生存的权利。

面对经济发展的新常态,必须从国家的战略高度,去深刻认识世界市场的最新变化,认识互联网环境下电子商务在经济发展中的重要作用,找准电子商务发展的突破点,加快传统企业转型发展的步伐,以新的思维、新的措施和新的手段缓解经济下行的压力,促进经济持续健康平稳发展。

我们坚信经过电子商务人的不懈努力,一个统一开放、竞争有序、诚信守法、安全可靠的电子商务大市场一定能够形成,中国电子商务将成为我国发展的一个最具活力的新动力。谢谢大家!

苏秉公: 下面请上海第一妇婴保健院段涛院长给我们讲讲互联网和医疗之间的关系,大家欢迎!

段涛: 给大家讲讲用新技术,我们在医院可以做什么。我今天上午还在看门诊,我加快了速度,才在下午1点半之前赶了过来。今天上午我看了46个病人,按道理讲,特殊门诊部应该看46个,不多。但现在生孩子的人越来越多,我们医院去年接生了25000多个新生儿,大概是全国最繁忙的医院,如果我们不加快速度的话,根本来不及。

一两年之前,我看门诊,一个上午只能看到20个。因为来看我门诊的病人问题比较多,有人会拿一张纸,上面有10到20个问题要问我,甚至还有一部分是外国人,因此效率不高。每一个人提的问题都有重复,后来我就用写客户文章的方法,把大家每次提的问题汇总后,写成一篇最长不超过1000字的文章,放在自己的微信公众号上,这样工作效率会比较高。每次有初诊病人来的时候,我建议对方关注一下我的微博或者微信公众号,说你可以把我的文章看一遍,大多数问题都没有了。病人如果再有新的问题,我再写一篇文章。所以说,移动互联网会给人带来许多方便。

对医院来讲,最基本的有三件事情,第一是医生看病要保证安全,不要开错刀、打错针;第二是要把病人的病医治好;第三是要有好一点医德的医生,对我的态度和蔼、耐心。其实病人的要求并不高,也就这三件事情。但我们能做到吗?有时却往往做不到。

医院有自己的工作方式、工作节奏。对医院来讲,患者安全与医疗质量的持续改进,与移动互联网关系不大,而医院的管理与服务流程再造,可以通过移动互联网手段加以改善和提高。

医院要做移动互联网化吗?现在都讲互联网+,其实整个医院的服务流程和服务模式没改变的话,你做互联网+,那是假的,顶多是+互联网。你的整个流程,就是+点互联网应用而已。什么是真正的"互联网+"?如果整个医疗行为、医疗服务模式是按照移动互联网模式去中心化,以患者、客户为中心,打破和重新设计流程,这样的话,才是真正的移动"互联网+";也就是说,什么时候像网络电商,这才是真正革命性地改变了我们传统的商业行为的"互联网+"。医院也是如此,在大多数情况下,我们医院做+互联网,而不是"互联网+"。什么时候把医院进行解构和重塑了,这才是真正的"互联网+"。

移动互联网为什么在医院里做得不是太好?因为医院领导是最大的障碍,像我这种人就是最大的障碍。因为大多数医院院领导都是五六十岁,至少40多岁的人。他们不是移动互联网一代,真正移动互联网一代在医院说不上话。什么时候医院院长也是互联网移动化,医院就可以做好了。然而现有的医疗机构还比较顽固,医院里有许多事情不透明、不连接、不连续,最后导致患者对医务人员的不信任。因为患者来了之后,他不知道要做什么,比如做哪些检查,需要花多少钱。信息的孤岛化、不对称和不流动,往往导致医院的互联网出问题。

如何对医院进行移动互联网化重塑？就医院来讲，首先是社交应用，现在大多数移动互联网公司做的App，基本是人和人的连接、患者和医生的连接、医生和医生之间的连接，患者和患者之间的连接；其次是IOT物联网，物与物的连接，医院所有设备应该联网。前段时间，我们医院要做比较彻底的互联网化的重塑，我让设备科检查一下医院里的所有医疗设备，检验一下这些设备有多少不能联网。我要求未来医院要采购医疗器械和设备的话，必须有数据接口，如果没有，就不允许进入医院。现在大多数医院是被动互联网化，外面的挂号网、好医生，都是从医院外围做的移动App，从外面往医院里进。患者开始参与信息的收集分享和解读，就医慢慢呈现一些所谓的去中心化、去医院化的现象，但是这个现象还不是太普遍，要真正做到去中心化、去医院化还很困难。

给大家看一下我们制订的2015年信息工作计划。乍一看去，这个似乎不太像医院的工作计划，而接近IT公司的计划。为什么我们要创立一个移动医疗创新中心呢？我们现在已经在做了，在和BAT及360排名前十位的所有公司合作。我们有三个重点：云、大数据、移动互联网应用。我们有一个口号：全面拥抱移动互联网。我们有一个目标：成为全中国最具移动互联网思维的公立医院。这些我们都在做，有很多已走在了前列。

我曾经写过一篇文章，说到"左手支付宝，右手微信"。原来这两家是要打架的，我们就同时做微信和支付宝的门诊全流程。在做的过程当中，反而是微信先做，支付宝后做，但支付宝却是先落地的，为什么？因为门诊看病的全流程最核心、最麻烦的是支付，而支付宝是实名支付。很简单，微信真正做到实名的没多少。这样，微信反而没有支付宝做得快，支付宝先于微信上线。将医保做通微信和支付宝，我们是国内的第一家。我们和上海医保也在谈，谈的时候，他们怕我们用这个系统把他们医保钱不知道弄到什么地方去了。他们有这个担心。我说你不用担心，你支付的时候，可以有预售权，我们门诊是300到400元，你预售的金额是500元，看病就在这里面用，下班之前余款仍回到你医保之中，所以你完全不用担心医保里的钱会被划走，而且数额是可控的。我们是国内首家同时完成支付宝和微信供应链的，同时也是首家这两个都能完成支付的医院。我们有官方微博、官方微信，还有微信订阅号、微信服务号、微信企业号。

还有分娩，产妇生孩子一般都希望老公陪，但有些老公不敢进入产房。为什么呢？因为有的人怕血，一见到血就晕；还有的人因为出差或者忙于工作，老婆生的时候没法陪在身边，怎么办？现在你可以注册账号，可以实时关注。还可以NICU，早产儿的病房，很多早产儿只有1000多克，在里面住久了，父母又不能进去或者不能经常来探视，我们也可以用智能探视系统，让他们及时了解孩子每天吃奶的情况、体重增加的情况，可以拍照片、视频。

这一切的基础是以患者为中心，他们想什么，他们希望怎么做，我们就按照他们的愿望去推进。也许有人会觉得，你们的动作挺快的。其实我们在做2014年移动互联网的元年，在2010年我们就有互联网的预约机制。现在很多医院在考虑要不要把病人的信息化验报告开放给他们，其实我们在2010年已经开放了。所有的检查报告，只要一按那个键，我就可以看到，病人在那个系统里也可以看到。在PC互联时代，我们累计了30万活跃用户。我们转到互联网非常简单，从PC端转到移动端。

什么叫全流程？就是从门诊就诊预约，在家里预约到现场挂号，再到支付、到查询、到排队，所有这些事情都可以用微信或支付宝来做。你到了门诊，可以不去任何窗口，就用手机完成所有事项。包括排队，现在排队是抽血，还是因为别的需要而排队，我们现在拿微信摇一摇，排队号码就出来了，一点都不复杂。这就是我们门诊的全流程。全流程有八个环节，我们把它简化成四个环节。我们还在做住院流程。

我们现在移动挂号、移动挂号率、复诊挂号率都在逐渐上升。仅以6月份为例，我们整个移动服务的次数是75.8万，平均每3秒提供一次移动服务。查询报告是最常用的服务，报告可以在手机端查到。移动支付不论从交易笔数还是平均金额，也都在快速上扬，6月份突破了百万元交易额大关，比1月份上涨了8倍多。在全国所有支付宝支付当中，我们目前排第五位。如果我们再推一下的话，是很容易进到前三名的。如果我们的服务态度和技术再好一点，专科病房再好一点，样样都比别人好一点，想不成为全国第一名都难。

前些年我们的分娩量在上海排第五位，每年六七千例，现在已上升到两万五左右，这和互联网有很大相关性。只要你把姓名从手机上发给医院，医院就会主动给你安排预约检查。你扫描一下，对我们医院的任何一个部门、任何一件事情、任何一个人不满，都可以投诉，投诉之后我们件件有落实，件件有改变。这些改变你都可以看得见。当医院始终为患者的健康着想，你说病人想不来你这儿可能吗？我们当然还有很多的工作要做。我们不单单是一家医院，我们还创立了开放式平台，并且和国内母婴保健方面的移动互联网企业合作。我们会一直专注于母婴健康领域的创新与开拓。谢谢大家！

苏秉公：下面我们进入互动环节，谁有问题可以提问，今天各方面领导和专家都在场。

提问：现在网络覆盖了我们生活的方方面面，我们的微信、微博，还有很多支付方式，如支付宝，这些都要求绑定我们的手机和银行卡。万一有人施以攻击，后果可能非常严重。我想问这方面的网络安全现在有什么预防性的措施？如何才能更完善？

顾骏：这个不用太担心。你想，我们过去钱庄里面用的是算盘，哪一个钱庄因为算盘坏了今天就不营业了。同样道理，今天用电脑，电脑出了问题，网络出了问题，就全部瘫痪了吗？如果今天没有信息化，我们可能对信息安全不会那么在意；而一旦信息安全成了问题，我们自然会设置安全这道门槛。其实这种支付上面发生的风险，总体比例还是相当低的，甚至比我们得恶性肿瘤概率还要低。所以我们既要重视，又不必太紧张。

2016年：智慧城市与网络安全

主持人
王智勇
上海市科协副主席

出席领导
薛沛建
上海市政协文体委员会主任
万大宁
上海市政协经济委员会经济主任
姚宗强
上海市科普教育发展基金会副理事长

演讲嘉宾
苏秉公
上海华夏文化创意研究中心理事长
王世豪
上海银行副行长
谈剑峰
上海众人网络技术安全有限公司创始人兼董事长、上海市信息安全行业协会会长
胡传平
公安部第三研究所所长

王智勇： 各位领导，各位来宾，大家下午好！今天我们在科学会堂举行"智慧城市与网络安全"论坛，希望来自相关行业的专家学者对我们上海智慧城市建设提出新的建议。今天出席论坛的领导有上海市政协文体委员会主任薛沛建、上海市政协经济委员会主任万大宁、上海市科普教育发展基金会副理事长姚宗强、上海华夏创意研究中心理事长苏秉公。出席我们论坛的还有上海银行副行长王世豪、上海众人网络技术安全有限公司董事长谈剑峰、公安部第三研究所所长胡传平。对各位领导和专家的到来，我们表示热烈的欢迎。下面请上海市科普教育发展基金会副理事长姚宗强先生代表我们主办方致欢迎辞。

姚宗强： 建设智慧城市，扩大内需，启动投资，促进产业升级和转型，是上海推进"四个率先"、建设"五个中心"和现代化国际大都市的必然要求。为此，从2010年起，我们这些主办单位连续六届围绕着智慧城市建设的相关问题举办高质量论坛，希望用我们的一点点力量，为上海的发展做出一

点点贡献。大家都反映每次论坛开阔了视野,有许多启迪和共识,也取得了一定的成效。

本次论坛是在去年"智慧城市和网络生活"这个主题探讨的基础上,决定今年讨论网络安全问题。我们为什么要重点讨论这个问题呢?等一会儿专家学者会给出很多很好的建议。就我们的认识,智慧城市将在建设过程中运用网络、智能服务和大数据等,将现实世界和数字世界融合,从而实现城市建设的智慧化。目前大家都感受到互联网已经渗透到城市发展和建设的各个方面,包括我们个人生活的各个方面,并且正在改变着我们所处的这个时代。与此同时,在网络普及的情况下,网络安全的问题也更加突出,包括网络诈骗层出不穷。我们在座上年纪的人,不敢在手机上随意下载;还有网络谣言,其实一看就是假的,但仍有人信以为真;还有网络陷阱,时时处处都需要提防。我们讨论这个问题,就是看到网络安全事关智慧城市的建设步伐。维护网络安全是全社会共同的责任,需要政府、企业、社会组织、广大网民的共同参与,共筑网络安全的防线。希望各位专家学者各抒己见,互相碰撞,产生思想火花和真知灼见,为上海智慧城市建设和网络安全提供丰富的理论指导,包括智慧城市和网络安全的关系、网络安全的教育、网络安全的管理和制度建设、法治建设、政策设计、技术防范等方面,都能给我们带来更具有针对性、前瞻性的提议和帮助。最后预祝本次论坛圆满成功,谢谢大家!

王智勇:谢谢姚宗强副理事长的致辞!上海正处于创新驱动、转型发展的关键时期,我们通过智慧城市的建设,将集聚智慧、智能等先进理念;上海也是国家经济中心、世界金融中心之一,经济、金融的发展对我们建设智慧城市至关重要。因此,我们首先请上海银行副行长、上海市人民政府特聘执行专家王世豪先生发言,他今天主讲的内容是当前国际国内宏观金融的新特点,大家欢迎!

王世豪:各位领导,各位嘉宾,首先非常感谢大会给我这样一个学习交流的机会。网络安全和金融密切相连,有人曾经讲过,9·11那天,假如不是用飞机撞双子塔,而是把华尔街的纽交所炸掉的话,对全世界的经济将造成瘫痪性的后果。下面我想讲一下当前宏观金融有哪些特点。

特点之一就是全球货币政策的效应殆尽。讲到中国的话，去年所有的人都在谈股票，沪市从2000多点上到6128点，然后下跌，2000多只股票跌停，2000多只股票暂停交易。这种现象我们的一生中，或许今后很长一段时间中都很难再见到。这是我们在人生中所经历的一个非常奇特的金融事件。今年的房价，从年初开始大幅暴涨，整个房市已经牛了20年，但是从去年9月到今年9月，才一年时间，房价又在过去牛了20年的基础上翻了一番，至于上海的某些区域、某些一线城市，房价都翻了1.5倍。现在行业内流行一句话，叫1年等于20年。什么意思呢？就是我这套房子一年之内涨的价格，等于前面20年涨幅的总和。如果20年前你用二三十万元买套房子，现在大体可以涨到两三百万元。这种现象吸引了全中国的人趋之若鹜，因为我30多年的收入都抵不过房市中的这翻一番。什么原因？全球的货币泛滥。为什么货币会泛滥？这得从2008年9月16日美国雷曼公司倒闭、全球金融业爆发危机讲起。时任美联储主席向全球央行行长建议，大家一起搞一个计划。这个美联储主席原来在大学当教授的时候，是专门研究金融学的。他觉得1929年到1933年的那次全球经济危机，那么多的工厂不必倒闭，银行不必关门，工人不用失业，其实那时缺的就是钱，如果当时银行能多印些钱，让经济运转起来，情况就完全不是那个样子了。想不到这个人后来有如此大的运气，居然坐上了全球最大的央行行长的宝座，居然还被他遇到了百年一遇的金融危机。于是他把当大学教授时写的论文中的一些想法付诸实施，开足马力印钞票。这种被他称为直升机撒钱的政策，后来在全球的各大央行广泛复制，这样的话，直接的后果是全球货币泛滥，并大幅推高了房价和股价。只是后来我们并没有看到全球的经济复苏，全球的贸易额已经连续三年处于负增长，全球的GDP也处于战后最低点。

去年底，美国印钞量折合人民币是76.76万亿，为2008年的1.5倍。2008年是什么情况呢？是美联储成立100周年。美国的这100年中，仅去年印出来的钞票就等于过去50年印钞量的总和。欧盟的印钞量折合人民币是75万亿。中国的M2去年是139.32万亿人民币，我们就算它是140万亿。这140万亿比2008年底的时候增长了47万亿，我们算它是50万亿。现在是6月份，我们正好是150万亿，增加了整整100万亿。什么概念？就是中华人民共和国成立后的前60年，一共印了47万亿。我们往大数靠，好记一点，60年印了50万亿，可是光去年我们就增加印钞量100万亿；换句话说，等于去年印了过去30年印的钱。

往后看，还要继续加印吗？欧洲人会的，因为欧洲的银行已经绝望了。他们利息很低，几乎是零利息，没有利差银行就只能喝西北风了。所以你去看欧洲，欧洲的银行业现在很惨，靠大量印钞票来救它。日本也在玩继续宽松的政策。

第二个特点，印钞票的速度暂时还慢不下来。全球利率政策已走到尽头，出现了零利率和负利率。我们首先看美国，2008年危机之后，连续6年实行了0到0.25%的接近于0的利率政策。耶伦上台之后一直喊升息升息，但是美国现在是0.25%到0.5%，也是美国历史上最低的。目前全球的利率政策几乎是历史上从没有出现过的。今年的3月、6月、9月，美国一直都在加息。日本现在是负利率，欧洲央行不久前也实行了负利率。中国现在存款，一年期是1.5%，和"文革"时差不多。这个利息以前是可以养家糊口的，可现在的1.5%能干什么呢？这个结论就是说，现在美国开始反向操作，开始升息了。

第三个特点，我们国家实行了较为宽松的货币政策和信贷政策。这也是最近金融方面最大的特点之一。为什么要实行这样一种货币政策和信贷政策呢？从去年开始到今年，各种中央工作会议上，中央领导人的讲话中，出现频率最多的就是要坚决防范区域性、系统性金融风险。这句话可以理解为中国存在着发生区域性、系统性金融风险的可能性。尽管只是可能性，但也必须坚决防范。所以一行二会，一行就是人民银行，三会就是证监会、银监会、保监会，再加上金融服务办，他们都把这句话作为第一目标，坚决守住，绝不允许发生区域性、系统性金融风险。

我们到底有哪些金融风险呢？第一是地方政府平台债务太多，不要说本金了，有的地方甚至连利息都付不出；第二是僵尸企业，主要是央企和地方国企还债很难；第三是部分外资逃离中国；第四是房地产泡沫，一些地方出现"鬼城"，而其背后会带来巨额的信贷风险；第五是地下集资风潮，包括P2P引发的资金链断裂，局部发生动荡的风险。

面对诸多风险，中央如何化解呢？第一，实行宽松的货币政策。2014

年12月至今，我们6次降准，对各大银行，包括国开行和各商业银行开放了信贷资产抵押再贷款。这就是说，银行实际上没钱了，储户的存款已被银行全部放完了，但这些放款对象现在有困难，放出去的款很难收回来了，有些僵尸企业不仅还不了本，甚至连利息都给不了。储户来取存款，银行也有可能没钱了。现在银行可以把这些信贷系统打包给央行，由央行给银行现金。这样的话，金融机构因为流动性风险而倒闭的压力大为减少。第二，实行宽松的信贷政策。我们在信贷管理方面已连续取消存贷比，本来100元最高只能放75元，现在随便放，你放100元也可以。这个非常重要，允许展期。什么叫展期？就是银行存款到期了允许你再转。如果没有这个展期政策，这两年房地产一定会出现跳楼潮、跑路潮。还有降低贷款户的自有资金，比如你贷款30%，现在放宽到20%，这样能使银行和企业共渡难关，取得双赢，否则银行把企业逼死了，银行自己也得倒闭。这样大量地放款，大量的货币进入了企业，企业倒闭的压力也大减。第三，实行低利率的政策。2014年底至2015年底，央行六次降息，放款存款、贷款利率浮动，实行存款保险制，一年期存款利率为历史最低点的1.5%，一年期贷款利息降到4.3%。六次降息共降低了2%，一年中企业可以少付2万亿利息，企业的压力大减，债务危机爆发的压力大减。第四，实行"贷转债"政策。2015年，地方政府融资平台贷款统一转为债券，总金额达到了3.2万亿，你叫政府还的话，连利息都付不出来；转为了债券之后，本来是一至三年期的，现在变成了十年期，还款的压力大幅度地往后推。今年计划要达到6万亿，现在已经完成了5万亿的贷转债，所以大大缓解了地方政府的危机。第五，实行"债转股"政策。2016年初步计划国有企业债转股一万亿，国有企业爆发债务危机的风险同样大大降低了。

这五大政策化解了中国五大金融风险，当然，比较准确地说，大大缓解，但并没有根本上消除。我说大大缓解，还有另外一个结论，就是我们当前正处于历史上资金最多、资金价格最便宜的时候。资金最多是到目前为止往前看，往后看不一定是最多。在资金价格最便宜的时候，利率还可能往下走。我们本来跟美国有3个点的利差，吸引了全世界的钞票到中国来；而现在只有1%的差距，如果美国的利率上升了，人民币再下降，人民币的利率对全球资本的吸引力将大幅度地降低，资本出逃的可能性将大大增加。这个大体上是一种预判，具体还得看真实情况。

第四个特点，中国的房地产市场复苏。为什么中央政府要顶层设计推动房地产市场复苏？这么声势浩大的房地产暴涨绝不是部分人所为，如果没有中央顶层设计，步步推动，哪里会有这么大的涨幅，不可能的。那么，要看今年初中国发生了什么事情。实际上，中央政府面临两大压力，两个最大的经济压力：第一，财政收入快速下降。1到9月份仅增长5.7%，而支出的刚性压力大增，1到5月份负增长。很多地方政府工资发不出，低保金发不出，养老金发不出，所以需要全国统筹养老金。第二，财政3%的负债率太低了。这是国外定的标准，我们可以达到4%至5%。没有钱怎么办？要借更多的债维持开销，只能打破3%的负债率。懂经济的一看，就知道问题都出来了。想来想去，就想到了房地产，有五大推手把它推上去。一是2014年9月30日房产新政取消限购；二是这个文件里面规定取消信贷，银行本来不可以贷给个人和开发商的，现在都放开；三是房产新政，就是公积金新政和房地产按揭新政，提高公积金贷款的最高额度，大幅降低公积金借贷门槛。这样一来，上海的房价一下子起来了，涨得最快的是闸北区，其他的区也有50%左右的涨幅。仅仅三个月，闸北区的房价快赶上静安区了，无形资产是很重要的。现在闸北区所有的老百姓从市场上得利最起码100万，最差的房子100万变成了200万，500万的变成了1000万。

房地产市场复苏的意义，我个人认为，第一，货币意义，使市场上过多的货币得以大幅度回笼。第二，股市意义，股指为什么上不去，主要受累于大部分蓝筹股。蓝筹股为什么上不去，因为银行资产大幅度提高，我们每笔贷款因为房地产都翻番，银行资产马上提升，从而带动了银行蓝筹股价的大幅度上升，股市也就上升了。这也使得以人民币为结算单位的资产、房地产大都提升，阻止了资本外流，同时吸引了外资进入，降低了人民币的贬值压力。第三，债市意义，缓解了地方政府平台债务压力和国企债务压力。第四，财政意义，增加并改善地方财政收入，土地的上涨使地方政府土地出让金和房产税大增，平衡了央地关系。中央关心的一是财政收入，二是营改增，三是防止金融危机的爆发。第五，经济意义，推动房地产业下游50个产业链联动。第六，社会意义，形成了中产阶级，消费稳定，使城市普通居民财富分配大幅上升，扩大消费，促进消费，出口成为中国经济新引擎。第七，政治意义，为2017年党的十九大顺利召开营造良好的气氛。第八，全球意义，在世界经济萧条中，中国画出一道亮丽的彩虹。

王智勇：谢谢王行长的精彩演讲！互联网已经渗透到我们生活的方方面面，我们在医疗、保险、财产和人际交往等方面都离不开互联网。网络安全是我们每个人都关心的问题，下面请上海众人网络技术安全有限公司创始人兼董事长谈剑峰发言。谈剑峰先生是中国网络信息安全新一代的领军人物，也是上海信息安全行业协会会长、全国信息安全标准化建设和中国互联网金融委员会的智库专家。他今天给我们演讲的题目是"互联网+安全"，大家欢迎！

谈剑峰：各位专家，各位领导，大家下午好！网络安全是现在比较热门的话题，我今天想以自己的角度跟大家分享一下网络安全。

关于网络安全，以前大家都不太关心，感觉网络安全跟我们没有什么关系，但是现如今，这么多的电信诈骗，这么多的网络犯罪，你还会这么认为吗？有一个2016年最新公布的数据，有8.5亿人，人均被诈骗了124元。这个数字大不大？中国是网络第一大国，网上交易量第一，因此我们一定要守住网络安全的底线。前两天的新闻大家看了吧，一个人把自己的二维码贴在不同的地方，结果他一个月可以赚70多万元。我们再看这个数据，现在有28.2%的人的信息被泄露，这只是官方的报道。各位在座的从来没有接到过骚扰电话的请举手，好像没有。只要你上过网，你的数据就有可能被人家窃取，其中也包括我。就是身份证也不一定安全，也可能被人冒用。我一直认为网络安全靠技术只能作为辅助。我们这个世界都在裸泳，而我们中国人在拼命地裸奔，网络安全的损失日趋严重。我们国家所有的旅游网站，包括上海最大的旅游网站，凡是在这些网站上订机票的，都需要换你的信用卡，这可能涉及网络诈骗，而且绝对不是木马在攻击你。简单地说，现在和十年前又一样了，现在更精准。比如清华某教授被骗1760万的事，绝大多数人看了这个新闻，会说这教授真有钱啊。但是你看过这个案例吗？他把房子卖了，还没有进家门，钱就被骗了。所以说无论你智商多高，在网络世界里面没有用，只是没有踩到你这个点，踩到了你一样可能上当受骗。事情是这样的，这个教授出门接到一个电话，对方说是公安部门的，问你的钱怎么来的，说你的钱涉及犯罪。说老实话，如果你接到这么个电话，你的名字和你钱包里的钱都已被对方搞得清清楚楚，这叫精准诈骗。那么是什么造成对方这么精准呢？我告诉各位，就是现在大家都知道的那个大数据。这个其实就是你们自己给的，尽管是被动给的。为什么？因为我们不给不能用，就像我们的银行卡，办的时候得提供各种真实的个人信息，何况要你提供个人信息的又何止是办银行卡。只要有一条渠道被居心叵测者所利用，后果是可想而知的。

记得有一个照片，展示的是100年前中国人躺着抽鸦片的情景，而现在中国人是躺着玩手机。我们的手机已无所不能，无孔不入。因为有交易网站就一定有人，我们6.68亿的人上网，有人甚至整天挂在网上，提高网络安全意识就显得特别重要。在这里我说一句话，你们就明白了。你说我装了杀毒软件，不会中毒的。其实我告诉你，杀毒软件本身就是病毒。密码几年不改或是各种密码都一样的用户，极容易被"黑"，特别是青少年使用同一个密码的比例高达82.39%。网络世界里的"你"，能证明是"你"吗？在网络世界里，很多网站都需要手机绑定，还要实名制、验证码、邮箱，还要身份证号码。我告诉大家，你们的二代身份证都可能未正确使用。二代身份证是有芯片的，正确使用的方法是机器读它这个数字；而我们倒好，网络上拍张照就过去了，这是第一代的使用方法，这个二代身份证是要跟随你一辈子的。在网络上，你或许早就没有隐私了。但我还是希望大家支持网络实名制，为什么要大家支持，如果有一天我们实名了，登录网站时只要输入密码而不是手机绑定，这才是安全的，这才会保护你。现在不管什么网站，都要你输入身份证和手机号，这才是侵犯了我们的隐私权。

未来是大数据时代，我们要拥抱互联网，要面对互联网，但我们要有安全意识。这并不是说我们不要网络，你们想想看，我们将来是物联网，物联网比互联网还大，设备都联网在一起，2020年超过1000万亿，想想看你早上刷牙的时候，你的马桶盖就打开了。十年以后，五分之一的汽车会联网，还会出现无人驾驶，就是不需要司机，汽车会依据网络的指令自动行驶。我们的互联网的确发展得很快，但是我们不能无底线地发展，不能没有安全意识地发展。我们经营者、互联网开发商，很多大会天天在说创客、创业，却少有人讲安全。

让我们看一下有关中国数据，中国2014年整个信息安全产业的产值才150亿人民币，2015年是700亿人民币，而我们的网络却铺天盖地。这说明这个行业的发展空间很大，当然也需要更大的投入。十八大以后，中央高层高度重视网络空间的安全问题，执行层面也采取了一些措施。美国和欧洲采用首席安全官制度，我不是说这个职位，而是想告诉大家，维护网络安全就像防止山林着火一样，是一点都不能疏忽的。

今天来了许多政府官员，我讲一点，就是不要过于详细记录联系人的信息。有人还说通信录是在云端存储的。这点为什么重要，不光是从个人安全的角度而言，还必须从国家安全的角度来看待这件事。我们很多的领导干部在岗位上，很可能早就被老美盯上了，不要轻易将智能终端操作系统破解使用。我们现在做智慧城市，核心的点就是Wi-Fi。你手机里实际上没有秘密，你的照片、账号都可能被别人获取。不要轻易打开GPS，这个会暴露你的行踪。也不要轻易扫描或点击来路不明的二维码和其他链接，不要把手机当U盘，不要轻易使用"云备份"功能或开启自动备份开关。还有就是不要轻易出售废旧手机。

没有网络安全就没有国家安全，没有信息化就没有现代化，但是我们要重视和关注这个行业。我们是第一产业，我们把这个行业做扎实了才可以做真正属于我们的事情。这就是我们需要做的。安全是矛和盾的关系，没有绝对的安全。信息安全要靠增强全民的信息安全意识来取得，这条路会很漫长，希望我们大家一起为网络安全，为我们的国家，尽一份自己的职责。谢谢大家。

王智勇：谢谢我们谈董事长的发言。他着重讲到了在建设智慧城市的同时，我们还必须重视网络安全。实际上我们国家在这方面已经采取了一些措施，或许下一步还应该有各种新的技术来帮助我们。下面有请公安部第三研究所所长胡传平先生就有关"互联网背景下如何保护公民的个人信息"这一议题进行发言，大家欢迎！

胡传平：很高兴有这么一个机会和大家分享我工作中的一些成果和体

会。现在互联网+很火,从上到下都在讲,大会小会也在讲,讲得特别多。互联网里面+了很多东西,一加就有很多好的东西出来。以前我们只是用手机打电话,后来一加互联网就变成了微信,小商小贩一加互联网就变成了淘宝,商场一加互联网就变成了京东。以前传统领域跟互联网没有直接的关系,比如我们工业数字化,很多都是生产性的,跟互联网没有关系。我自己有一个身份,是上海市安全生产管理局和国家生产管理局的专家。我是说我们得跟大家讲讲互联网+对我们工业可能带来什么样的影响与后果,提醒大家提高安全防范意识。结果从国家到地方,三年没有人理我。他们聘请我当专家,我想正好跟我专业对口,我就讲互联网+,但是没有人理我。不过今年不一样了,北京和上海多次请我跟管理人员来讲互联网+和工业生产之间的关系,大家知道了,在互联网+的背景下,你可能无处躲藏,因为它渗透到我们的方方面面。

互联网+有很多特点,它跨界,重塑结构。我在想安全和消防能不能融合,我消防做了25年,2007年到了安防这里。我走的时候,当时消防是怎么样的,现在还是怎么样。为什么?因为它是封闭的。不像安防,安防是开放的,跟互联网一连接就突飞猛进,成了我们非常火的、投资回报比较高的行业,各路大腕纷纷进入这个行业,变成了朝阳产业。但消防不一样,因为它没有做互联网+,是封闭的。所以今天探讨这个问题,关键是什么,是要开放,还有尊重人性,今天我不展开讲了。我们讲智慧城市,智慧城市中非常核心的一个,就是让我们的老百姓能够在这个城市生活得更加舒适。

我下面谈一下互联网与电子政务。我们说三一工程,一窗一号,一窗是什么概念呢,就是老百姓办事一个窗口解决,能不能做到再说,起码中央政府已经提出了这句话,希望政府要改革,希望政府工作流程要调整。一号是什么,拿身份证号码把你所有的证件都串联起来。还有就是智慧城市和互联网分不开,网络上身份认证,你所谓的精准服务也好,个人隐私信息保护也好,没有网络身份证是没有办法做的。要统一身份认证,这就是三一工程。总的来说,就是围绕智慧城市,让老百姓的生活更美好。

在这种情况下,网络安全就显得尤其重要。我们正处在这样的状态中,实际上你的信息就是一个值钱的商品,在地下产业当中被盗用。你越是活跃，你的信息越值钱，地下产业链收入就越高；再加上精准服务，培养专家型的网络骗子，把你一骗一个准。对于个人隐私及相关信息的保护，已经成为老百姓非常关注的事情，同时也非常担忧。现在走在马路上被人家抢被人偷的事，已很少发生了，但在网上，随随便便被人抢被人偷还是时有发生，甚至发生的概率还很高。

我们个人的隐私到底是怎么泄露出去的呢？我们看这张图片，很多地方都需要让你证明你是谁。当你拿着身份证证明你是谁，会专门有一个刷身份证的设备，看一下是不是你本人的身份证，这就是当面查验。这个在很多的地方会用到，比如我们办银行卡会用，我们去学校报名读书也会有这样的过程。人口登记制下户证制度正慢慢变化到身份证管理制度。中华人民共和国人口怎么管，就是靠身份管理来做的。这是一个基石。现在变了，要你的手机号、身份证，还需要短信验证，还需要生物特征信息，然后到人口库里再去比对。你们办银行卡时，现场用身份证把自己的信息送到人口库里去比对，这样就变成了一个复杂的过程。这个就是所谓的网络实名制。

其实网络实名制很可能是公民个人隐私泄露的源头。这是怎么回事呢？我们现在有400多万个网站，900多万个App，其中有的是把你的信息保管不善而被黑客拿走的，有的一开始就动机不良，就是收集你的信息去做买卖的。这个信息怎么能保密呢，所以我们已经没有什么秘密可言了。我再举一个例子，2013年中央电视台曾报道过一个个人隐私泄露案，当时这个案子里面就有银行的信息、结算中心的信息和房屋交易市场的信息，涉及了2.4亿人。一个案子里就有2.4亿人的信息，这是非常恐怖的。我们现在有身份证的，包括军人，你只要输入相关信息，你这个人家在哪里，姓什么叫什么，买房子在哪里，平时个人有哪些消费品，都能查到。我也把我的身份证号码输进去试了一下，我曾经搬过好几次家，早期的门牌号码我都忘了，尤其是座机号码也忘了，结果这个信息里面完完整整地保存着。这是2013年的事，这个公司是有美国背景的，它从各方面收买信息，买了以后再加工，看你的消费习惯是什么，再拆开卖给相应的公司，比如说做化妆品的，做什么名牌包的。实际上这些信息在网络上大量地流传，一些骗子也在趁机买这个信息。包括我们前面说的一个旅游公司，我以前讲课，我老拿它举例子。我说你们公司这么收集信息怎么行呢，买一张机票，要把你所有的信息都拿出来，叫什么名字，电话号码是什么，问你怎么支付，是银行卡的话，又是什么银行，卡号是多少，3位安全码是什么。若你告诉他了，到这里为止，任何人拿这些信息都可以在网上支付。之后还没有完，还有告诉你家里人，还有邮政编码，然后要你说出自己手机联系方式以外还有没有别的联系方式，然后把家里人的号码告诉他。那时候他对你的信息明码保存，只要有人要，他们就会卖出去。这还是一家大公司，上市公司，如果是一些小公司，那就更要不得了。

我们看看韩国，前面也讲到，韩国很悲惨，最后所有人的信息跟我们一样，都在网上查得到。没有办法，法院判政府违宪，说实名制是错误的，大量的个人隐私被泄露，怎么办？政府只能承担责任，全部推倒重来，给所有的公民换新的身份证。可我们中国有十几亿人口，你说怎么弄？

另外讲一下物理空间身份识别滥用于网络的问题。一开始要求上传身份证照片，但现在身份证照片网上泛滥了，甚至充斥了假证，于是办什么事还得加拍一张照片。实际上在现实生活当中，我们主要是查验核实持证人，很重要的就是有持证人、查验人，做到人证合一。当初我们设计的时候，曾经想把指纹放上去，后来考虑到指纹涉及个人隐私，就没有放进去，所以就造成了现在证和人是分开的，这样网上验证时，只要长得差不多的，就验证不出来。最近有关方面明确在身份证上加指纹，如果你加指纹进去就要出钱，这也是一个很麻烦的事。政府没有预算，要么老百姓自己掏钱，老百姓说我自己刚掏钱办了身份证，你让我再掏钱我不干。所以我认为身份证加指纹这事，没有十年肯定办不完。我刚才说了，生物特征本身是不可重构的，但是有一条，生物特征的信息是可重放和重构的。什么意思呢，我的指纹是娘肚子里面带来的，不可重构，但是刷指纹的机器一刷，过程当中就变成了生物特征信息。这个在网络上，我们刚才说了，那是绝对不安全的，它可以被劫持，可以被重放，这就变得很不安全；而且生物特征是不可撤销的，会伴随你一生。这个指纹和人脸都不安全了，虹膜就出来了。同样，DNA，现在通过芯片刷一下你手上的汗，就完事了。上次我说过，指纹不行了刷脸，刷脸不行了虹膜，有一天虹膜不行了还能怎么办，这是非把老祖宗都卖光了不成！这里有句话：只要网络空间的身份信任直接基于身份信息的情况不改变，窃取、买卖个人信息，以及电信和网络诈骗犯罪就不可能根除。

今天利用这个时间，简单介绍了一下在智慧城市发展过程当中，在享受互联网带来的福利过程中，我们可能遇到什么问题，然后我们如何去解决这些问题。我就讲到这里了，谢谢大家！

王智勇：三位专家都做了精彩的发言，我们在座的各位可以跟他们互动。我们先请三位上台，大家有什么问题请举手提问。

提问：专家您好，听了您的报告非常有启发，有一个问题想请教一下，当数据有限的情况下，国家在增发货币，但是相对我口袋的钱变成的物质就少了，这种情况下我只能被动被剥削，或是我有什么办法减少我的损失？

王世豪：第一，自从1971年之后，货币在全世界所有央行都可以随便印了，没有任何限制。第二，印钞票的过程其实是为了维持国家的正常运行，一般情况下，随着经济的不断发展，印钞票是会无限制扩大的。第三，我们每个人的分配是不一样的，国家只能做到均衡，尽量把蛋糕分配得公正些。

我们国家从改革开放到现在，分配和资本匹配，劳动分配和资本的分配，应该说在市场经济条件下，在中国特色的情况下，的确是在不断地加以均衡。这个可以从百姓的生活水平上得到体现，比如现在房子有了，车子有了，有的不光是一套房、一台车，而低收入的劳动者或无收入的弱势群体，国家会通过财政补贴加以改善，来弥补穷人的消费不足。这是我们国家体制性质和政府的政策所决定的。

当然，也有人问过我和你的问题有关联的，如此印钞为什么没有导致严重的通货膨胀？我们要解答这个问题，实际上通胀是存在的，世界上好多国家都是这样的。我们国家从2008年到现在，货币量已经增加了三倍，但为什么没有发生严重的通胀呢？这是因为国家采取了一系列措施，第一，绝对高的存款准备金，这是全世界没有的，现在已降了6次，每次0.5，现在还达到17%，就是每100元里面，央行又收回去了17元；第二，通过不断膨胀的房地产来回收货币，这一次国家拉动房地产的意义我刚才说了，其中一个从货币投放和回收的角度下，政府实际上是投放中心城区的土地，归根到底是地产，投放地产，将土地投向老百姓，以达到向社会回收货币的目的；第三，就是国家不断把国有资产以股票的形式投向社会,以回笼货币。从货币投放和回流角度来说,就平衡了通货膨胀,所以中国没有发生很大的问题。

提问:不仅是网络安全,还有线下,我们买了一个新的手机,马上有广告进来,或者是我们一个公司的新的电话号码,马上就有广告进来。

胡传平:我明白你的意思,这个就是个人隐私信息的买卖。最近上海抓了不少人,全国也抓了不少人,全是买卖个人信息的。严重到什么程度呢?一个孕妇首次到医院做孕检,还没有出医院,就有电话过来了。实际上就算医院自身没有卖这个信息,也有可能是给医院做信息的运营商卖的信息,国内这种情况大量存在。所以有关职能部门一定要严格审查这些运营商、服务商。不过国家这么大,这么多的信息系统,尤其是在我们大量的搞信息化过程当中,一定会继续存在这种现象。怎么办,还是要严打,没有办法。

王智勇:我们今天的活动就到这里。今天下午的论坛确实非常精彩,对我们很有启发,会对以后的网络安全工作有所借鉴。最后我们再次以热烈的掌声,对三位专家的精彩报告表示感谢。谢谢大家!

2017年：智慧城市与共享经济

主持人	王智勇 上海市科协副主席
出席领导	周太彤 上海市政协原副主席 杨建荣 上海市科学技术学会党组书记
演讲嘉宾	马益民 中国电信上海公司总经理、党委书记 洪小舟 华为EBG中国区智慧城市业务部副总裁

王智勇：各位领导，各位来宾，大家下午好！今天的论坛，将是一次思想交流、智慧碰撞的盛宴，我们邀请到了相关行业的专家，共同为上海的智慧城市建设出谋划策。下面我介绍一下出席今天论坛的领导和嘉宾，他们是市政协原副主席周太彤、上海电信总经理马益民、华为公司首席专家洪小舟，对各位领导和专家参加本次论坛，我们表示热烈欢迎。下面请上海市科学技术学会党组书记杨建荣先生首先致辞。

杨建荣：尊敬的周主席，各位领导，各位来宾，金秋十月，我们在这里举办"智慧城市与共享经济"论坛，我谨代表上海市科协，对各位参加这次论坛表示热烈欢迎。昨天是中共十九大胜利召开的日子，我感到这个论坛举办得很有意义，第一个是时机选得非常好，第二个是主题定得非常好，第三个是专家请得非常好，一会儿大家肯定会有很多新的想法和体会，肯定会对自己的工作很有启发。

我们这里是科学会堂，这个地方的辉煌历史可以追溯到1958年上海市科协成立的时候。大家知道，上海是中国民族工业的发祥地，由于工业发展了，一大批科学家会聚在上海，所以大家希望上海有一个给科技工作者，给科学家学习、交流的场所。于是就选了我们现在这么一个好地方作为上海市科学会堂，作为科技工作者活动的场所。

这个楼已经有100年的历史了，楼梯上的彩绘玻璃都是原汁原味的，有几块玻璃已经坏了，找不到原物了，所以这一堵玻璃墙可以说是价值连城。在这里曾举行过很多次重要会议，当时陈毅元帅是上海市市长，他亲笔为上海科学会堂题词。你们走进大堂的时候，就可以看到陈毅当时的墨宝。这里是科技工作者开展学术交流、传播科学精神、展示科技成果和交朋会友的场所。9号楼中间，我们还和市委组织部搞了个院士风采馆。我们上海是全国院士最多的城市之一，院士代表了我们这座城市的丰碑。我们每年定期举办科学家和艺术家的草坪音乐会，科学家和艺术家共同交流，场面非常活跃。

同时，这两年我们还搞了科技影城，是以科普、科幻、科技为主要内容的电影观摩场所，专门为科技工作者定期、免费放映有关科技的电影，所以这里也是科技工作者之家。近年来，市委、市政府对科学会堂的工作非常关注，也很重视，很多领导都对这里做过指示，我们按照领导的要求，努力把工作做好。

上海华夏文化创意研究中心在苏秉公理事长的带领下，有思路，能干事，每年在这里召开这样的会议，我们感到很高兴。这次论坛的主题又和我们城市的发展非常吻合。华夏文化创意研究中心有很多发展项目，包括举办这样的论坛，我们期待论坛成功，以便为我们城市的发展继续做出新的贡献。

王智勇：谢谢杨书记！上海正处于创新驱动、转型发展的关键时期，通过智慧城市的建设，将智慧、智能的先进理念融会到城市的发展中，共享经济已经成为城市发展的重要力量，各类共享空间已越来越受到青睐，可以说共享经济在我们的生活中将会无处不在。下面首先有请上海市政协原副主席周太彤从宏观的角度解读共享，他发言的主题是"发展共享经济，彰显城市智慧"。

周太彤：刚才杨书记说的那段话，也是我中午想要和大家提及的。昨天大家看到了习总书记的报告，说了一个历史使命，说了一个目标，最后用了很长的篇幅，专门论述了如何努力开创新时代中国特色社会主义道路的新征程，新征程的第一个问题，就是要努力推进供给侧结构性改革。总书记的报告中，把共享经济的问题列为当前加快发展、调整结构的重要举措之一，我听了很激动。总书记也这么要求，我们自然得遵循这个思路进行研究了。

前不久，国家召开了一次2017年金砖国家工商论坛，习总书记也提出要把握工业革命的机遇，以创新促增长、促转型，积极投身智能制造、互联网+、数字经济、共享经济等带来的浪潮，努力领风气之先，加快新旧动能转换。我还注意到李克强总理最近也在一次会议上专门谈了这个问题。这次会议是今年5月在贵州召开的"中国大数据产业峰会"，大家知道贵州除了茅台是比较亮丽的，其他的就没有什么大的产业。这几年贵州下决心另辟蹊径，走一条跨越式发展的新路。贵州的海拔比较高，气候比较平稳，在我们认为不可能的环境下，大力发展数字产业、信息产业，于是这几年，那里每年都有数据大会。一开始我们也想不通，贵州都是黄土地，适宜于搞农业，又是少数民族聚居的地方，弄酒是可以的，茅台酒要500多元一瓶，而且现在的势头要涨到1000元才可能罢休，很多的东西我们都跟不上了。在贵州的这次会议上，李克强总理讲了一段话，他说共享经济不仅是在做加法，更是在做乘法，从此有效地降低创业创新的门槛，实现闲置资源的再利用，为经济注入强劲的动力。共享经济的特点，共是人人可以参与，享是人人可以受益。我把总理的话概括一下，我想说的是共享经济将在我国经济转型升级中，使得资源重新整合、生产服务形式重新变异的这么一种新现象的出现，它已经反映了未来经济发展的新趋势，成为我们经济发展的新动能和新引擎。对这么一种新的模式，我们必须高度重视，并加以大力发展，这也是我们今年的主题，是讲城市，但是还是要回到共享这么一个热点上。

目前对共享经济这个现象，是有比较热烈的讨论的。学界从不同的角度来解释这个现象背后的一些概念，我看了一些材料，觉得可能有这么三点，当然归纳的话，要归纳十几点了。第一个就是共享经济，我们对它的基本理解，就是都认为共享经济是基于互联网技术对社会资源进行分享，从而利用和整合的一种全新的经济模式。这是一种全新的模式，其核心理念可以概述为不求占有，只求所用，不是与我无关，能为我所用才是关键。第二个是对于共享经济的表现，共享经济有比较多的表现，或者更多的表现，是体现在平台经济上。有的说共享经济就是平台经济，当然这个也不能完全等同，但是共享更多体现在平台上，然而在具体的环节上，平台更多的体现是获取信息,或者是我们从中来确认它的权利。当然在具体使用的环节上,只表现为分享。这是我们讲到它的一个表现形式,所以说国务院的文件,就是说的分享。我想这个是概述上可以说得清楚的。第三个是共享经济和分享经济,作为两种不同的提法,是有联系和区别的。共享经济是所有权和使用权不排他,就是说在这个平台上,大家可以同时享有这个信息,或者是同时确认我对这个平台的一个需求。但是分享经济就不一样了,分享经济是排他的,当我用了这辆自行车,别人就不可以用了。具体的使用环节上,分享经济是排他的,共享经济是共享的。于是出现了共享这么一个非常热闹的经济现象,有共享环节和分享环节两种不同的表述,共享经济是分享经济的泛化,共享经济包含了分享经济,是不是一定要把这个问题弄得这么清楚呢?是的,原因在于国务院所有部门发的文件都是鼓励分享经济的发展,可总体描述时,又从来不说分享。总书记在昨天的报告中也说了我们鼓励共享经济。今天是一个论坛,可能大家会有一些疑虑。我看了材料以后,觉得大概是这样理解的。

那么这么说的时候,我们现在要尽可能地鼓励共享经济的发展,同时把分享经济搞好。我们需要发展分享经济,也需要发展更广意义上的分享经济,从而实现资源的利用和整合,为城市的发展注入新的动能。下面我就说一下我要给大家报告的三个问题。

第一个是共享经济的发展与繁荣,它代表了未来经济的重要发展形态。我们这个时代有发展和繁荣共享经济的土壤,因为现在已进入了信息化的时代,华为的4G是很棒的,前几天看到华为去欧洲搞5G的签约了,又看到报纸上谈高通,华为竞逐千兆级别的网络。这是什么意思呢?大家知道5G是4G的100倍,现在马上要面临5G的争夺战,能够代表中国去竞争的,华为绝对有这个实力,一会儿华为的同志可以具体介绍。我们现在确实是有这样的土壤,有这样的技术条件,也有国力和社会的资源作为保障。以前的时代没有积累,现在国家有了积累,社会有需求,所以恰逢其时。我们感谢有这么好的经济社会发展的环境,我们应该深切地认识到,共享经济的发展是历史的必然,或者是必然趋势和现实的意义的叠加。具体讲,有这么两句话,第一句,互联网+是国家战略,它能引领共享经济实现创新发展。这个我就不展开了。第二句,供给侧结构性改革,呼唤着共享经济的发展。这里要强调的是，我们国家正由注重速度转向注重质量的发展阶段，正处于新旧动能转换和转型升级的关键时期，我们可以想象，有限的资源和能源不可能无限制地来支撑现在的经济发展，维系不了了，就必须去开创一种新的模式，加快产业转型升级。而共享经济，恰恰是对旧的发展模式的一种很好的替代，它把生产、消费、服务融为一体。如果只做一段，就成不了共享。所以共享经济的一大特征就是从前期到后期，将研发、生产和消费服务融为一体，提供供给结构对需求变化的适应性和灵活性，从不断地做增量变为合理化的存量，从供不应求变为供需对接，实现最优化的配置，从发展更多地依赖于自然资源，改变成依赖于人的资源，促进经济的发展。共享经济体现了国家战略的引导，配合了产业结构的转型，呼应了人们对社会生活便捷度的期待。人们对生活的新期盼也催生了共享经济的实现和发展。

第二个我想谈一下共享经济能够破解城市发展中遇到的一系列难题，可以通过共享来体现城市的智慧。建设智慧城市，不是简单追求在基础设施建设方面达到一定的技术成绩，而是在城市的发展过程中，以智慧来破解发展所遇到的新的难题。今天这个角度是倒过来说的。共享经济是城市智慧发展的一把钥匙。城市智慧里边有很多智慧的东西，其中共享就是一大智慧，可以有效地破解产品和服务使用效率低的难题，破解要素流动性差的痛点，释放城市活力，打造城市发展的创新生态。

一个是以共享来提高各类产品服务的效应和效力。我们在城市发展中，在传统的经济模式下，总是想通过不断地生产新产品来满足市场的需求，于是往往会形成产能过剩，造成大量资源被闲置。我们这个城市要保持活力，就需要特别注意用共享来解决产业结构失衡、公共服务提升的问题。在产业的发展方面，通过共享实现互联网基础上的颠覆式的创新，以各类共享平台来融合产业的发展，努力造就技术创新、应用创新相互融合的新型的应用形态。在公共服务方面，通过共享经济，可以实现基于互联网+智慧生活服务，搭建智慧交通、智慧医疗、智慧教育等平台，更好地实现以人为本，增加人民群众的获得感。这里我有两个比较好的案例，第一个是上海将要在张江开放大科学设施群，共享大科学设施群里面的高端、精密的设施，以吸引内外资研发中心在上海积聚。这些设施或是单个单位难以采购的，或是难以单独承担成本的。比如食安局要搞一个食安的平台,把质监局和食安局合到一起,搞了一个上海市食品检测中心。现在这个中心就作为公共平台,哪一个企业的食品要检测、要自测,就都在那里进行。第二个案例是关于怎么解决就业、创业问题的。原来我们将厂房转为创智天地,收购了又将它做成类似如家酒店。现在酒店业面临挑战,就是面临着住宿业共享以后的挑战。大家知道,现在的外国游客很多是背包族,从来不去我们的旅馆,他们习惯在网上预订民宿。现在有一个品牌叫"创客天地",已在全国300多个城市,大概有3800多个小店。这些小店就是如家小店,借用他们的大堂,搞了一个共享办公。我曾看过一个材料,觉得很有启发。过去我们的酒店,就是为旅行服务的;后来酒店一直变异,变成了酒店式公寓。按照如家和创客天地的模式,以后如家就是居家、旅行和办公混为一体的场所。社会资源就这么多,城市的发展不可能通过无限制的增量来实现。我们进入了一个提高质量的阶段,更多的是应该走一条内涵式、内生性的积聚发展道路。这个就是上海市工商局这两天一直在动脑子的事。我们大的国民经济行业有160多个,小的行业有数万个,现在税务局、工商局的分法都是不一样的,这个按照旅馆管,那个还是按照办公管,所以工商局现在正努力地适应创新,因为工商登记上就不完全是登记的酒店,办公也可以,旅店也可以,所以统计的时候,就没有办法一定说这就是百分之百的旅馆。

共享经济使所有的数据得以归纳,就好像我们现在统计工业总产值里面有服务业,服务业里面也有其他的行业,所以是融合了,没有原来那样纯粹而清晰的行业边界。我看了有关材料,最大的体会就是边界不清晰是共享经济演绎的痕迹。

共享经济会促进各类要素资源的突破,重点是通过共享,可以解开资源上的一系列制约。比如我们说的土地问题,我们所有的发展都离不开物业,物业都承载在土地上,所以贫富的比较就看你家里是不是有房产,现在大部分的钱都是在那上面了,现实的钱不多,因为房地产是以土地作为依附的财产,是主要财产。不过现在的城市开发还能不能继续依靠国有土地使用权出让来支撑呢?这就很难说了,总书记再三强调,房子是用来住的,不是用来炒的。要平衡这件事,光是靠口号不行,所以国土部批准了15个县市试点,允许经济适用房的租赁。这个实际上也有共享思维在起作用，就是当城市发展遇到诸如土地供给不足的制约时，你能想到共享，这个资源就盘活了。你不要老是盯着国有土地，只要用途上管住它，那价格就会下来。这里面的共享是指的国家和集体组织在土地受益的问题上，实际上大家实行了利益共享。

还有一个就是关于人力资源的依附性的问题，这个也要共享。现在的教育、医疗等方面资源都是短缺的，好的资源都短缺了，仔细想想，要解决人民群众在医疗上的期盼和需求，也只有通过共享来快速实现。我看了一下广州、杭州的共享医院，那里的三甲医院好的医生有行医自主权，这个对我们来说是极大的挑战，就是这个医生是你们医院的，但是未必全是你这家医院的。医生作为自由职业者没有问题，但以现在的体制，医生不肯离开三甲医院，他还要挂着三甲医院的牌子，可以有规则地流动行医，这个对全社会有好处，这个过程是医生作为优质资源，被社会分享乃至形成共享的问题。

人力资源也是可以共享的，当然还需要打破数据的分割。目前在政府系统里面，数据分割的前提是标准，每一家设定的标准都不一样，有工业系统的，有管理部门的，首先行业设置的规范标准就是不一样的；在不一样的情况下，设置出来的数据你是很难联通的。怎么解决这个问题，对我们也是一个极大的挑战。最近我看了一个材料，讲的北京大学在贵州也搞了个DAAS平台，这个平台在全国30个省市应用了，就是解决世界性难题的数据共享的问题。所以只有通过更好的技术，还有从标准的技术规范上进行起步，通过这些努力，把数据联通起来，从政府管理的角度，非常需要共享，如果不共享我们搞监管就难以实现。最近也看到静安区商委将发布对南京西路智慧圈搞一个1.0光启动的数据，通过数据来改善静安区的商务环境。这些例子都非常好，说明在共享里面，一个是不动产土地资源通过共享可以破解；另一个是在城市发展过程中，人是最活跃的因素，要把人的因素搞活，才能智慧永留；再一个是数据分割，这个是当前经济发展和社会关系中必须破解的难题。这三个方面都可以通过共享的思维、共享的技术、共享的办法来加以解决。城市要发展，共享是切口。具体来说，我们要拥抱共享经济，转变传统的思维方式。对于共享经济，有的片面地理解为共享单车这样的平台，有的却一味地关注共享单车给城市管理带来了多少难题。我想共享经济的发展,不仅会带来创新型的变化,更是为智慧城市的发展奠定重要的支撑,其创新的范式意义可复制、可推广,我们不要讥讽现在还不成熟的共享行为,比如胶囊旅馆。每一个新事物的产生到最后完成,都有一个适应、变异的过程,我们应该以拥抱的心态,迎接共享经济的到来。

  适应共享经济,还必须积极调整政府的管理模式。我们要以自我革新的精神,推动政府职能的转变。实际上对于共享经济,有关方面还有许多不适应。英国就提出建设全球分享经济中心的战略目标,英国看似老牌,适应性却很强,首先修改了税收政策。我们不少城市对共享产生一种排斥,当然管理是带来了新的问题,问题是你怎么去适应。比如北京这次下决心搞了一个自行车高速通道,汽车是不能走的,只能自行车走,一共13公里。我们现在的马路,以前都是双行道,现在很多都是单行道了,就是因为我们原来数据分析的基础是汽车时代,汽车分享蛮好的,但是智慧城市应该是公共汽车、小车、自行车、助动车形成一个完整的体系。现在单行道一搞,人们坐公交车的积极性就不高了,要绕很大的圈子才可以坐到车。可能我们今后会遇到城市路况、路网的重新设计,尊重人的行走权利。中央政府的管理,无论是审批、监管、税收,当然还有资金监管的问题,都要做一个相应的调整。

  第三要规范共享经济,加强诚信体系的建设。发展共享经济,要依靠信息、制度来推进,最后还是要找一个成本低、有自我约束效率的办法。这个办法最好就是通过社会诚信,作为我们共享的基本保障。诚信是最经济、最有效的约束手段。当前横在共享经济面前的障碍,是诚信还没有成为一种有效的治理手段。凡是成本高的东西,没有一个可以长久的。没有完善的信用体系,很多分享经济的平台、企业,都缺乏最基本的生存保障。为此一般要通过第三方支付,通过双向约束的方式,来构建庞大的诚信体系,为共享经济奠定基石;一旦共享经济被引导到诚信经济的轨道上,共享经济将引领新的爆炸式的发展。

  最后我想引用上海经济法律研究所高立明研究员说的话,他对共享经济有独特的见解,他说共享经济驱动魔鬼,成就天使。他的说法是指共享经济背后有三个黑金刚,也就是三个主要原因。我在这里把他的观点移过来,第一个他认为共享经济有三个关键词,其一是供应,就是共享式的供应,不是即生的,而是内生的一种结构变化。供应的变化会产生供应方的红利,过去我们都是从需求方解决问题的。其二是管制,他说供应段的改革为什么不是普遍存在,而是集中在几个领域共享成功?他认为成功的原因往往与管制的尺度有关,就是凡是管得很紧的,共享就吃力一点;凡是稍微有一点弹性的,发展就会很迅速。他认为共享第二个红利是管制制度的红利。其三是他认为为什么中国的共享经济会如火如荼,奥妙在于动员。我觉得他说得很对。他的这个介绍是中国特色的介绍,是动员。他认为所谓动员,就是通过互联网平台,将原来不是供应者变成了供应者,比如网上开店,现在都成了小老板。我认为高研究员的这三点是蛮有解读性的,我相信作为一个非常复杂的共享经济的现象,在智慧城市的建设进程中,如果要发挥出更大作用的话,我们只要知道他的这个话,它能驱动魔鬼,成就天使。相信共享经济只要引导得好,管控得好,就有可能成为上海未来智慧城市、城市转型过程中一个新型的产业,或者是一个新型的发展方向。我就讲这些了,谢谢大家!

王智勇: 谢谢周太彤副主席的精彩报告!通信网络已经是我国经济社会发展的战略性的公共基础设施,在智慧城市的建设中,具有举足轻重的作用。正是因为电信网络的发展,为共享经济奠定了良好的网络基础,使我们海量的需求实现快速连接,构建共享经济互联网的新生态。下面请中国电信上海分公司总经理马益民为我们做报告。马益民教授具有信息通信领域长期运营和管理的经验,他报告的题目是"践行新型发展理念,推进共享经济发展"。

马益民: 我今天讲的,仅是从通信技术的角度,为智慧城市做一个注解。我想通过几张片子来说明一下我对共享经济的理解,以及我们的一些作为和对未来的思考。我想从三个方面跟大家共享、沟通和汇报,第一部分是对共享经济的理解,第二部分是我们的实践,第三部分是对未来的展望。

我们先看一下第一个例子。美国差不多有3.1亿人口,有约1亿个家庭,有8000万部电钻,平均每部每年仅工作13分钟,如果把电钻租给邻居会如何呢?结果没有实现共享的效果。这里面是机会成本和获取成本之间形成了不匹配。最近有诺贝尔奖获得者把经济学和心理学结合在一起,试图对每一个人面临一种事物进行判断,发现是不经济的。所以我认为这个共享是失败的。为什么会失败，我们也在总结，包括这些网站也在总结。你可以租用各种各样你所需要的东西，你只要在网站上打上去，它就会自动给你匹配，然后给你送过来，不需要有实体的门店。所以美国当时发展了很多类似的通道，以求得共享的效果，我们称之为共享经济的1.0版本，也就是C2C时代。这个时候的特征就是个人与个人通过一个公共平台去进行撮合，达到你所需要的服务，但从实际情况来看，效果并不理想。

我们再来看一下第二个例子。当前中国有很多服务其实是被创造出来的，这个例子是通过商家的集中采购，确保了一些当季或过季的低奢品牌以非常合理的价格，比如每一个月299～499元，一个月内随意换，你同时可以拥有三件，你穿得不舒服了还可以换，结果发现网站上退回和继续使用的比例差不多是1:1。应该说它的商业模式非常好，这种模式远比刚才的电钻模式复杂得多，有配送的问题、清洗的问题和库存管理的问题。有了这个以后，相应的网站会得到很多数据，比如某个女孩子喜欢的样式，某个男孩子喜欢的品牌，通过非常简单的方式就获取了。我理解为这就是B2C的模式，这是共享经济的2.0时代。

我最近也在研究淘宝、京东、天猫上电商的一些情况。以天猫和京东为例，目前这种B2C的模式越来越流行，从我拿到的数据看，年均增长5.4%，到2018年时，电商市场里的C2C模式会下降到36%，而B2C的模式成为主流，C2C成为一种辅助。

我们再来看另外一个例子。我们把眼光转到IT行业，大家都知道2015年微软正式停产了XP，当时我也在考虑，微软为什么要把XP停了，大家都用得挺好的。从我自己的角度看，微软在推动一项共享革命，最早的单机版是1998年出品的，到Office，每个月50元的用户可以安装五台电脑、五部手机、五个平板，通过云端的共享模式，从而达到一个新的高度。从某种意义上说，因为有了移动互联网，有了云化技术，IT行业也在转变，也在向共享经济转变。通过这个例子，我就想到了我们在做的一个项目。我们最近推出了一项业务叫作CLSN，就是云的服务。但是大家对云的安全性、可靠性是存疑的。云的安全性和可靠性的问题，今天我就不谈了。我们推出了一个云的服务节点，就是把云的节点就近放到客户手里。举一个例子，我有10个人开一个公司，现在的中小微创新企业非常多，他要去买服务器，买交换机，买路由器，要申请宽带。我们现在通过这种模式，他每个月只要付1200元，就可以拥有和大企业媲美的主网、大数据。再如原来有做房产的，但后来发现房产不赚钱，就开始卖办公位了。所以从这个角度来说，我认为从IB2C，就是信息往集中式的客户走，这也是一种新的模式。

刚才说了电钻、衣服和Office365三个例子，我想在这里阐述一下我对共享经济的三个观点。我认为共享经济应该是分时和共时的一个关系，特别说明一下，大家很多时候说到共享经济，那个汽车是共享经济，高速公路也是，自来水也是。包括后面谈到的抛开政府或者是准政府类的公共服务的范畴，因为政府类的、准政府类的公共服务范畴与共享经济有一定的关联，但没有完全的勾连，那是一种服务，是城市的一种功能。我想从人类在商品经济的演化过程中，租借的行为早就产生了，不过无论是其深度还是广度，都和现在的共享单车、共享服装的普及程度是不能相提并论的。从通信的角度来说，迅速得以风行或者普及，是基于广泛连接、云的技术和专业运行，实现人、物、时间等资源的规模化共享服务，实现可管理的、可运营的、资金的、借助于广泛连接高速互联网的一系列技术。

为什么当时OFO备受置疑，而摩拜大行其道？因为OFO没有定位，摩拜已解决了扫码自动开锁的问题，它的精确度可以在10年中只误差一毫秒，所以在定位技术加上密码技术非常清楚的情况下，使得共享可以被区隔，可以被切割，使得共享成为可能。

我想归纳总结一下，第一句话和周主席说的一样，只求使用。第二个是技术与创新，促成了目前共享经济的蓬勃发展。第三个是高效的算法，可以找到最近的人，可以找到最有效的路径，把你的办法和经验分享出去。第四个是资本的介入。第五个是原来的1.0开始去中介化，但是要有规模，要有效性，必须回到再中介化的程度。这是我对共享经济的一些理解。

第二个方面，我想把我们的一些作为向各位汇报一下。在共享经济中很重要的一个方面是泛在的连接和云化的服务，这两个是核心。这里面专门提到了移动加光纤的网络，我们称之为一个接入的层面，没有这个接入的层面，很多的共享就难以实现；第二个必须有一个云化的平台；第三个是移动支付；最后一个是位置管理。有了这四个要素以后，就可以降低交易成本，实现供给和交易的最大匹配，实现双方利益的最大化。

我们再看看这些为什么会在中国兴起。这是"一带一路"的时候，一些来中国的外国青年人对我们的互联网或者是新四大发明很感兴趣。新四大发明中的前面三个都与我们的共享经济有关，最后一个我不知道大家有没有坐过复兴号，中国铁路总公司专门推出了一列带Wi-Fi的列车，可以享受它提供的视频和上网服务，而且是免费的。所以中国正在改变人们生活的新四大发明，都和共享经济非常有关联。智慧城市和共享经济，其实从某种意义来说，是共享经济推动了智慧城市的进一步发展。

我们也一直在寻找这种推动经济发展的要素。在座的各位可能都学过政治经济学，对生产力的三要素都很清楚。随着移动互联网的快速发展，出现了一个新的词叫作移动生产力，它由三个要素组成，第一个是人，第二个是各类智能化的机器，第三个是被科技管理的人数据，而通过无所不在的网络连接，不管是产业升级还是城市发展的方方面面，都可以得到充分应用。所以我们把自己定位为是共享经济的赋能者和共享经济的助推者，当然我们也是共享经济的参与者和共享经济的获益者。通信业对国民经济的发展具有先导性、关键性、战略性、基础性的作用，使中国电信能够担任使能者和助推者的角色。

我在和同事交流的时候，也在问自己几个问题，其中之一是为什么中国的互联网应用会蓬勃发展？这到底是基于什么原因？其实中国的土地面积和美国差不多，中国的基站有350万座，而美国目前才40万座，这是事实。中国从2006年到2016年，用户数增加了9倍，已达到13亿，十年间增长了300倍，这是共享经济的一个基础。还有智能终端的普及，这方面华为公司功不可没。共享经济要素的背后，其实和运营商的作为是密切相关的。大家拿到的手机，现在1000元就可以买到智能手机了，各个运营商都在终端补贴，使大家用现在的钱就可以享受几年后才可能获得的利益和便捷。一个是移动用户的发展，第二个是有效的接入，第三个是数据中心的建设，使得互联网企业能够轻装上阵，快速发展。

这是"双11"时中国电信上海公司的保障场景，这是腾讯在上海放的微信服务器的60%，所有这些，作为重资产型的通信运营商为轻资产型的互联网企业提供了巨大的支撑和保障。我们也在对未来做一些展望，对未来的五年，VR也好，AR也好，MR也好，还有人工智能等，这些都对高交互、低时延的运作环境提出了非常高的要求，高频交易1MS，工业控制10MS，虚拟操作5MS，自动驾驶1MS。从上海出发，我们到中国的香港，到美国的纽约，到法国的巴黎，时延都是在63毫秒到153毫秒之间。从这些交互的应用，靠全球化是不可能的，原来说的在贵州建一个云中心，在内蒙古建一个云中心，必须辅助于在当地的处理和存储，传送本地的进项和数据的备份。大家有没有打开过新浪的网站，里面由173个要素组成。这173个要素，可能有的在内蒙古，有的在新疆，可能我在上面打的新浪和你看到的新浪的首页面是不一样的，不过这都没有问题。

如果说从消费应用到工业应用，那是一个毫秒级的应用，我们也可以看到从卫星通信的600毫秒到2G的500毫秒，到3G的100毫秒，到未来5G的1毫秒，这是和整个共享经济密切相关的一种技术进步，所以通信技术在共享经济中功不可没。目前千兆光纤的接入小于1毫秒的时延，这在未来的整个发展中，对整个通信行业的任务，更重要的是把高宽带的有线和无线的速率升上去，主要是为了解决流量性应用的问题。真正到了未来，应该是着眼于降低全程的时延，促进实时型内容和应用的普及。这是整个移动通信网络的流程，有一些客户和我们反映说，我看视频经常会卡，是你们的速率不行。我们经过分析发现，其实互联网的网站在你不是它的会员之前，它叫尽力而为，这是它的流量的供应策略。它为什么要建无限大服务能力为所有人服务呢？这是一个共享经济中区隔的问题。对运营商来说，通过5G技术及边缘计算技术，来降低时延；通过可运营的安全的、绿色的数据中心，来确保实时应用的可行性。

第三个是对未来的展望。技术不是万能的，技术和管理是促成一项事物成功的关键因素。目前的技术包括大数据，可以对人的所有行为进行分析，助力决策。再就是诚信标签，我有一次坐Uber，我看了一下我的星是几分，我是一个守信的人。在诚信标签中，你是不是可以获得这个应用，很重要的方面就看你的星是几分。再就是围栏技术，围栏技术使很多共享服务在可控的范围内进行管理。最后一个是隐私和安全保障，除了技术之外，包括政府的监管、法律法规的制约和金融再保险的举措，也是需要多个方面去推动的。国家发改委最近发了一个文件，是关于加快国家共享经济的指导意见，其中着重在管理上，国家已经在进行这方面的研究和探索了。

说到现在，我一直没有说这种技术，就是NB-IOT。NB是一个窄带，很管用，我们称之为窄带的物联网，电池的寿命可以长达5至10年，所以它是一种低功耗、低时延、精定位、广连接的新一代智能物联网，很多场景都可以被展现，包括自动驾驶、宠物管理、物流管理，通过远程操作都可以被实现；同时对整个城市的有效管理而言，我想智慧城市一般包含两方面内容，一是对民生的，二是对管理的，因此这两方面会随着物联网的发展，随着共享经济的发展，一定能够向更多领域去拓展。

我们刚才谈的都是消费层面，真正作为共享经济的话，是需要达到一个产业的程度。所以从产业的程度来说，包括远程的机床、科研的仪器、大型的施工工具，都可以在5G的环境下改变它们的生产模式。

王智勇： 谢谢马益民总经理精彩的报告，下面有请华为公司EBG中国区智慧城市部副总裁洪小舟给我们做报告。洪先生全面负责华为在中国的智慧城市解决方案，他曾经主导了多个城市及园区的智慧设计和实施，是我们中国智慧城市的资深专家和领军人物。他报告的题目是"数字经济和智慧城市"。

洪小舟： 今天非常荣幸，有这么一个机会和大家分享我们在数字经济和智慧城市构建中的一些想法，以便供各位领导和专家一起讨论。

数字经济是一个很有意思的议题，什么是数字经济呢？在经济全球化的背景下，信息技术革新所带来的高新科技产业为龙头的经济，这个概念没有什么特殊的意思，关键是有一个核心的特点，就是这么一个数字经济具有低失业率、低通货膨胀率、低财政赤字的特点。我们为什么叫它是一个新的经济形态呢？不是说从以往的线下的交易变成了线上的，就叫新的经济形态了，不是这样的。

一个新的经济形态的定义，首先有两个核心要素，一个是生产要素要有一些不同，另一个是生产关系上要和以往的有所不同。数字经济中有什么变化，从生产要素的角度看，我们不再是以往传统农业时代里的耕地和一些农具等，新的生产要素变成了云计算、物联网、大数据。其生产关系也不再是传统的甲方乙方的关系，共享经济向网络的协同，向大规模社会化的协作，把买卖关系也做成了一个新的经济方式。数字经济是近年来我国政府和世界各国政府都普遍关心的话题，以数字经济为核心的新的经济，已经成为传统经济在失速情况下的新的动能。进出口是我们国家核心的方向，如广东又是一个占据龙头地位的省份，广东传统外贸的进出口量呈现连年下降的趋势，而广东省的跨境电商交易量却是每年增长50%以上。线上的经济增长速度非常之快。从大格局来看，我们要以信息化培育新动能，以新动能推动新发展。中央也定了调，把这个新经济作为弯道超车的一个很好的发动机。2016年，我国数字经济的占比达到了30.1%，将近三分之一的GDP来源是数字经济贡献出来的，仅次于美国。不过这个是绝对值，从增速的角度来说，我国数字经济的增速高达16.6，我们国家第一次在数字经济领域有机会实现超英赶美。

今天我们谈智慧城市，除了谈经济，还要看一下在城市发展中有一些时间变化。城市化建设是我们国家20多年高速增长的核心要素，也是未来20年的主旋律。在过去的20年里，我们国家的城市化增长情况是27%，这是一个渐进的、不可逆转的过程。随着城市化的不断提高，人口不断聚集到城市居住以后，可以看到与城市相关的GDP经济的产出量是越来越高。2015年国家统计局的数据，是按照不同的行业划分GDP的，如果把城市相关的行业一起做统计的话，对我国GDP的贡献和城市相关的比重会超过90%，城市化的建设事关国家的整体建设。这一点非常重要。

数字经济的融入，会给我们城镇化的发展带来一些新的动能。我们国家在城镇化的供应资产投资额是年年增加的，经济会带动城市发挥相应的作用，国家对城市化的投资也会越来越高，会从2017年的63万亿元，增长到2021年的90万亿元。在这么一个总投资额里面，除去一些固定资产的投资，光是看信息化技术的投资，增速也是非常快的。在这样的发展过程中，信息化投入的比重会从0.5%上升到1.3%，会给我们的城市发展带来新的变化和新的动能，包括重构商业模式。

然后是提高劳动生产率，比如滴滴打车，以前一个司机一个小时内，40分钟载客运营，20分钟空驶找活儿；现在有了一些共享的平台，大大降低了出租车的空驶率，实际上也是提高了司机的劳动生产率，促进了生产率的升级。现在的工业4.0，都是用信息化的手段推动我们的创业，把一些公共酒店或者是一些公共厂房开放出来，供所有有志向的年轻人去进行创业。

在数字经济时代，还有一个很重要的事，就是为什么从国内到国外，都对数字经济非常关注，就是因为它对整体经济有很强的带动作用。同样是对于经济的投入，比如是对于二产的，我把2000万资金投到一些厂房的购置、设备的购置上，在工业化制造的投入以后，经过经济学专家的测算，对GDP的提升大概是5000万元；如果把2000万投到云中心、网络、大数据的领域中，推动传统产业的升级，带来的是1.8个亿，数字经济带来的红利是传统投资的3至5倍。正因为如此，才促使现在的各国政府对数字经济高度关注。

在农业时代，我们主要有耕地、林地这样的经济要素；在工业时代，铁路、公路、机场等是推动经济发展的重要要素；到了信息时代，云计算、大数据、网络推动了数字经济的发展。我们的数据中心、我们的宽带网络、物联网就是我们在数字经济时代下的一只铁公鸡。

我非常喜欢智慧城市和共享经济这个议题。数字经济的基础是物联网，我们的移动网络，我们的宽带，这些正是智慧城市建设的核心要素。智慧城市建设不但可以解决政府管理方面的问题，更重要的是数字经济可以推动智慧城市的发展。从另一个视角看，数字经济推动城市弯道超车的现象，我们可以用一个非常有意思的数据来证明。我们就用房地产的一个数据，来看每一个地区商业楼占房地产的一个总量的比重。以往炒商业楼的人会多一点，这个比重可能有一点点水分，随着去年开始的调控政策，商业房越来越回归其商业的本质。一个地区商业房的总量代表了经济活跃的因素，能够起到带动经济活跃的作用。比如北京是21.5%，上海是18.9%；除此之外，广州、深圳、杭州都是我们国家的一线城市。贵阳的商业房占房地产的总量是13.7%，这个量超过了广州、深圳和杭州。它把经济做得这么好，一定是有它的具体做法的。其实贵阳这个地方很有意思，好山好水，可也有很多限制。首先，绿色生态是它的一条底线，它不能以破坏生态去发展经济。爽爽的贵阳是很早就打出去的品牌，旅游占了很重要的比重。这时候要发展，又要保持生态不受破坏，数字经济是它选择的非常好的路径。当时我们还觉得这是迫不得己的选择,但通过近几年的实践来看,贵阳确实找到了自己的发展模式,每年的数博会已经成为大数据产业的标志性事件。有了这么一些标杆,有了这么一些产业的集聚,贵阳找到了在数字经济里的发展模式,这是非常值得其他城市学习的。

华为对数字经济、对信息化的推动,是有自己质量保证的。我们有一个GCI全球连接的指数,根据我们的测算,GCI提升一个点,这个城市的竞争力就提升2.1%,创新能力提升2.2%,生产力提升2.3%。我们希望从华为的角度,不断推动城市建设的信息化,发展自己的数字经济,最终提升自己的经济水平。

接着我们看一下智慧城市的发展及新型智慧城市。智慧城市为什么要做,这是一个老生常谈的问题了,它可以解决我们的交通问题、医疗问题、能源问题等城市病。智慧城市是数字经济的重要抓手,可以推动经济的发展。智慧城市的发展实际上起始于2008年,就这么一个概念从开始走到现在,这很长的一段时间,先后经历了三个阶段。第一个阶段是从2008年开始,IBM在全球提出了智慧全球的理念。2008年的这个阶段,还处于概念的炒作,更多的是由企业在推动,在主导。第二个阶段是从2013年开始的,标志性事件是那年的3月,住建部下发了第一批智慧城市试点的决定。总体试点的城市加在一起已经超过了600个,主要是由政府部门来推动的。第三个阶段是从2014年开始的,越来越多的人开始意识到智慧城市是一件大事,需要从整个国家层面统筹协调,很难靠一个部委去推动,所以才有了2014年八部委发布了关于智慧城市健康发展的意见。2014年10月,进行了促进智慧城市协调发展的制度性安排,之后还成立了新型智慧城市的协调工作小组,这已经到了2015年12月。到了这个时候,智慧城市从一个部委的事,变成了国家层面的事,所以我们叫作部委联合、国家主导。在这个工作组里,目前是以双组成的模式推动的。

2016年4月11日,国家发改委、中央网信办提出了建设新型智慧城市的总体要求,第一个是理念上要新,更加注重以人为本,为什么会有这么一个说法呢?以往智慧城市建设关注点确实没有完全在老百姓那里,也就是真正有获得感的不是老百姓,而是在提升政府内部的管理上,在部委内部的垂直化管理上，所以这次新型智慧城市建设一定要以人为本。第二个是技术上要新，强调统筹协调，一个是跨部委之间的统筹协调，另一个是政府和企业之间统筹协调。第三个是机制上要新，把安全可控提到了一个重要的层面上。我们现在越来越意识到如果没有安全的一，那么所有的建设都是零，都没有意义，因为智慧城市是要将数据进行整合的。有了这么一个发展目标，其实是明确地把新型智慧城市建设提到了国家战略的层面上。

新型智慧城市是如何衡量的呢？国家也给出了相应的评价体系，我个人认为比以往的指标体系有了很好的改进和突破，里面分成九个领域，包括惠民服务、生态宜居、信息资源的利用等。还有下面一层，我们把它叫作引导型的指标，更多的是指引导型建设、信息资源的共享公用、网络安全的情况。这决定了智慧城市未来可以走多远。除了这两个层面和以往智慧城市的差别外，很有意思的是一上一下，上面的是市民领域，这一层面评分的方法不是各地政府自己上报数据，而是由国家信息中心统一去评分，包括靠微博、微信，直接以调查的形式取得信息，而且占了20分。这个评分体现出了以人为本，真正让老百姓有获得感。下面的层面打分都很高，因为他们在信息化投入方面是比较高的，但从老百姓直观的评分来看分数并不高。这可以说明不同地区的政府对信息的投入，是不是真正做到了以人为本，这也是这次新型智慧城市重点以指标体系做导向的原因。最后，城市特色是指除了规定动作之外，还可以报一些自选动作，一旦你的城市定位为旅游城市，或者你是一个产业园区，都可以把自己的特色报进来，这样能确保指标体系吸纳新的思路。

有了新型智慧城市的理念，我们认为它从五个方面提出了挑战。第一个是顶层设计，从大处着眼、小处着手，统筹协调，关注体验。新型智慧城市关注的是360度的市民体验，这时候不可能用戴着帽子就能行的方法去做了，所以一定要有一个从大局统筹的角度出发；而顶层设计是连接城市发展战略和后期分步实施最重要的核心的环节，在这里，顶层设计的重要性会进一步显现。在新型智慧城市的建设中，我用怎样的机会架构，引入怎样的新型技术，钱从什么地方来，商业模式是什么，都需要细致而周密地考虑，都需要依托一个高水平的顶层设计去解决。第二个模式，一个新型智慧城市需要模式的创新。我们参与的小规模资金大概是10个亿，大规模的是在50个亿以上，一定是需要有一个更新的商业模式去解决资金问题。比如政府成立一个城投公司，然后城投公司和牵头的企业成立合资公司，在这么一种模式下会有很多变化，根据业务类别的不同，也会有很多分支；在一些比较容易运营的领域，越来越多的是采取特许经营、授权、参与机构自负盈亏的形式。再如教育、医疗、政府资金的领域，更多的是通过购买服务来解决；而对于平安城市、纯粹政府内部管理的，则采用自建的模式，政府的购买行为也从买设备，转向更多地购买服务。第三个是生态，新型智慧城市需要的是化学反应，对政府、企业、市民360度体验的关注，带来了需求的高度差异化。差异化的长尾需求和智慧城市建设的复杂性，决定了无法一家独大，而必须依靠生态，需要有一个很强大的生态体系。至于如何去进行创新，如何整合各家之长，如何实现1+1大于2的效果，我们需要的不再是简单的加法，而是一个乘法的作用。第四个是平台，我们有了这么多的合作伙伴，怎样整合在一起，就需要一个很好的平台。现在的智慧城市更多关注大数据的能力，这对平台性能提出了更高的要求；对一些新型功能，对平台的时效性、知识的可靠性，也有一些更高的要求，要求智慧城市有一个非常强大的平台，能够把各家的合作整合在一起，所以我们说平台成为新型智慧城市建设的立身之本。目前我们在国内很多智慧城市的建设上，也是强调这个平台的建设。

最后说一下大数据。大数据是在新型智慧城市里变化最大的一点，国家从2013年到2016年发布了许多与大数据相关的政策，基本上每年的发布量都是翻倍地增长，从中可以看到国家对大数据的关注度。从老百姓的角度来说，大数据也是每天应用最多的。大数据的建设水平，代表了一个城市的智慧。

前面说的都是对智慧城市的理解，那么华为的智慧城市的理念，可以用三句话来说，就是以人为本、数据融合和新生态圈。以人为本是指政府、市民和企业三个对象，和国家提出的以人为本的概念是一脉相承的。数据融合，就是说华为本身不是一个资源型的公司，不能生产出更多资源，我们只能向数据要资源，通过数据让提供者和使用者实现更好的匹配。新生态圈，是指我们和合作端一起打造共生、互生、共赢的生态圈，用平台加生态解决我们客户的需求，提供整体性的解决方案。

以电信为例，华为在国内智慧城市的建设中，很多都是和我们的合作伙伴一起做的，因为华为更多的是做架构的设计和ICT的平台，然后让电信我们的合作伙伴进行总体的集成，最后给客户提供总体的解决方案。从解决方案的角度，华为智慧城市的解决方案是整体架构，一云二网三平台加N种应用，云平台承担了我们信息基础，两张网是城市通信网和城市物联网，更多的是解决连接物与物的工作。这个网络以往我们关注的是通信，现在的趋势是人和人之间的事情、未来物联网带来的数据量，以及通过数字经济产生的经济效益，有可能在未来会远远地超过城市的通信网。我们这里大概有200名的嘉宾，但是有多少设备可以进行信息的发送和接受呢？设备的量是远远超过了人的量，而且设备的量是几何倍于人的量。在网络之上有三平台，就是大数据的服务支撑平台、IDC的运营平台和使用的平台。通过生态+平台战略，帮助城市获取数字经济时代的红利，包括通过物联网的平台，对相关的共享单车进行有效管理。

最后再给大家举两个例子，第一个是深圳龙岗的智慧城市建设，它取得了2016亚太智慧城市领军城市的大奖，通过深度清洗、比对和关联，通过对信息的整合，真正做到了简政放权，做到了一窗式政务管理，等候的时间相应缩短了50%，这个平台也深入了下面的街道等。通过一些新型手段的布设与应用，龙岗公安分局也摸索出了一些新的规律。以往他们的布设是以街道为主，通过人脸的布设，他们调整了警力部署，当年便取得了治安警情同比下降29%的成绩。以往要给孩子办理上学事宜，其家长需要先准备相关材料，在劳动局开具就业的证明、社保局的证明、计生局的证明；若是流动人口的话，还要提供房屋租赁的证明，大体要花费20天时间；现在通过线上提交相关资料，背后的信息是整合在一起的，综合式的管理，一天就可以办完了。通过智慧城市的建设，做到了数据多跑路，群众少跑腿。

另外一个案例是敦煌，发展数字经济，驱动丝路重镇的发展和腾飞。大家十一的时候是不是看到过微信上的一张照片，沙漠里面有很多驼队在行动，这是浩浩荡荡的游客，敦煌每天的游客多达5万人，敦煌市主城区的人口还不到5万人。这是在旺季的时候，可一旦到了冬天淡季时，景区的游客量会直接掉到1000人。所以这就有了很大的问题，当旅游旺季时，没办法承载这么大量的游客进入；而到了淡季时，又浪费了很多旅游服务的资源。华为就辅助他们进行了智慧城市建设，用大数据解决问题，把淡季的游客数据抓过来进行一些分析，这些人来自哪里，他们喜欢什么，他们在哪些景点停留的时间比较长，住的是什么档次的酒店，然后用互联网营销的手段，对有类似特征的人群进行有针对性的营销，用这种方法提升淡季的游客量。同样，在旺季时，又将游客停留的地区，通过数字化的手段抓过来，判断游客在游览过程中的满意和不满意之处，提升他们对旅游所希望的体验。为了做好智慧城市这件事，敦煌市还成立了一个专门的旅游公司，把整体的智慧城市的重任接过来，结合线下的资源，整合起来输出到全国，先从西部开始，现在已经进入了八个地区，有关旅游数字化营销的排名，这个公司已经排到了全国第三位。从一个点的产业带动，带动了一条线的产业，同时基于智慧城市、数据中心的基础设施，有了横向的扩展，扩展到了医疗、教育、数字家庭，从单一的产业发展，变成了带动多个产业的发展。基于这么一个布局，真正地通过智慧城市，形成了T字形的发展，促进了敦煌这么一个县级市的整体经济发展。

华为是一家全球型的公司，我们在全球都积极参与智慧城市的建设，目前已经达到了全球40个国家、国内120个城市的智慧城市建设规模。我们也在进一步学习，包括和电信等合作伙伴一起配合，希望在智慧城市领域内做出更大的成绩，配合我们的数字经济、共享经济，推动国家经济的发展。我今天的汇报就到这里，谢谢各位！

王智勇：刚才三位专家围绕着今天的主题，进行了精彩的发言，下面大家可以提问，看看有什么问题？

提问：我是一家投资运营公司的，想请教一下华为的洪总，你的发言中举了龙岗和敦煌的例子，我们在一、二线城市遇到的最大问题是沉没成本，他们的城市太先进了，没有办法去迭代和更新，所以我们会找一个新城尝试这么一件事。如果一个城市正在用4G的话，你让他马上用5G，他多半不愿意，但如果这个城市正在用1G的话，领导会马上同意，甚至直接换6G都没问题。所以智慧城市在西部地区很容易推，在东部却很难。上海某区推一个智慧馆，那成本是10亿～50亿元，具体到每平方公里，有多少是硬件要收的费，有多少是软件要收的费，如果我们作为投资运营方出现的话，我们可以获得25个部委的什么补贴和奖励？

洪小舟：从投资的角度，一个智慧城市建设大概是10亿～50亿元，ICT基础设施，在里面占比大概是10%到20%；从华为的角度，比较关注的是市场份额，五分之一的空间是华为比较关注的，上面的应用华为更多地起到了为他人作嫁衣的作用，由各个合作伙伴去做相关的应用。

以前传统的智慧城市，还有一些相关的资金之类的问题，现在国家更鼓励采取不同商业模式，去解决资金上的问题。当然，一些开发性的银行也会有专项资金的投入，比如长期、低息的贷款，但是绝对依靠部委下拨经费的，现在已经越来越少了，并且我个人也是赞同这种行为越来越少的，赞同真正通过政策导向去激发市场活力。

马益民：其实目前很多的项目，一旦被列为智慧城市的项目，应该是一个我们称之为BOT的项目。它是一个可运营的体系，我们这次给市里提要求时，也专门提了这个问题。并不是越便宜越好，关键是看它可运营的能力有多强，因为这不是一锤子买卖。您说的从1G到4G，其实是一个逐步提升的过程，所以目前的建设方、维护方马上会出现这样的问题。我们一直希望有一种BOT的模式，是维护、升级一体化，而不是谁便宜谁中标。

2018年：智慧城市与社会公共服务

主持人
苏秉公
上海华夏文化创意研究中心理事长

出席领导
周太彤
上海市政协原副主席
徐建民
上海市政协经济委员会主任
梁兆正
上海市科协副主席
丁宝定
中共上海市黄浦区委副书记

演讲嘉宾
赵宇刚
上海市发展改革研究院体改所所长
朱　洁
腾讯华东总部党总支书记、公共事务高级总监

　　苏秉公：我们今年论坛确定的主题是"智慧城市与社会公共服务"。今天出席的领导有原上海市政协副主席周太彤、市政协经济委员会主任徐建民、市科协的梁副主席、中共上海市黄浦区委副书记丁宝定，还有一些是我们的政协委员、科普工作者，以及一些企业的代表。今天我们就围绕这个主题，先请周太彤先生、市体改所所长赵宇刚先生和腾讯公司的朱洁发言，大家欢迎！

　　周太彤：各位来宾，非常高兴能在每年举办的论坛和大家进行互动。下面我想就智慧城市中的公共服务选一个切入点，谈谈如何推动政府职能再造的一些粗浅认识和体会。

　　第一点，智慧城市追求的目标，应该是让这个城市的运行更为高效，更为智慧，让城市的各个方面不断地存在感知化、互联化和智能化。目前，上海这座城市仍处于高速发展和经济增长方式不断变化的新时期，智慧城市的建设，始终是城市发展中的内在要求，特别是在市委刚结束的全会上，确定了2035年到2050年要努力建设成为卓越的全球城市这一目标。我想智慧城市

应该是这个力求成为全球顶级城市目标的一个标配。

如果是顶级城市,基本的标配就是其城市一定是智慧化的。这也是城市卓越与否的重要标志;换言之,城市卓越不卓越,就看是不是智慧,它是经济发达活跃,生活宜居便捷的重要的前提。通过智慧运行,不断完善城市的公共设施,发展教育、科技、文化、卫生、体育、人居等公共事业,为各类主体参与社会活动提供有效的社会条件。

很显然,智慧城市可以推动和改造的领域是十分宽泛的,广义的社会服务是要为城市的发展提供良好的社会环境和智能环境,比如维护社会治安,爱护社会公共财物,新办各种公共工程,完善各类公共设施,保护公共环境和公共生态平衡,这一系列的社会公共产品都应该是全球城市和现代化进程中必须具备的。社会公共服务的需求如此之大,但以往城市公共服务少有随着人口聚集、主体集中而提高效率。

我们也关注了城市发展的曲线,有这么一个好的轨迹,就是人越多,总体越是集中,城市越是聪明,城市的效能也越高。但在城市的运行方面,又恰恰是一个倒曲线,就是人越多,主体越是集中,城市运行的效能往往是下降的。我们发现城市功能的每一项改进,总是被动地随着重大事件的发生而发生,而非主动或者是智能型地进行调试。这是城市工业化进程中不足的原因。工业化进程的不足,城市的组织能力有欠缺,也可能是城市二元体制、机制脱离了城市发展的进程,有时候去近郊的反差很大;或者是部门的分割,使城市中的种种矛盾被消耗成了一个走样的城市,公共事务的矛盾往往等问题成堆、事件突发时才决定应对。现在的城乡环境杂乱,杂乱到一定的程度,才会下决心整治。我们缺少依托智慧对公共服务领域的常规运行。我们的常规运行应该逐步转到智慧运行的依托上,应该以被动的城市运行转到主动的运行城市。城市公共服务水准的提高,需要一个内外的应对。新技术革命给城市运行服务带来了新的机遇,大数据、云计算、人工智能为城市运行提供了新的可能,这也是城市发展的卓越之路。上海应该体现在智慧城市的高水准上,应该落实到公共服务的高效率上。智慧城市必须把握趋向,主动地适应和驾驭。

建设智慧城市和提高公共服务,政府要把握着力之处。政府职能再造的着力点在什么地方，应该努力聚焦到社会公共服务的难点、痛点和堵点上。社会公共服务建设的核心必须围绕人的服务，强调人本服务。公共服务的核心还是围绕着人的服务，强调人本服务。现在最时髦的话是人本经济、人本事业、人本产业，围绕着人开展着一些事，为人服务是重点，是人的养护的事业，人的素质提高的事业，人的安居的事业。要落实到人的优生优育、养老、照料和看护。人的素质的提升，通过智能的训练方式，提高教学，特别是提高职业技能方面的水平。人的安居通过智能改善居住环境，比如说居住地周围的河流、绿化和空气等，应该围绕着人本的社会公共服务的信息化。总体上上海进步很快，比如说市民公共信息的查询、公共图书馆、导医、导购、地铁等公共场所人脸识别系统，以及现在正在大规模推广的道路交通指示设备等，都走在了全国的前列。

人的服务有一条是非常重要的，就是医疗公共服务。如何通过智慧城市更好发挥调节普通的医疗需求，释放高端的医疗服务需求，这里面有很多文章可以做。除了涉及医疗政策的引导、制度的调整、医疗成绩的配合、组织引导，其背后应该充分借助智慧城市的力量，把上海三级医院、三级医疗资源和基层医疗资源的优势充分发挥出来。比如说支持互联网的公司专业团队和政府原有的基本服务进行合作，推进专业的远程医疗诊治，发挥专业团队的优质医疗资源的潜力。看来围绕着人做智慧的服务，前景非常广阔。

第二点，智慧城市要保障城市各类资源物质高效地流动，能够高度地扩展，促进城市一通百通。其中的核心是解决生产要素的流畅、流转和流动中的堵点。

生产要素第一位的是人员流动。这里涉及人才的自由流动和积聚，人员在城市中便捷进出，用人单位如何高效地配置各类人员，各类创业人才如何获得机会；同时城市为人才施展提供尽可能多的公共条件，比如说共享办公、订餐、共享交通等，这里面大有文章可以做。

第二位是货物流动，其中涉及航空、水运、公路等。上海建立了各类数据化智能交易平台，作为枢纽城市，应该考虑怎样达到高效合理的优化配置，切实降低全社会物流成本在GDP中的比重。我们现在的比重是18，先进国家是9，我们要从18降到9，那么流动的价值就会凸显。

第三位是资金流转。上海立足金融中心建设，金融市场不断开放，使得资金交易远远超过了世界上的多数大城市。以前资金防堵是针对资金的流动规模，之后又着力寻找平衡点，既要鼓励金融创新，推动各类资金快速流转，也要防止监管不及时、中转脱轨等状况的发生。在及时应对方面，需要有一些新的闸门落实到强化资金监管和促进资金便捷的平衡点上。

第四位是技术发展。从智能芯片等核心元器件的研发、制造入手，加快国产化进程，推动通信服务行业的加速发展。信息流通拓展了生产应用、生产服务等领域，信息服务的要素使得社会发展大大超前，但智慧通信在公共服务方面仍存在着步调稍有滞后的现象，如地面上的电线现在还显得较零乱，电信、移动、联通各装各的箱子，上面没有了，下面又乱了。再就是通信交流、电信公共服务的基础价格，止明显影响电信消费能力的扩大。国务院有关部委已几次督促，要求电信部门降费。这次中央巡视组进入了三大部门，进行专项调查。要好好把电信的基础费用降下来，当然从长远看，还需要依靠互联网的通信手段竞争降价。

第五位是交通便捷。公共交通的短驳衔接应该有所改进，以促进产城融合，形成总团式的城市发展布局，而目前城市内的道路运能总量仍面临着增长困难的现实情况。要针对主次干道分布不均，运用智能的方法，将环外拓路、环内拓能结合起来，中心城市着力提高现有道路的运能水平，更多依靠智慧的方式，全面改造道路交通指挥系统。杭州已经实行全城智慧交通指挥系统，上海也有，主要马路一路上都是绿灯，但还是有很多道路做不到。上海要积极调整现有交通通行规则，积极调整有关管理制度，全面提高入网承载能力，提高公共交通优先的战略，通过智能判断来配置不同的交通工具，处理好大运量交通工具和其他各种运输工具的平衡，使公共交通更好地体现城市公共服务的职能。

这里说到了主干道和次干道配置的问题，交通系统的问题，大中小微交通工具的配置问题，这些都应该建立在智慧交通系统的配置上，进行内涵式、拓能式的调整。现在我们的规划落后，看到大虹桥这里开过去不行，最后搞了一条71路专用道。除了救护车、消防车等可以借道，其他社会车辆都不允许。政协委员在讨论的时候，就提出了有没有更智慧的方法。我们的公交不都是直线式的，还必须保留若干公交线路，于是四条线路的，两条变成了公交道，还包括有高架上匝道和下匝道。这是整体设计如何进一步优化的问题。这两天肇嘉浜路也开始动了，这是好事。怎么样进一步做好做细，这里面可以做很多文章，关键在于智慧地解决，更符合全社会的需要和人性化的要求。

第三点，智慧城市的建设要有效地防范各类重特大社会风险。城市运行中经常会遇到各类重大风险和生产安全、消防安全、台风、暴雨、潮汛，还有大客流的突发风险，这些在国内外都有智慧处置的成功案例。比如安全生产，所有危险品都有网络定位系统，上海这一条做得很好，这些年大规模泄漏事故很少发生。再比如大客流突发事件，这次外滩地区就做得不错，人墙已经训练了三四年，还搞了智能的地面、车载、人载的引导系统，包括行人过街引导系统、灯光控制系统。这些都要依托智慧的方法来解决。

今年台风频发，基本都是正面攻击，上海高度重视，严防死守，做得相当到位。凡是这些社会防范的公共服务，既要靠人来组织分流、应对，更要靠智慧的技术来防范。最近看到中央电视台的智能大赛，西北工业大学有一个叫"小九科技公司"，他们是专门做计算机模型的。历年数据的积累，精确到大人流中的小事件，如15000人回到学校吃饭怎么办？一个食堂饭点时进多少人，他们做方案，误差就只有百分之零点几。过去我们主要是在图片里看，看到了地面30%，看到了肩膀70%，看到了头部，所有的武警都要出动了。现在小九公司把历年的数据，所有的入口、出口都放进去了，科技是可以比较准确地预测大事件中的小概率事件。所以我们现在有了智慧，拍拍脑袋就可以了，领导的决心还是建立在科学的预测基础上的。

我想这些涉及数据的搜集样本，历年的规律积累，通过科学的方法，寻找应对的方案，这是城市精细化管理的智慧过程，这一条一定是全球城市的服务水准。

智慧城市所面对的公共服务，要体现在公共秩序的维护上。让城市的居住者、企业经营者有最大的安全感，这不是社会风险的安全感，而是另外一种安全。在防范方面，上海的安全感是值得称道的，但在经济秩序上，上海这几年好像有点防不胜防。智慧城市在这个问题上不能不作为，智慧城市一定要体现在这一方面。比如个人隐私的保护和防范侵害的问题，《新民晚报》曾有一篇民生调查，一位记者提出万人互联、万物互联给我们带来了便利，也带来了不恰当、不安全危险。个人数据信息和隐私之间的边界模糊不清，也为用户的隐私保护和数据安全带来了更多的不确定性。隐私的侵害在于安装和使用手机App需要获取的权限，包括话筒录音、摄像头、读取短信记录、位置信息、访问联系人等。你不授权的话，就进行不下去。调查还讲到有的手机自带App不能卸载，有85%的被调查者遇到过个人信息泄露，56%的人受到了电话和短信的推销骚扰，还有涉嫌诱导和过度的索取。安装手机App中未获取隐私权限的仅占了千分之一。我看了感到很惊讶，1000个人中只有一个人坚守住了自己的权利，这个东西很危险。面对这样的情况，除了消费者的自我保护和消费者协会、媒体的舆论谴责，真正触犯法律并受到惩处的只是少数。

无锡市最近抓了一批成批倒卖个人信息的违法分子。对于这种过度索取的定位，除了要建立规章规范，另一个更为有效的方法，是要通过推行智能技术来加以有效的社会防范。用技术来抵挡技术，这是百姓对政府公共服务急切的需要。关于个人权利方面，还有一个是防范电信诈骗，这也是重点应对的难题。一个时期以来，利用互联网从境外向境内实施诈骗，采取的是高频的信息技术，通过更为先进的技术是可以拦截的。这方面我们互联网的几大公司都已行动起来，进行了介入，目前情况有所好转，但是更为复杂的电信诈骗行为并没有完全消失，仍然是社会的顽症之一。这就要求政府充分借助智能，在公共安全服务上再出高招。

利用互联网技术和虚假合同等欺诈行为干扰、破坏市场经济秩序，公安部门的整治是非常有力的。6月份以来，本市涉嫌这一方面犯罪的58人，已经抓获了48人。发生在长宁区的快乐集团这个集资诈骗案，就非常能说明问题。三年中，这家公司注册了319家下属公司，有十几个公司在运作，大部分的都是空壳公司。我们现在鼓励大家开公司，但是否就不能监管了？现在看来，还是受害者比我们认真，涉及金额400多亿元，受骗群众4万多人，大部分都是有正规合同的。如何大幅度地降低借用互联网技术或是利用正规的商业途径行骗作假，这是我们在经济领域的又一场硬仗。

还有一个要体现在产权的保护上，我们不仅要对公共和个人的财产进行保护，也要强调对知识产权的保护。现在对盗取、剽窃冒用著作权的案件，都是利用先进的技术加以甄别查询。这是智慧城市所对应的公共服务，从政府智能的改造的角度，体现对人本服务的职责上。我们再造要围绕这个事情，体现在对生产要素的流程上，体现在对社会运行的安全上，还要体现在对社会公共秩序的管理和维护上。这四个方面是我们的着力点。

在智慧城市的建设中，提高社会公共服务，引发政府功能的再造。这里我想具体说三个小点，智慧城市的建设中，政府的理念要先进，城市智慧运行的优势要有充分的认识。现在政府的先进理念，不单是一个社会公共服务的管理者，更是一个服务者。加快智慧城市建设，提升公共服务，我们具有制度优势；我们不仅有组织优势，有调动各种资源的优势，还具有资源公共特性的优势。在公共服务领域，运行的主体是公共单位，拥有的是公共资源。上海在众多领域具有提升智慧城市公共服务的广阔空间，各类资料很齐全。上海的资料有的是100多年以前的，除了北京的中央档案馆，地方的档案馆上海算是好的。上海工业化的进程具有全产业的优势，有数据的汇聚，有资金的支撑，有组织优势、产业优势，上海有理由在智慧城市发展的新阶段实现新的超越。

前一段时间，上海召开人工智能大会，一些人工智能公司的大佬都认为上海是互联网经济利用得最好的。但是很可惜，没有说到我们是研发、转化得最好的。我们上海希望是一个转化和应用得最好的城市。新技术要落地应用上海有条件，互联网经济的下半场应该在上海。市委请马化腾开了一次讲座，他也说了下半场在上海，用最简洁的话打动了听众。我听了一下有道理，大量的前期工作不一定都在上海，然而应用的条件和应用的成功，一定在上海！这是企业家从市场角度对上海的一种敏锐识别。

大规模的智能技术在特大城市的应用，中国和外国比，我们有公共优势；上海和外地比，我们有资源数据集中和组织优势。大规模的智慧技术在特大城市的应用，不仅体现在新经济、新业态的发展上，也体现在社会领域的迅速拓展上，而且很多东西往往是先在社会领域加以体现，比如说小黄车、智能的送餐、物流快递，基本都是先进的智能技术在支撑。这必定会对政府职能提出适应、调整和再改造的要求。

第二个小点是智能城市的建设，在应用现代智能技术改进公共服务的进程中，会对政府职能再造起到一定的倒逼作用。城市运行在试运行的改造中，一般遵循的是组织技术的调整线路。过去我们的大单位，往往沿袭了苏联的管理模式，大的管理单位都有一个组织技术处或者是组织技术科，大的就是国民经济调整，小的就是单位内部的技术改造调整工作。组织调整也是一门技术，在铁路上就是调度，而城市运行一般是遵循组织技术调整的线路。所以城市的每一项调整，先前都是依托行政的力量，对资源利用和管理的职能延续集中、集权、集约的路径，减少摩擦，提高效能。这种职能调整的方法，多半是合并同类项的办法，合的多，分的少。跨部门调整职责的边界是重新整合资源，这种调整的路径有它的长处，也会带来一些影响部分职能的演化，使数据资源边界模糊。要改善这种现象，就要寻找一个既要跨部门，又要减少边界矛盾的新途径。现代智能技术为我们提供了一个新的方法，专家称之为区块链技术。区块链技术具有唯一记录、原始和过程信息的功能，又具有组织链技术的功能。尽管这一技术仍然在形成和探索中，但是适用政府职能的改造和提升。我们应该力求借助这一新技术，借助大数据云计算的智能技术，改变公共服务的路径，解决各个部门职能相对独立，同时又取得公共服务职能的集中统一。

这种公共服务可能不是行政事务，不是要求不同的部门都纳入一门式部门数据库内。区块链技术提供了完全不同的技术支持，在现有部门分工不便的基础上，使公共服务的事项真正落实。这就是既达到高速，又保留数据的正常运行，这是提供公共服务当中新的生机。借助先进系统技术，一定会倒逼政府职能的改造。

第三点是政府职能改造，应该是改造和重建的结合，控制好社会的风险点。这一切的前提是基于数据的准确决策和顺畅执行，同时对原制度渐渐改变。现在强调执行决议去中心化，既要高效服务，又不过多地打乱现存的格局。政府部门要适应这种变化，政府职能的再造不是推倒了重来，而是在原有职能分工的基础上，通过人工智能等各种技术手段，努力再造适应市场变化的运行新机制。只有城市运行信息技术的后台足够强大，部门职能的分工才不会成为数据的障碍,相反能成为专业细分的优势。按照新的更大的需求,需要新建的当然还要建。比如政府正在统合部门的数据,先是建立信息中心,这是政府提供公共服务的一个新的跨越。以往的信息中心只是数据储存和搜集的中心,还谈不上是真正意义上的智能处置中心。

我们现在要连通海量的运行数据,在处置的基础上,形成最优的数据产品,为政府决策服务,也为广大社会用户服务;不仅为城市管理服务,也为产业发展、社会事业、人居发展服务。我想这种智能支撑的社会公共服务,才是智慧城市的真正的意义!

我就向大家谈这么三点体会。第一个我认为这是全球城市必须具备的标准;第二个智慧城市的关键四个着力处,人、要素、社会风险及对社会秩序的维护;第三就说了一下智慧城市的改造,里面涉及我们的认知问题,新技术会倒逼我们再造,同时这个再造应该是改造和重建的有机结合,最终还是围绕着一个效率,没有效率的智慧城市的活动,也就失去了它的意义。在这个过程中,我得到了很多同志的帮助,他们给我提供了很多资料,于是这一篇文章就成了一篇很杂乱的文章,谢谢大家!

苏秉公: 谢谢周主席关于智慧城市下的政府功能再造的主旨发言,他从宏观的角度对智慧城市进行了很细致的剖析,指出了今后所要走的路。接下来有两位领导致辞,这是我们这次论坛的第二项论述,有请市科协的梁兆正副主席致辞。

梁兆正: 尊敬的各位领导、各位专家、各位朋友,大家下午好!智慧城市和社会公共服务论坛,于今天在市科学会堂隆重召开,我谨代表上海市科学技术协会,向莅临论坛的各位专家和各界人士表示热烈欢迎,向承办本次论坛的部门致以衷心的感谢。

人们居住在城市是为了生活得更好,今天我们以"智慧城市和社会公共服务"为主题,来探索城市与社会这一永恒的话题,正可谓恰逢其时。一个月以前,世界人工智能大会在上海成功举行,人工智能与产业变革、人工智能与市民生活、人工智能与公共服务等议题已进入了公众视野。智慧城市是人工智能的社会存在,而人工智能是信息时代的高级阶段。以大数据、云计算为核心,融合互联网、物联网,实现人人互联、物物互通、人物相融的产物，并成为改变世界的工具。

智慧城市是有人文温度的智能应用范例，智慧城市是服务政府和人工智能的叠加。它摒弃自上而下的管理，弘扬植根于人民的服务，既是有形技术和系统的关注，更是无形理念和姿态的体现。创建面向未来的智慧城市，实现社会公共服务的转型升级，是上海建设五个中心和培育四大品牌的有力支撑。随着上海市智慧城市建设"十三五"规划的正式实施，上海正在全力推进智慧城市建设，蓬勃发展的智慧触角已经延伸到了社会生活的方方面面。以一网通为代表的公共信息平台上线运行，标志着信息孤岛已经打通，行业壁垒开始拆除，面向公众的智慧教育、智慧医疗、智慧养老、智慧就业、智慧旅游和智慧文化的应用，将覆盖城市的各个角落，形成系统、共享的民生服务体系，让市民沐浴到智慧的阳光。

本次论坛对智慧城市和公共服务的时代特征和发展趋势进行深入探讨，为进一步加快智慧城市提供建议。期待在本次论坛上放飞思想，发表真知灼见，促进行业协同，为智慧城市和城市公共服务建设建言献策。预祝本次论坛圆满成功，谢谢大家！

苏秉公：谢谢梁主席的致辞，这次论坛是与市科协的经济委员会、科教文卫委员会、上海市科普教育发展基金会联合发起举办的，上海市黄浦区科学技术协会和华夏文化创意中心具体承办。今天我们还邀请了黄浦区委副书记丁宝定，下面请他致辞。

丁宝定：尊敬的各位领导、各位来宾、同志们，大家下午好！在这丹桂飘香收获的时节，由上海市科学技术协会、上海市政协经济委员会、上海市黄浦区公民素质领导小组、上海科普大讲坛办公室联合主办的"智慧城市与社会公共服务"论坛开幕了。这已经是我们连续八年就智慧城市建设的相关问题举办高质量的论坛，我谨代表黄浦区委、区政府向出席本次论坛的各位领导、专家和来宾表示热烈欢迎和诚挚感谢！

刚才周太彤副主席做了"智慧城市下的政府部门再造"的精彩主旨演讲，对我们的智慧城市建设非常有启迪。我的理解是加强智慧城市的建设，是我们学习和贯彻习近平新时代中国特色社会主义思想和党的十九大精神的具体实践，是建设网络强国、数字中国的重要的保障，也是我们上海推进"五个中心"建设有力的支撑。对于推进城市治理体系和城市治理能力现代化的建设，全面提升上海的核心竞争力，具有非常重要的意义。

智慧城市是应用物联网、大数据、人工智能等技术，实现对人与物的感知和智能服务，达到现实世界与数字世界融合，继而会不断地寻找各种各样的应用场景，推动教育、医疗、文化、养老、社保等迅速实现智慧化，这意味着今后人与人之间的交流都会快速、便捷地实现。尤其是近年来，上海把物联网、大数据、人工智能技术作为战略性新兴产业进行重点培育，取得了一系列突破，围绕着智慧城市开展论坛，一直是我们举办论坛的核心。

本次论坛的主题"智慧城市与社会公共服务"，集开放性、普及性、公益性、多元化于一体。我们的科学会堂主要面向并帮助社会公众及时地把握国内外城市最新的发展动态，为上海的智慧城市建设贡献力量。为深入探讨智慧城市和社会公共服务的问题，我们衷心希望通过这次主讲人所阐述的观点，经过碰撞，产生新的思想火花和真知灼见，为上海的城市建设提供丰富的理论指导，带来更具有针对性的启迪和帮助，有力地提升上海智慧城市和社会公共服务的整体水平。最后预祝本次论坛圆满成功，谢谢大家！

苏秉公：谢谢梁主席和丁书记的致辞，把我们一系列论坛的主题和主导思想都谈得很清楚了。接下来我们就进入专家发言的阶段，首先请上海市发改研究院总经济师、体改所所长赵宇刚先生做报告。

赵宇刚：非常感谢主办方的邀请。刚才周主席说了非常宏观的关于智慧城市的理解，我们有一个想法，什么是城市？我们理解，城市应该是空间上高度紧凑、经济活动高度活跃、服务高度集中的一个区域。上海要建设卓越的全球城市，这三个空间，经济和服务，都将是最高级的水平。所以周主席说到了一个伟大的城市，一个全球的城市，一定是一个聪明的城市，一定是一个复杂的城市。所以在城市的管理中引入智慧化，引入一个更加智能化的模式，其实是未来城市发展的一条必由之路。否则的话，我们的城市会变得越来越复杂，我们的城市很难去实现可持续发展。

在政府智慧城市和公共服务的主题下，我今天更多的是说政务服务如何实现智慧化。首先我想说一下互联网时代的一种新趋势。今天来的人的结构比较多样，我说得更多的是政府管理。政务服务大致经历了三个阶段，第一个是电子政务；第二个是互联网政务，现在我们更多的是谈互联网智能政务，我们用的OA系统，把政府管理中的一些纸质文件电子化，更多的是内部的，是单向的，然后有了互联网，就迈向了和政务交互的状态；第三个是更高效、更智能的形式，我们未来的政务形式，更多的是在一张网上，体现在平台上。现在上海推的一网通平台，得到了国家的认可。当时我们有一个问题，上海的政务服务做了很多事，但是我们碰到了对手，江苏提了一个口号是不见面审批，浙江提的口号是最多跑一次。这种情况下，上海的政务服务是不是也应该有一个品牌。

所以我们感觉政务服务的品牌如何去提，大家一直在讨论，我们还是要跟着趋势走。也就是我们的互联网+，这是我们政务服务的趋势，同时加了一个智慧。我们最终提出一网通的政务品牌，背后包含了两个因素：一个是我们的互联网，另一个是智能技术的应用。未来大家可以看到我们是怎样应用这些新的智能技术的，这些就不具体展开了。

第二个趋势是数据的资源化。要实现互联网的智能服务，要把原来的服务模式和服务要素数据化、资源化，特别是要将数据变成一种资源，而数据又不仅仅是一种资产，政务服务更多地倾向于把服务内容和要素进行数据化、资源化。

第三个是参与的多元化。其实有很多主体参与进去，而不是单一地提供一些服务。在城市管理中，为什么要引入我们的数据？为什么要引入我们的智慧？城市是越来越复杂了，我们这里如果有从事城市安全管理的人应该比较清楚，比如说在纽约市的整个中心城区，有25000家餐馆，会有一个副产品，就是它的一些废油，如果是倒在下水道里面会堵塞下水道。这个问题比较复杂，因为纽约的人工很贵，不可能在每一个下水道口、每一个餐馆的门口去堵餐厅的经营者，那这个问题怎么样处理？他们就借助数据的方式，所以在智慧的城市管理中，其实不是一一对应，而是在海量的信息当中找到关联点。他们找到了纽约市的诚信委员会，去排摸整个纽约的餐馆，付了油脂倾倒费用的占多少比例，有多少企业没有付过费用的。没有付过费用的企业增加排查和监控力度，排查的准确率达到了95%；也就是说，数据是有关联性的。

还有一个也是很有典型性的。纽约高楼林立，一共有100万栋建筑，那里负责100万栋建筑安全巡察的不超过30个人，那30个人如何管理，也是用各种各样的数据进行精准画像。比如说有一些数据，我们可能都不是很清楚，这些数据为什么会和一个建筑的安全有关？比如说污水的排放情况，承租人的违约情况，包括人员的进出情况等。这些数据看似不相关，但是可以看到这一栋楼管理的水平。这其实是对于纽约市建筑的精准防范，从原来的20%，提高到70%，所以数据对于超大城市的管理非常重要。

一开始是浙江做的城市大脑。我们现在也要看到城市的这种管理和公共服务，这需要有一个大脑去集中控制，集中配置。我也找了杭州的阿里，和专门做城市大脑的主要负责人谈了这个情况，他们认为城市大脑中最有创新的是数据的建设，背后是对城市数据的处理能力。我们慢慢地看到了信息是一方面，但是很基础，信息的后面有数据，数据的后面有分析，这些都很重要。纽约的CDO是首席数据官，将数据进行整合，最重要的是首席数据分析官，三官合一，这样的体制才能保证城市的海量数据出来以后，成为城市的决策。未来整个互联网+的政务服务有三个重要的趋势：第一个是网络平台化，第二个是数据资源化，第三个就是参与的多元化。

第二个方面是公共服务中的政务服务。互联网加政务服务所带来的政府治理的重要变革，是智慧城市对政府功能的再造，重建和整合的背后是理念上的完整颠覆。第一个是政府治理模式的转变，而这种转变，我们做政府的改革是比较清楚的，是从部门驱动向事件驱动转变。比如说你要去开一家企业或者一个旅行社，你到政府部门去申请的时候，会有七八个事项，但是对老百姓来说，他想和政府部门说的是我要开一家旅行社，我不是要123567，这些许可的背后应该是政府部门来整合，而不是我作为申请人要去了解的。未来希望我们的政府治理，不是给你一个个设定去审批的事项，而是为老百姓服务的本分，所以如何提高公众的感受度，我们的政府部门要做一个换位思考。我们要有店小二的精神，要有服务的精神，从老百姓的需求和用户的需求的角度去考虑。用户不是来办经营许可的，也不是来办消防许可的，用户是要来办一个旅行社，所以要从规模驱动向实践驱动转变。

第二个我们说互联网政务，可以推动我们整个政府治理架构的转变。这个治理架构的转变有四个方面：第一个是政务的数据要汇聚，第二个是政务数据要共享，第三个是政务数据要分割，第四个是助推整体性政务建设。新加坡提出了千百个部门一个政府，部门可以有很多个，但都建立在一个政府之中。我们要把政务服务变成互联网理念的体现，而互联网理念的体现，我们总结四个方面，这四个方面，其实都是互联网本身应该有的。

第一个方面是做服务，体验至上。我们做了这么多流程的归并，最终是要体验至上，也就是我们的用户，我们的老百姓，是不是觉得有体验，就好像是这个网站是不是做得好，你的这个网页是不是美观，不是工程师说了算，也不是经营者说了算，而是上网的人说了算。所以互联网最关键的就是体验，有没有好的用户体验，不管是腾讯还是阿里，都在强调用户体验，雷军每次开会的时候，会分享销售小米的用户体验。

第二个是做减法，少即是美。我们是希望高效安全的治理，希望做减法，希望简洁。比如你去买房，会发现手续非常复杂，包括过户登记。我曾经也去买过一套房子，也去卖过房子，最后我到房产管理中心的大厅时，我是晕的，我不知道应该去哪个窗口。最后我掏了2000块钱，找到了一家中介，由他们帮我一个窗口一个窗口地办下来。杭州就提出了把这些程序的后台集成化，尽可能减少面向我们用户的一个个窗口和烦琐手续。

第三个是做闭环，要有平台支撑。这个是非常重要的，也是互联网告诉我们的，是未来在智慧管理中，必须做到的事。我们现在上政府网站时，你会发现要一步一步地跟着做，非常复杂。大家为什么喜欢上天猫和京东呢？因为天猫和京东其实是一个平台，背后是有支撑的。当你看到了一个物品的时候，你只要点击购买付款，就可以等着拿到货物了。网络平台给你做了很多事，帮你解决了和银行之间的结算，帮你找到了最好的物流公司。这些行为，我们政府也一样需要在背后有这么一个集成。所以我们说的要做闭环，是希望点到了这个键以后，整个后台是有一个完整的支撑，我们要的是服务的结果，而不是服务的过程。

第四个是做互动，持续迭代。这也是互联网非常重要的经验，要不断提升体验感。我这次去了浙江，我们讲的政务服务，能不能像我们的网络平台，如天猫这样24小时都在线呢？但是我们又考虑到我们的公务员不可能

24小时为你服务，这个是可以用智慧的技术加以解决的。在浙江，他们有一个政务服务的自助机，对居民主体来说，政务服务是基于确定了你的身份以后，很多服务可以通过自助的方式来完成，只要锁定你这个人是本人。区块链+人脸识别，可以帮助我们锁定申请具体业务服务的那个人，他们有一个自助服务机是24小时的。我们现在一直说的一门式服务、一窗式服务，大家去办事的时候会有一个感觉，当你看到了很多窗口的时候，你会晕。但是浙江提出了无差别服务，即有20个窗口，标注的是1到20，这20个无差别服务的窗口背后的难度在哪里呢？就是接收材料的公务人员，他要知道将近1000个事项的收件材料的标准。每一位政务人员培训了将近一年，花了很多精力。不过在智慧城市的条件下，其实这一块的东西是可以通过人工智能来解决问题的。我当时也和他们提了，我说你们很辛苦地培养了一个懂1000项事务的人，你们的理念是符合的，但是通过人工智能+智能语音，就可以解决你们的服务。互联网+政务服务在未来是很有前途的，目前还有很多技术需要去突破。

然后我要讲我们上海推进政务服务，实现智慧化方面的事。我们要看一下到底还有一些什么问题是要去解决的。其实主要的问题在于三个方面：一个是信息基础设施还比较滞后，主要是城市的管理和城市服务当中的一些智能化的改造，还处在比较初步的阶段，还不能满足未来智能化公共服务发展的需要。当然这种改造确实是要花很多的钱，上次他们做过一个模型，像71路公交车强调的是整个智慧交通的管理系统，但是在这一辆公交车上，公交车本身还需要很多智能化的应用，来满足这个城市交通发展的需要。公交车上是一个小社会，会发生各种各样的问题。所以我们的综合数据汇聚能力低，这些都是我们硬件上的问题。第二个是场景应用的深度亟待深化。我们现在面临最大的问题是当我们的城市基础设施改造到位之后，我们的基础设施到底怎样实现城市管理和城市服务的智慧化呢？这个其实对我们政府部门带来了非常大的挑战，因为我们原来的政府部门习惯于传统的管理模式。面对这些数据的时候，我怎样去整合成比较有用的应用场景，需要大家有很多的开发，比如说对民营医院，大家都会有些担心，进去了以后，可能是一个巨大的黑洞，病没有看好反而花了很多钱。那么对民营医院的管理，也提出了非常大的挑战，我们可以用到区块链技术和网络化技术。第三个是我们现在还没有形成数据驱动治理的模式，数据如何在政府的决策和公共服务的供给中，提供比较有效的作用。这一块是体制机制的问题，在下一步的智慧化推动中，要解决三个问题：一个是我们的基础设施，让我们的城市能够有一双智慧的眼睛，能够有智慧的大脑和智慧的耳朵，这是硬件的准备。第二个是应用场景的开发，我个人觉得可以更多地借鉴美国的纽约、芝加哥这些发达城市的经验，他们其实是引入了市场化的力量，靠政府部门的自身很难拓展这种思路。第三个就是体制和机制的问题，我们已经有了大数据，但如果未解决好数据的分析、数据决策的应用场景的开发，可能还只是一个信息中心的升级版。我们希望是一个更好的数据中心的应用。

下一步，我们政务服务智慧化的体系是怎么样的，我们考虑这个体系就是三个层面的：第一个是最基础的物联网终端和感知；第二个是这些终端搜集的信息，能够在一个平台上得到有效处理；第三个是智能运营的平台，直接发出指令，为我们的管理提出比较精准的应用场景。那我想这是我们整个政务服务当中，可能是整个城市管理当中智慧化的一个体系，就是要有一个很好的物联网的终端，有整个信息和数据的汇集能力和处理能力，最后要有一个执行能力。

我们主要有四个方面的目标，第一个是希望通过智慧化，使我们政府的政务服务能够在一张网上实现，所以需要最终打造一个整体的服务场所，要让数据多跑路，让我们的居民和企业少跑腿。第二个是要体现智能化。第三个是要体现国际化。我们的政务服务，最终不是我们自己的一个小小的局域网，而是一个协同化的大格局。在目前以上海为龙头，推动更高质量的长三角协同化发展，把我们管理的效应更好地复制和辐射。第四个是智慧城市发展的五个方向。刚才周主席说了很多，有的我就不具体展开了，公共服务和社会管理应该是一体两面的事，特别是现阶段，比如我很惊讶我们的智慧城市论坛已经办了近十年，可见我们的主办方其实对这个问题非常敏锐，比较清晰地看见了未来整体的应用方向，因为我们的技术已经逐步成熟了。如智慧交通我们是希望建成智管、智行、智停的运行体系。71路只是一个试验，它可能会有一些资源的浪费，可如果是一个更大区域的道路资源的调配，又可能会解决71路所带来的小小困扰。智慧交通是我们城市大脑最开始要做的，也是最容易做的，上海这一块做得非常不错。我们在未来这个城市当中，无人驾驶越来越有可能成为新的交通出行方式。在这种情况下，我们如何来应对，特别是现在大家都在关注的是智能网联汽车，还有一个就是我们的道路基础设施如何智能化。只有道路设施智能化了，我们的智慧交通才会有可实现的场景。

智慧城管对我们上海这么一个城市来说，其实就是城市的一些市容、街面，表面来看这是很小的一件事，但上海是一个超级大的巨型城市，特别复杂。可能一些小小的事情，就会引发很大的反响，所以智慧城管方面有很多的应用。我们现在在智慧城管方面，更多的是通过一些智能摄像头的应用。我们想未来我们还是希望有更多的场景可以放在里面，比如说纽约的场景，芝加哥也有。芝加哥会对一些大型活动，做一些智能的预判。在大数据中找到小概率事件，这一块我们也做了很多应用，包括对垃圾桶的管理及下水道的污水的管理，污水到一定的程度，就会进行报警。

还有是智慧环保，这个我不具体说了。

关于智慧安防，这个也很重要。我们讲城市未来的竞争力在哪里，安全是城市竞争力的一个很重要的因素。城市只有安全了，才会吸引更多的人和更多的资源，所以城市的安全也非常重要，包括整个城市运行的安全和生活中的食品安全问题等。

后面还有三个方面。一个是智慧养老、智慧医疗和智慧社区。我们在提供政务服务当中，比如说智慧养老方面，也是我们未来会碰到的一个很突出的问题，因为上海的深度老龄化会越来越深，上海的人均预期寿命应该是排名世界前三的。我们的生活条件和医疗条件已经达到了很高的水平，所以深度的老龄化是我们城市发展过程中非常突出的问题。现在智慧城市的公共服务中，很多都集中在智慧养老这一方面，特别是一些独居老人如何防范各种风险等。第二个是智慧医疗，第三个是智慧社区。关于智慧社区，我们听过一个案例，现在小区里面很多人喜欢骑电瓶车，这样会有一个集中的停放点。原来大家都是随便插电充电，容易引发火灾，后来集中放在一个地方，也会有安全隐患，而且这么一个区域，还需要派专人进行管理。这一块去年出过一件事，我们请外地的来沪人员专门管理电瓶车的停放，他于是将停车房间的三分之一作为他的暂住点，把他的家人也接了过来，最后由于充电不慎发生了火灾，把一家人烧死在了房间里。所以社区有这么一个需求，但是我们在管理上，常常存在这样那样的缺位，因此有人提出了上一整套安全体系，一旦出现任何异常，马上就有相应的联动机制来解决这个问题。

其实未来通过智能的技术、智慧化的理念，可以让我们的城市更加安全，服务更加有效率。很多年以前，我去华为参观，华为向我提了一整套的智慧城市设想，上海到底可以做些什么，特别是在政务服务中可以做什么，我们怎么样在长三角中发挥城市的引领作用，这些都值得思考。

我们觉得有这么几个方面，一个是以区块链技术为基础的证照库的引用。我不知道大家有没有这么一种情形，每次你去办事都需要填写很长的个人信息，其实这些内容通过电子证照库都可以解决；以信息的安全和隐私的保护，以及信息的不可篡改性作为基础，这将大大改善政务服务的体验。另一个是以人脸识别技术为基础的远程设备技术应用。比如说你一个星期以后要出国，你吃了晚饭以后在家里，通过人脸识别，将所有的事情都可以办好；一个星期以后，就可以把护照寄给你了。我今年去香港，因为港澳通行证过期了，跑了三四次，最后支付的制证费只有两种选择，一种是现金，一种是刷卡，因为我现在很少带现金，我只能骑车回单位拿现金，所以未来的技术是希望给我们带来更多的便利。再一个是智能语音客服代替大量的企业人工客服。这一块可能还是比较远的东西。很多人提出过，但我们已经提供了网上不见面的审批了，还有什么不满意的呢？他们觉得和政府服务人员有一个直接的沟通，会比较安心，否则的话，整天面对一个冷冰冰的网页，会不会有差错都不清楚。一些老年人对网络不是很熟悉，另外他们也希望有这么一些面对面的体验。有一个区的行政服务中心主任问我，你觉得老百姓对于我们政府提供的服务会有什么样的感觉，哪些东西会让他觉得不满意，哪些是他最满意的？我说政府提供的服务最让老百姓满意的一定是办成事。他说不对，我们专门做了一个数据调查，不单是结果要让他们满意，同时过程愉快了，怨气也就少了。所以服务本身是一种体验，在办不成的过程中，希望有一个比较好的服务体验。这一块也是我们未来可以去增加服务的方面。

我今天主要是讲政务服务当中，我们上海如何应用新的技术，用一些新的理念，体现上海这座城市这么一种服务的能级。

苏秉公：谢谢赵所长的精彩发言！他的发言对周主席说的一些东西有很大的拓展，不过这里面还有一些问题，比如说区块链，到底是什么概念，可能很多人都不是很清楚，还有在大数据服务中有什么问题。接下来请腾讯集团华东总部的政务事务总监朱洁女士发言，大家欢迎！

朱洁：尊敬的各位领导，各位嘉宾，大家下午好！刚才周主席和赵所长从智慧城市建设、社会治理和民生服务等大的目标、框架、理念和存在的问题，与大家做了分享，我也在认真地听，收获很大。

腾讯作为一家比较典型的互联网企业，一直在信息化产业推进的过程中，充当一个非常积极的实践者。在2015年的时候，腾讯的董事会主席马化腾提出了互联网+的概念。2016和2017年的时候，政府也提出了互联网+政府政务的概念，今年又提出了构建数字中国的愿景。今天我就从实践者的角度，来和大家聊一下政务信息化的考虑。

刚才周主席和赵所长都提到一些希望，我一会儿通过一些实际的案例和大家做一个分享。现在是数字时代，我们先了解一下在数字时代，我们的城市建设和社会的公共治理及民生服务的方面，会有一些什么转变。这里有三个趋势。随着信息基础设施的完善和网络的构建，以及新一代的信息技术在城市管理过程中的广泛而深入的应用，其实有大量完整、连续、系统性的，而且是具备一致性，并且是有价值的城市管理的数据都可以被获得，包括关于环保的，关于城市运行的、交通的、医疗的。其实也就是在现在的物理的城市之上，我们可以用数据来精准地影射出一个数字的孪生城市。

全球有一批在规模和创新方面很突出的城市，已经在进行这一方面的尝试了，比如说纽约，就在完成智慧交通的试点，还有芝加哥、巴黎、伦敦，也都在进行相应的探索。我们已经开始将数据城市和现实的城市进行同步规划，形成一批可复制、可推广的经验来进行管理。为什么我们要把数字城市和现实城市进行同步规划？因为通过数字城市的建设，可以提升公共资源供给的效率，增强公共城市的效用，进一步推动教育、医疗和慈善等公共事业的便捷化、普惠化。民生服务也是非常关键的一个突破口。

说到了均等化，我们现在说的人工智能的应用，一开始的场景是在大的城市里面，我们腾讯有一个人工智能的产品是对机器进行训练，让机器具备医生的能力。像食管癌、宫颈癌，都可以通过人工智能的读片方式，辅助医生诊断病例。像这样的服务，其实在我们大的城市里，实施起来并不难，因为我们的医疗资源很丰富，我们有非常多的三甲医院，有很多好的医生，但是在城市化的进程中，毕竟还是有不平衡的时候。在偏远的地方，上海会有很多援助的设备，但是他们都不会用，因为片子拍出来都不会读，就是因为医疗人才无法均等化，机器是没有地域之分的，在贫困和发达的地区都可以应用，那就实现了公益事业的均等化和普惠化。

还有一点，在数字经济时代，政府在构建完整的社会治理体系时，也是以更好服务和管理公众为导向的。运用大量的互联网信息技术、大数据和人工智能为代表的新一代的技术，辅助科学的决策，畅通百姓和政府之间信息的渠道。在这么一个大的趋势和前提下，我们腾讯是这么考虑的，腾讯从诞生提出的使命是"连接一切"。所谓的一切就是人与人、人与服务、人与设备。在现在的移动互联网时代，大家感受最深的是腾讯推出了微信，现在月活跃的用户达到了1.5亿，大家都会觉得你的生活离不开它了。这种数字平台就像水和电一样，在今天我们人类的生活中，已经是一种基本的需求。在这么一种角度下，可以更好地为政务信息化服务，因为政务信息化的对象都是企业和百姓，所有的人都需要这么一个数字平台。

在这么一个大的理念之下，腾讯对自己的角色定位是这样的：我们希望可以做好各行各业的数字化转型的助手，我们会做连接器、工具箱及生态的共建者，激发各行各业的创新，包括新的业务和新的模式。所谓的连接器，我们会为各行各业提供进入数字世界的API接口，做生态就是帮助各个合作伙伴在这个过程中实现数字化的转型，从而扩大数字经济的生态圈。腾讯将在多方面助力中国的数字化进程，包括生产、生命健康、生产环保等。在构建数字中国的构想上，我们要通过一纵、一横、一新三个维度来构建。所谓的一纵，是指互联网和各行各业的融合；一横，是指我们会向民生政务领域更多地渗透；一新，就是通过一纵和一横的创新交融，来碰撞出更多的新产品和业务模式。这就是腾讯在构建数字中国，包括提升政务服务方面的一个大的考虑。

看了今天的主题，我觉得我们的理事会是很有前瞻性的。九年之前，我们就已经提出了智慧城市建设的大的议题，并且是非常具有探讨性价值的。现在我们看看2017年的时候，这个数据是来自中国互联网产业研究报告，我们的政府提出了要让政务服务像网购这么简单。今年上海也推出了一网通办，做到一网受理，一次办成。浙江前两年就推了"最多跑一次"这么一个政务服务的口号。江苏有不见面审批，让数据多跑腿，让百姓少跑腿。我们都看到了政务服务积极的作为。为什么我们的政府要这么重视信息服务呢？对政府自身来说，这是提高政府办事效率的重要举措；对企业来说，政务服务的便利化是提高营商服务最重要的指标；对百姓来说，可以得到更多的政府福利。

现在各地政府推出了各项创新举措，也都在进行改进和完善。我们现在做的事是一项改革。腾讯助力广东省实现数字政府，我们目前在广东是这么做的，我们成立了整体的数字政府的改革项目，在广东成立了一个办公室，叫一办、一中心、一平台。电子政务办公室整体统揽框架的设计，一中心是数字政府建设的运营方式、运营设计和维护，更新都是由企业来完成的。这个企业是新成立的，腾讯在里面占了49%的股份，还有51%都是国有的资本，目前有中国电信、中国移动、中国联通三大运营商一起出资，四家公司成立了这么一个运营中心，包括华为等大企业都在这个大的平台上，为数字中国的改革进行服务。现在这个公司有近500名员工，2/3都是研发人员；同时广东省取消了省直部门的信息中心，我们每一个部门都会有自己的信息中心，现在数字广东的建设运营中心，把这些系统全部进行了归纳，把底层的数据进行打通，才能实现对上层的服务。

政务服务的对象有百姓。要实现数据多跑腿，自己少跑腿，证照电子化，经常要证明你妈是你妈、你是你，你要填写无数表单。在类似"一网通"的服务之下，这些事就不会再发生了，我们可以很大程度上提升百姓的获得感和对政府的满意度。从企业的角度来说，可以一个窗口受理，现在上海也是这么一种理念。目前在建立一个数据分享和治理的标准框架体系的过程中，广东已经率先开始做了，可以实现一个窗口受理，审批流程也可见。

经常会有人来问我们的项目审批到什么程度了,是不是可以加快。如果是信息可见的话,对企业来说安心很多,包括审批的时间也减半了。因为全部都是电子化的流程,没有所谓的工作日,在这种状态下,企业就可以切切实实地体会到城市的营商环境是提升的。

我们为当地的所有公务员打造了政务微信,根据每一个部门不同的流程和架构来设计,对他们进行协同办公;然后可以让办公的流程可视化,让他们和百姓、企业,都可以通过这种信息的平台进行一个必要的交互。在这种前提下,我们整体的政务服务可以覆盖1.2亿的人口;有10万+全省的数据,也可以为1000多万的法人单位提供服务,可以说是一个非常彻底的革新。现在分的几个系统很有趣,和我们上海的一网通办分的几个系统是一样的,底层会形成一个大数据平台,我们会把这些数据进行共享和交换,包括法人库、电子证照库、省级的业务数据和地方的业务数据,都会在里面。公共数据是政府公共服务的一个重要内容,现在中国有80%的数据不单是政务数据,同时都掌握在各级政府部门的手里。这些数据如果能够进行共享的话,除了国家安全,除了商业机密,除了个人隐私,剔除这些数据以后,如果这些数据可以共享的话,我们说到的政务信息化、智慧城市建设和民生的一些服务,就能够实现。因为数据是底层的,我们建立在底层上,会有一系列公共服务的支撑平台,比如说电子签名。现在的微信都是实名认证的,很多平台之间的登录都是互相验证的,还有决策支持系统、政府项目的监督系统、企业的认证,包括我们后台的统一支付,这些都是我们在底层数据之上形成的一些公共支撑平台。

在公共支撑的平台之上,就是面对我们企业和百姓了。大家可以打开微信,有一个小程序叫"粤省事"。这是一个小程序,全国首个集成了政府服务的小程序,里面有155个服务事项,汇集了18个省级政府部门,现在有200多万个用户。截至今年7月份,已完成了近2000万服务次数的办理,包括房地产的办理、社保证的办理。广东省有一个粤港澳大湾区的发展战略,这样的经验都是可以借鉴的。我们需要一些行政区域之间事务的办理,这些在里面都可以实现,还可以在PC端有一个网上办事的大厅。对于企业,会有企业微信来进行支持。现在上海的一网通办成立了大数据中心,就是做一些数据的分享、治理和共享，做规则的设计。当中的公共支撑平台，我们叫"政务云"，是我们上海打造的。还有一个就叫"市民云"，今后还会有一网通办和市民云的小程序，大家可以在移动终端进行一些事务的办理和服务。我们会在整体的业务框架里用到很多服务，包括人脸的识别、大数据的共享。关于支付，腾讯一直是用合作共赢的态度来面对大的变革，我们不排斥任何合作伙伴的加入。

现在说一下政府推进数字的策略。我们会围绕百姓常用的服务，比如说有一些重要的应用场景的主题，一些高频的事项，我们会提出来，围绕着它进行开发；比如说驾驶证、行驶证、居民证、通行证，都可以在手机上向相应的办事人员出示，包括一些重点人群和重点主题；比如说对于残疾人、老年人、外来人口、跨省市办事的人，也是我们围绕的一个场景。

我们会围绕使用的过程，来寻找流程再造的机会。比如说我们会用新技术和新模式来让老百姓实现少跑腿或者不跑腿，比如说我们希望在家里就可以实现和通过人脸核对、实名认证，包括电子支付这一系列应用来实现少跑腿；还有就是通过大数据让老百姓提交资料或者是不用提交资料了，我们有电子证照系统，或者是一些财务的信息、审计的信息，都可以在里面产生，政府进行审批的时候，就有了依据，不用企业进行依次提交了。

此外，我们还会围绕着流程再造提升政府的改革。比如说统一数据，这是一件非常困难的事，因为各个政府部门之间都是信息孤岛，怎样把数据串联起来，并且我的数据提供出来，大家会相信这个数据是真实的；我又为什么要给别人应用呢，就是要通过制定相应的规则，让这些数据进行统一，统一设施服务基础，统一办事流程，来进行一个打通。

其实在这个过程中，企业说的会提供技术手段，我会提供理念。但是具体的决心，还是政府下的，广东省在这一方面做得比较好，有政策支持，有对事项进行的流程上的简化，并且还会有相应的容错机制。因为这是一种尝试，政府给予了很大的支持。我们在上海，腾讯也在参与大数据的分享规则，智慧政府建设的顶层设计，或者是政务信息化的一些项目，我们都有参与，也希望尽我们的能力更多地助力上海信息化建设。

我们可以看一下"粤省事"服务的场景。比如说对交警来说，你只要把手机拿出来，二维码扫一下，就可以看到是不是你，是不是这辆车，路面的查验都完成了。线上也可以进行绑定，此外还可以有罚款的办理、违章的主动提醒，这些都是老百姓遇到的高频事件。除了驾照，还有社保卡和医保卡的绑定，开通了医院的移动支付，可以解决很多问题，比如说挂号、收费、取药的流程。如果是通过我们的小程序来做的话，光是一个缴费就可以平均节约43分钟，包括社保缴纳的明细，你也不用去税务局调单子了，在手机上都可以实现。所有这些数据，对我们老百姓来说，他们是一直需要使用的，不用带卡的话，也可以实现医院和药店支付的场景。

深圳和上海一样，都是移民城市。外来人口的管理对政府来说都是一个难题，办理过居住证的只有一半，因为流动人口很复杂，与今后的工作和生活不一定会产生联系。但是如果产生了联系的话，还是要去社区事务中心办理。现在我们可以通过线上办理，进行一站式服务，真正实现了群众的少跑腿。还有包括出生医学证明，为什么我要屡次证明我和我母亲的关系，在这样的服务之下，完全是可以通过系统来实现的。一来是可以实现孕妇的产前身份认证，还有一个是人口管理。有一个很大的漏洞，就是从出生证这个角度，只要有医院开证明，就可以证明这个孩子是合理合法出生的，但是其实会有很多包括人口的贩卖和代孕等灰色地带，可以通过线下的流程来洗白。所以我们可以一开始就和孕妇进行绑定，通过相关部门进行办理，那这个医学证明肯定是真实有效的。

我自己有一个非常尴尬的体会，我们家的孩子要出国，是要有出生医学证明的。因为我们搬家几次，总是掉东西，我大儿子有三张出生医学证明，这种纸质的证明保管起来很麻烦，所以这种纸质的证明，可以用我们的信息化手段来进行替代。我们也会对一些特殊的人群进行关爱，比如说我们在残疾人的帮残服务方面会有九个事项，关于残疾人身份的获得、护理的申请，对百姓来说都是实实在在的；一方面是政府的决心，一方面是汇集了企业的力量和智慧。

最后和大家分享一下腾讯的信息服务理念，是让科技之美惠及千家万户，让党和政府的温暖触手可及，我们腾讯的理念是合作共赢，我们欢迎各种各样的声音，我们也欢迎各种各样的合作，谢谢大家！

苏秉公：刚才我们听了两位的发言，我感觉到还是很受启发的。对于智慧城市的发展，特别是今天公共服务的范围很广泛，但今天我们说得比较多的是政府各项服务的再造，政府的公共服务怎样来适应智慧城市发展的需要。我们今天受到了很多启发，不需要统一认识。只要碰撞产生一些新的火花，上海智慧城市的建设就有可能更进一步，也希望智慧城市的建设给我们每一个人带来更多的方便，带来更美好的生活！

2019年：5G+AI，智慧城市新动能

主持人
苏秉公
上海华夏文化创意研究中心理事长

出席领导
周太彤
上海市政协原副主席
万大宁
上海市政协经济委员会常务副主任
伍爱群
上海市政协经济委员会副主任、上海同济大学城市风险管理研究院副院长
梁兆正
上海市科协副主席
马益民
中国电信股份有限公司上海分公司党委书记、总经理

演讲嘉宾
沈少艾
中国通信技术管理委员会委员、工业和信息化部通信科学技术委员会委员
李立恒
华为公司运营商网络咨询部副部长
周泰山
科大讯飞数字城市业务部副总经理

苏秉公：尊敬的各位领导、来宾，女士们、先生们，大家下午好！欢迎大家来到5G+AI智慧城市新动能的论坛，2019年是5G的元年，上海市正在大力推进AI产业的发展，通过AI加快产业建设，以智慧城市为主题，连续举办了十年的论坛，今年将围绕着"智慧城市新动能"这一主题来进行，通过嘉宾的演讲，以带动更多的讨论。

首先向大家介绍一下出席今天会议的各位领导，他们是上海市政协原副主席周太彤，上海市政协经济委员会常务副主任万大宁，上海市政协经济委员会副主任、上海同济大学城市风险管理研究院副院长伍爱群，上海市科协副主席梁兆正，中国电信股份有限公司上海分公司党委书记、总经理马益民。

本次论坛特别邀请的演讲嘉宾是中国通信技术管理委员会委员沈少艾、华为公司运营商网络咨询部副部长李立恒、科大讯飞数字城市业务部副总经理周泰山，同时出席本次论坛的还有部分上海市政协委员、科学协会的代

表、相关专业的学生、部分热心的市民和新闻界的各位朋友,让我们再次以热烈的掌声,欢迎各位的到来!

首先让我们用掌声,请十年来给予智慧城市论坛关心和指导的上海市政协原副主席周太彤先生上台致辞!

周太彤:各位来宾,下午好!首先祝贺一年一度的智慧城市论坛在此召开。以"城市智慧新动能"作为今年论坛的主题,富有年度、年代的新特点。

今年是中华人民共和国成立70周年,中国从一个积贫积弱的贫穷之国,一跃而成为经济总量位列第二的世界大国,共和国成长的历程里有太多值得称颂之处。

70年来,国家强盛的重要标志——工业化逐步载入了信息化,以人工智能及先进通信技术为支撑,推动现代产业的迭代升级。与70周年相同步,上海这座经济中心城市也随之崛起。世人期盼的5G时代终于来临,上海的智慧城市建设行将进入快车道。

5G与AI结合,开创经济社会发展的新时代。2018年世界人工智能大会在上海首次召开。2019年世界人工智能大会的主题为"智联世界、无限可能",这是对信息时代的新认知。这个口号对发展智能城市的前景展望更为清晰,也更令人鼓舞。对今天的城市来说,只要富有智慧、拥有技术,智慧城市建设和领域的拓展必将成就城市的再转型和再升级。

面对经济结构重整,走质量效益提升之路,上海作为追逐国际竞争力的一流城市,应随着5G技术的运用和普及,率先着力优化营造环境,完善公共服务,降低市场主体的运营成本、政府的管理成本,增厚企业盈利、产业得利、政务便利的社会整体红利。

面对长三角区域一体化高质量发展的国家战略,上海与兄弟省市应在新一代互联网、云计算、智能传感、地理信息系统等方面加快破壁结合,特别在人群活动及货物商品的智能化识别、监管方面,率先达到区域城市间大面积成片覆盖的"智慧"状态。

面对上海进入城市"有机更新"的新阶段,要更加强调增添城市内在的活生因子,不仅重视硬件的拆建重建,更要重视城市内在系统的修复提升;不仅要改进水、电、路、桥等基础设施的硬件服务能力,更要在人文素质、社交密度、管理服务方面大幅改变。上海在被誉为第六个世界城市群的联动中，要紧紧依托5G所带来的现代通信技术的优势手段，重建有别于计划体制下孤芳独秀式的城市单核系统，转为重建一片具有新型城市及城市间互动的神经系统，在开放复兴的进程中与区域城市群之间既能联合互补，又起到独树一帜的龙头地位的引领作用。

以"智慧城市建设"为主题的论坛已进入第10个年头，主办方、协办方、承办方付出了大量心血，在此要深深地感谢他们。承办方之一的上海华夏文化创意研究中心，是一个民间性质的社会公益组织，由几位机关退休的老同志组成，他们不为名利，十多年专注此事，实在难能可贵！上海电信作为今年的主办方，事先做了精心设计，使今年论坛的形象更为直观，视觉学习和聆听报告相结合，生动体现了高科技的魅力，同时也是一场有益而实用的科普活动。在各方努力下，2019年的智慧城市建设论坛被推向了一个新水平。祝愿这个富有特色的年度论坛对以5G+AI为支持的城市智慧产生积极的新动能，给上海这座魔都城市再赋新意、再添活力、再续新篇！谢谢大家！

苏秉公：非常感谢周副主席！的确，5G和AI的结合，将极大地改变人们的社交方式，感谢周副主席对本次论坛给予的充分肯定，也感谢您这十年来对智慧城市论坛的大力支持！接下来请上海市政协常委，中国电信党委书记、总经理马益民致辞并做主旨演讲，马总演讲的题目是"新时代、新技术、新动能，打造智慧城市坚实底盘"，大家欢迎！

马益民：各位嘉宾，大家下午好！作为本次论坛的主办方之一，首先我谨代表中国电信上海公司向大家表示热烈欢迎和诚挚谢意。我们知道5G、AI，大数据其实是一个名词，但是它现在已经逐步成了新时代、新技术和新动能的形容词。名词和形容词之间的差距还是蛮大的，大家觉得不说5G，不说AI，好像就落伍了。今天我们在科学会堂举办专题论坛，就是要求我们用理性的视角去讨论，从而为政府的决策部门、产业的应用部门提供有益的参考。下面我汇报一下我的学习所得和思考。

第一，什么是新时代？经历了50年的发展，互联网已经从单一的技术演化为一个移动互联的新时代。移动互联网作为一种革命性的生产工具，正在全面提升人类社会的劳动生产率，改变着我们原先的生产率概念和生产关系概念；也就是任何形态的人可以管理的数据，以及智能的机器，而围绕着新的生产力的三个方面，是一个始终保持在线的网络，这就是新的生产力的三要素。从物联到数联再到智联，数字经济占国民经济的比重逐渐提升，并不断地改造着传统产业，加速互联网+的进程。目前中国GDP中数字经济的占比超过了35%，预计到2050年将会占有半壁江山。

同样伴随着技术的进步，智慧城市也从数字化阶段走向了信息化阶段，并渐渐进入了智能化的时代，这个阶段有几个表征。第一是无感知的连接，就像我们每天用自来水、用电和享受空气一样；第二是无停顿的计算；第三是无间隙的交互。在网络上体现为更广泛的在线连接，更实时的网络响应和更可靠的连接保障，当然连接仅仅是一部分，就像大家在说的5G，更多的人把5G理解成是一种接入，理解成是一种速度，但是它真正体现的是接入以后的平台和应用。在应用平台上将变得更加智慧和敏捷，这体现在更强的计算能力、更海量的数据处理、更智慧的安全决策和更安全的平台活动。这几年上海在建设智慧城市的过程中，非常明确地提出了神经元和大脑的概念，以及我们上海成立的不管是大数据局、大数据中心，还是大数据交易中心，这些都为平台的应用提供了更多的便利，终端的应用上会有更好的感知体验。所以我认为信息手段已经不是技术人员的专属，而将成为每一个市民的贴心助手。众多的使用者不但是受益者，同时还是这一项技术的推动者。

第二，什么是新技术？以5G和AI为代表的新一代的信息技术，正是让智慧城市从概念逐步变成具体。这一张PPT里面黄色的这个圈，我觉得AD-CDE、5GS代表着新技术的兴起，包括区块链、边缘计算、智慧家庭、物联网、5G。大家都知道低轨卫星技术，这些技术基于上海连接、上海枢纽、上海计算、上海感知的新一代的信息基础设施的建设，正在为上海的全面发展赋能。所以我的观点，无论是智慧家居、智能制造、智慧公交，都离不开现代信息技术设施这个底盘。

第三，什么是新动能？我认为在新一代的信息技术中，5G和AI是其中最大的变量，这个变量也将成为智慧城市和产业发展的最大增量。5G的三个特点在PPT里面已经展示出来了，高带宽、广连接和低时延，它的出现将逐步替代现代的3G和4G网络，而成为一个融合体系，延展原有的入户末梢的光纤连接，成为连接人和物的主要手段。正是有了5G和AI的强强联合的技术组合，我想会让经济和社会的发展跃上一个新的台阶。

我们需要全社会协同，努力加快5G+AI的进程，带动芯片产业、终端产业、制造产业的蓬勃发展。随着5G的商用，有一点是肯定的，每比特的成本一定会大幅度地下降。当然，也还有几个需要关注的方面。

第一个是关于资源共享的问题。公共资源一直存在着稀缺，但是在加强的过程中，有时会发现其实已经过剩了。比如如何打破运营商资产的归属，电信、移动、联通三家运营商资产的归属，需要在建立地下管网资源的部署上，努力助力上海早日建成全球双千兆第一城。

第二个是加快能力的开放。新一代的信息基础设施蕴含着丰富的信息化的能力，这些能力应该全面开放，以促进行业的融通，尤其是5G和AI等关键设施，更需要加快能力的标准化的封装和对外的开放，以催生更大规模和更多类型的实际应用。

第三个是重视风险的防范。一项新技术的出现，往往具有两面性，我们应该加快适应AI、大数据等新技术特点的地方性政策法规的出台，让技术发挥出更多"善"的作用，抑制技术与生俱来的部分"恶"的作用。我们需要开展端到端的网络、平台、终端、应用和各个环节的审视，以确保物理世界和虚拟世界的安全。

以上是我的一些学习的所得和思考，核心的观点就是新时代，新技术、新的动能形成了智慧城市坚实的底盘，期待接下来的专家发表你们的真知灼见，我们汇聚各方智慧，服务于上海"智慧城市"的建设。

苏秉公：谢谢马总的精彩致辞。5G作为全新一代的无线通信技术，承担着改变产业、改变社会的责任。人工智能已经成为新一轮科技革命的核心驱动力，两者的相互交叉、相互碰撞，正在对世界经济、人类生活产生深刻的影响，技术改变世界。接下来请沈少艾女士为我们带来论坛的主题报告，大家欢迎！

沈少艾：尊敬的各位领导、各位来宾，女士们、先生们，大家下午好！很高兴有机会来到上海，和大家共同交流"5G+AI智慧城市新动能"这个话题，大家听到我是北京口音，我是在北京长大的，但是我的籍贯是上海。

首先让我们回顾一下移动通信发展的历程，移动通信每10年发展一代，从1G到5G，通信能力得到了不断加强。在1G的时候，我们拿着大哥大只能打电话，不能进行国际漫游；2G的时候，不但可以打电话，还可以发短信，实现了国际漫游；3G的时候，开启了移动互联网的时代，智能机出现了，但是这时候带宽还是不行；4G的出现弥补了带宽上的不足，4G比3G的带宽增加了1000倍，我们可以用手机发微信了，有社交朋友圈了，还可以用手机购物、看视频、购物支付，4G时代也是开启了流量经营的时代。

从1G到4G，主要是面向个人服务的，而5G开启了万物智联的新时代，80%的应用都是面向产业互联网的。除了实现人与人之间的连接，还可以实现物与物之间的泛在的连接，这就使得未来的物联网向智联的方向发展。说到中国电信在1999年的时候，中国的移动业务从我们公司剥离出去，我们是2008年重新回到了这个舞台，五年实现了一代的跨越，两年上一个新的台阶，拥有140多万的窄带物联网；而且从全球移动通信协会的统计来看，我们中国电信在用户数和经营业绩上，已经排到了全球的第二位，这个成绩来之不易。

从5G的标准来看，去年5G的第一个版本已经冻结了，第一个标准的发布奠定了5G产业发展的基础，第一个标准是面向个人宽带的服务，而且也确定了所谓的非独立组网和独立组网的模式。目前正在进行26的制定，这个版本主要是面向未来工业的互联网及车联网等新的应用。27的标准会把海量机器类的通信，也就是NBLT的版本进行新的升级和新的增强，未来5G的方向，除了面向行业，还会面向更多的空域，比如无人机，以及增强定位业务、网络的自动化和安全方面的升级。

尽管全球范围的5G才开始，但是我们知道国际上很多研究机构，包括国内的一些大学，已经开启了6G的研究。本月，国际电信联盟ITU已经开始了网络2030的研究，制定了网络2030年6G的三大场景。未来6G的愿景，我们可以用三个关键词来表示，就是"泛在、无限、智能"。

中国电信在5G的建设中，应该是充分考虑了未来80%的行业市场的应用场景，所以我们率先在全球发布了5G技术的白皮书，明确了未来的发展方向和发展策略。今年我们又在全球移动通信系统协会里面牵头全球的产业链，全球产业链除了全球的运营商，还包括了社会的制造商及芯片制造商共同制定5GIC的指南，IC阶段才能真正地实现工业的互联网。中国电信完成了业界首个基于IC的端到端的认证，率先实现了云网融合架构的IC的部署，那些设备的厂家，只要带着5G的核心软件，就可以部署在统一的云的资源池上。

未来两年，全世界有将近50%的运营商会选择IC这种架构；未来三年，会有80%的运营商选择IC的架构，因为现在所谓的非独立组网的5G基站是建立在4G的网上的，而5G的核心网加上5G的基站，才是我们需要的真正的5G网络。为什么不在今年做呢？原因是全球将5G作为一个国力竞争的平台，因为产业不成熟，大家就抢先发布5G的商用。除了华为，其他的终端厂家用的芯片都是美国高通公司的，今年的第四季度才发布。像小米、OPPO这种手机，都只能在明年的一季度发布IC的手机。

我们中国电信未来将会实现5G和云网的融合，在全球我们还可以排到前十名。5G和云网的融合，加上安全的云网，现在我们的云网的业务非常受政企用户的欢迎，未来再加上人工智能大数据，这些业务融合起来，才能创造无限的可能，我们中国电信在这一方面是很有优势的。

下面介绍一下5G是怎样和AI结合的。大家知道，从20世纪50年代的人工智能被提出来以后，经过了多轮的推进，人工智能也在蓬勃地发展，特别是5G的发展，正在加速人工智能往商业化的落地。AI的一些算法，比如说自然的语音处理、机器学习、视角处理、模式识别、大数据的挖掘等，一方面可以助力5G网络的部署，只有通过AI的技术，我们才能把5G的网络规划的建设、维护和优化的问题很好地解决，起到降本增效、提质的效果；另一方面，5G的商业化部署也可以更好地促进AI的利用，5G将和大数据、边缘计算等新兴的技术结合，为智慧城市提供有代表性的一些新兴服务，比如说远程医疗、无人驾驶、工业互联网、多种形态的智能终端，比如说AI、VR的眼镜、未来平台+应用。这些都将成为信息应用的主导，5G也会成为未来的云网端里面的一个重要而通用的基础设施。

在今年上海的移动通信展期间，中国电信发布了5G+AI的白皮书，涵盖了中国电信发展人工智能的驱动力、目标和引进的路线，以及我们切入的关键举措。我们希望打造全面融智的网络，目标体系架构主要是智慧大脑，包括AI的赋能平台和大数据湖，以后智能基础设施和AI的一些终端组成，随着网络统一开放的接口，敏捷可靠，实现网络的云化，在统一的云资源池中部署我们总体的基础设施。

未来的5G时代，将实现云边端协同的架构，传统的AI的架构是集中式的架构，中心云负责大规模的数据的处理、训练和推理等。但随着5G出现以后，大带宽产生的大数据，在传输的能力上会遇到瓶颈，因此未来的架构应该是5G+AI分布式的架构。未来我们需要的AI的算力和AI的存储的能力，不但是在中心云上，还有一部分是在边缘云上，实现分布式的架构，以应对我们对服务的需求。这种移动边缘计算，也是5G的关键技术之一。利用这种技术，我们和互联网结合，可以把这个节点更靠近企业的一侧，也减少了时延。

另外和智慧家庭结合，未来我们的家庭网都会融入AI的元素。我们的AI、VR的眼镜头盔也会得到更多的应用，以减少由于时延引起的晕眩。我们看一下5G是怎么赋能我们智慧城市的。随着我国城镇化进程的不断推进，城市的管理和发展正在面临前所未有的挑战和压力。在基础设施方面，我们运营商有天、地、空三位一体的城市泛在的感知网络，这个网络也是未来数字城市最重要的信息化的基础设施。这些基础设施可以把未来智慧城市中所需要的一些大数据，借助手机，借助城市管理等因素所产生的大数据，通过我们的平台+应用能力，通过新型的终端来上传，通过4K、8K的高清摄像头，通过天、地、空三位一体的网络，传上我们的平台，利用综合的算力来实现城市管理和公共安全等各个行业上的应用。

接下来我举几个5G+AI赋能智慧城市的例子。首先是公共安全方面的例子，比如交通警务公共安全的管理，通过AI、智能全球眼、警车上的摄像头等，通过大数据的平台、5G和视频分析的平台、移动边缘的计算能力，传到应用平台上进行加工处理后，就实现了我们所需要的应用。比如说交通方面，可以实现交通信息的实时掌握、空中的巡检、辅助快捷的清障、立体的交管管控的目标，通过这种高清的视频和准确的定位，可以及时地调动管理。在警务方面，可以实现自动巡逻、智慧警务。在消防方面，也可以更加精准地提供一些救援服务。

5G带来的技术提升，不仅提高了速率，缩短了距离，还可以解决医疗行业中治疗资源分配不均衡、治疗费用较高的问题，让更多的百姓共享北上广优质的医疗资源。另外移动的ICU也可以得到升级，救护车上配置一些4K、8K的摄像头，可以及时会诊，实现高效救援。

下面介绍一下我们上海电信的情况。今年5月份，上海市政府和我们上海电信集团有限公司共同签署了加快5G引领的新一代基础信息合作框架战略，包括加快以5G为引领的新一代信息基础设施的建设，助力中国电信基于5G的创新和研发平台落户上海，助力上海科创中心的建设。目前中国电信在上海已经有网络信息安全研究院和工业+产业的基地，包括加快5G的应用落地，发挥5G全赋能效应，助力上海国家战略的要求。临港新片区注册制和加快进博会的建设，未来两年中国电信上海公司将投入180亿元，建设以5G为引领的基础设施。上海电信在集团当中科技也是非常领先的，上海是我们中国电信首批5G试点的城市，同时也是发改委5G组网与应用示范的重点城市，是我们集团首批工程建设的试点城市。去年上海电信就已经在全球率先开展了5G+8K的外场试验，去年进博会的时候，就和东方网联合进行了5G+的直播，包括进行室内技术的一些验证，以及和产业链的合作，开展智慧家庭应用的示范。

我们中国电信在今年9月正式成立了5G产业发展创新联盟。我们想通过这个联盟和各行各业携手推进，共同构建5G的生态圈。目前我们生态圈的合作伙伴超过了200家，一些案例在不断推进，而且我们相信这个产业联盟可以服务智慧化的城市与智慧民生，助力人民的美好生活，同时赋能产业转型，服务城市化发展的战略，推进区域经济的协同发展，持续秉承开放、合作的理念。我们愿意和各行各业携手推进以5G商用为契机，共建5G发展的新生态，为5G高质量的发展，做出我们新的贡献！

苏秉公：再次感谢沈总精彩的发言，相信在沈总等一批5G领军人物的推动下，中国的5G将会有新发展，进入新境界。接下来是李立恒先生发言。李立恒对通信运营商规划、5G战略、数字化转型有着非常深入的理解和实践，下面有请他给我们带来5G的技术分享。

李立恒：各位领导、嘉宾，大家下午好！我的交流想分三个部分，第一部分是5G的标准，第二部分是目前全球5G的进展，第三部分是5G赋能行业发展的情况。刚才沈总已经说了很多，第三部分我会挑重点介绍。

在"十三五"期间，我们的供应端转型，整个通信行业不仅自身有一定的发展，包括很多的终端领域也都有了长足的进步。5G的核心是网络能力有了很大的提升，较4G甚至是上百倍的提升。

5G是什么？大家可能会比较关注，5G包括了频域、码域及通过融合架构使5G的网络建设能力大幅度提前，最终包括了在2B领域的切片结果，赋能我们的垂直行业，5G不仅仅是接网的时候，还有应用和品牌。无论是从数据的本地化不出园区的私有性来看，还是看我们接入平台和应用的更加快捷多接入的边缘计算，是5G一个非常重要的方向。5G第一次实现了全球统一的通信技术，只要大家手机支持的频段足够多，不会出现3G时代换购手机现象的发生，包括我们2B行业的切片也能够赋能。

第二个部分我想说一下目前5G在全球的进展。应该说5G现在是非常热的话题，2018年全世界有三个国家率先发布了5G应用，但是目前我们看到最成规模的应该是韩国，韩国截至目前建设了接近10万个基站，发展人数超过了300万。美国受制于频谱，因此还存在很棘手的问题，就是清频的问题，主要是以毫米波为主，导致美国的5G应用虽然开始得比较早，但是实际的规模不大。今年除了三个国家，其他国家也纷纷发布了5G的应用，包括卡塔尔电信、瑞士都已经发布了5G的业务，它们整体的业务还是以面向个人消费者的视频类，比如说VR、AR业务为主。

美国一年前召开了一次5G峰会，但是目前我们看到，截至今年的6月30日，美国的5G销售量也就是3万左右，导致美国的5G规模一直上不去。美国不断地阻碍和华为这样的供应商进行合作，一方面是限制华为，另一方面也有让自己慢慢赶上去的考虑。

日本的运营商很早就认为没有能力通过自己的努力，实现端到端的连接。因此日本和很多运营商做了很多的拓展，5G是日本在垂直领域的应用最值得期待的。中国6月6日发布了5G的牌照，在各个城市都和行业伙伴做出了很多的应用验证。今年上海的经信委也发布了十大5G的应用场景，中国在5G的标准理想中贡献了接近46%标准立项，中国企业申请的5G的标准专利超过了30%。从标准制定的领域，我们认为中国是引领5G时代的。

我想通过六个方面的介绍，给大家看一下5G是怎么改变我们社会的。首先是我们最关注的，和个人消费者息息相关的AR、VR技术。由于消费者的眼睛距离屏幕比较近，对每一度的像素点的要求比较高，导致内容传输的带宽要求比较大，这是4G无法支持的。由于人的运动所导致带来的眩晕感，这也是需要5G的低时延支持的。所以在华为的园区，比如说保安佩戴VR眼镜，有效地避开了冒名进入工厂的情况。

关于5G的教育，今年华为和运营商、合作伙伴开展了一些远程教育，把课堂搬到了中共一大、四大的会场，让孩子通过VR眼镜，有一个沉浸式的感受，对他们来说还是很有吸引力的，可以改变比较枯燥的课堂氛围。这是我们认为5G可以改变教育产业的一些体验。

第三个就是车联网。应该说自动驾驶是一个非常热门的话题，在座的各位也看了很多由于驾驶不慎导致惨案的案例，是不是可以通过自动驾驶，让交通变得更加安全呢？未来的话，车和人保持连接，车和路保持连接，车和云保持连接，包括和交通基础设施、信号灯、限速指示牌等交通标志连接。它会主动地推送给你。这样的话，就使得车辆具备感知周边环境的能力。我们说未来的车联网社会是五维的，包括了长、宽、高，另外二维是时间和环境。现在的特斯拉包括未来汽车的自动驾驶，就是通过车载的传感器，具备了感知周围环境的能力。我们通过网络推送信息给它，也让它避免了由于一些外在环境影响，比如说大雾、冰雪，导致传感器失效的情况，以便能够更加安全地自动驾驶。应该说我们的自动驾驶包括了车联网的场景，4G的时代已经有了很多场景的支持，包括十字路口防碰撞等的应用。我们可以做到更极端的案例，比如说驾驶编队的行驶，以及协同行驶等，最终实现无人驾驶。如果说我们有车辆自身的自动驾驶系统，加上车联网连接，96%的过往交通事故是可以避免的，5G+车联网+人工智能可以使我们的交通变得更加安全。去年无锡搞了第一个城市级的示范应用，工信部部长苗圩也去体验了一下，包括盲人过街、车辆的避让和特种车辆经过避让，在现实中都已经落地。

第四个我想说一下低空数字化。中国有1200家无人机制造企业，领先的是大疆，垄断了70%的无人机的市场。未来首先是民用无人机运营系统，其次是无人机管理系统，分二级管理。5G网络主要是对空覆盖比较好，使无人机更少地受到干扰，避免失联或炸机。还有就是无人机的载荷可以实时传回更多信息，使我们后续人工智能大数据的分析能够更好地落地。我们认为5G的无人机可以提升管理，中国有河长制是制度创新，我们还需要手段上的创新，中国的地面有1800多公里主要河道的长度，基本上十架之内的无人机就可以全面覆盖河流的领域，确保每天都可以巡查一两遍。

我们的基础设施、超高压线路、天然气管线都可以用无人机巡查。农业的方面，无人机也可以做很好的支撑。在工业领域，5G应该能在纵向集成，起到很大的使能作用。5G可以服务智能制造的六大场景，满足60%以上的风控场景，包括超低时延的应用，像机器的控制、机器间的互相协同、海量的物联，在上海已经有一家工厂通过将物料、车辆进行联网，以及通过远端的专家指导现场的工程师做一些高难度问题的排查。我们之前也做了一些行业调查，目前工厂的数字层分成了L0～L3，由于商业总线的接口不是对行业开放的，所以5G的应用主要是在L1和L3级上。

最后就是医联网。我们认为医疗资源分布得不均匀，病患很多，但是每年的手术数量并不大，70%的设备都是具有移动性的，医疗设备的管理及急诊的抢救，需要更少的准备时间；入院以后再准备手术和入院之前准备手术，比较下来可以节省黄金60分钟。上海的进博会，就会有5G的医疗车投入运营之中。

5G赋能了很多行业和业务，近期主要是以连接设备为主，因为R16版本的协议并没有完全冻结，但是到2020年以后，MTC的引用将逐渐走向历史舞台。5G的行业应用分成三个阶段，现在的互联网使信息的传递非常快速，信息传递的范围非常广泛，5G、区块链、物联网可能在一夜之间让全世界都知道，但是整个应用和商用的这个道路还是比较漫长。现在的社会热度很快就起来了，但是实际上行业的成熟度可能还需要时间来加以孵化。目前全球的运营商主要还是在技术级、技术验证和可靠性验证。整个行业数字化不是答案，转型才是。谢谢大家！

苏秉公：接下来有请AI领域的专家、科大讯飞的周泰山先生发言。

周泰山：感谢各位领导嘉宾！我也是一个通信行业的人，花了10年时间，走了22个国家，为17个国家建了近30张网，包括固网的、无线的，应该是5G+AI，没有5G的大宽带，AI技术无从谈起。我们的带宽真正启动起来，有了具体的云计算，才有了人工智能。大家不要认为AI是很新的东西，大家每天在用AI做事情，现在的AI是以人的智能装在了人的脑子里面。人和机器之间的差别，是因为机器帮助我们解决了一些繁杂而重复性的劳动，但是真正的创造性的劳动，还是得依靠人的真正智慧。

今天我想和大家分享一下我们在过去的几年里，特别是在电信行业里面，规模化计算、大带宽技术中所衍生出来的AI技术的综合感受，在AI的发展历程中一定是趋向虚拟化的。大家都提到了未来AI的真正走向是怎么样的，一定是向一个城市孪生的方向而去。很多年以前我们在谷歌提了一个概念"所见即所得"，但是不是可以解决所有识别的问题，还在于有一个庞大的知识库，支持解决所有识别的问题。这需要一个很强人的带宽来连接，同时可以进行低时延的快速响应和计算，可以帮助你解决时延的问题。我们也在基于科大讯飞现有的知识库，做一个辅助方面的尝试。

对于核心的科大讯飞在人工智能领域，还是依托于1999年开始，在长达20年的时间里的一个积淀。没有人工智能很长时间的积淀，是没有办法走的。针对城市来说，帮我们建立了很大的带宽，建立了很大的网络，不应该只是一个通信的问题，不应该是解决点到点传输的问题，不应该是解决简单支付的问题，而一定是面向综合性的问题，那综合性最大的问题就是城市管理，方式是基于孪生。走到任何地方都可以进行识别，帮助我们理解现有的网络，帮助我们透视现场的一些状况，解决没有办法可视、没有办法可知的问题。针对未来的城市居民，所有的信息对他们来说都是可知的。你现在在家里的话，可以看到孩子在学校里的综合学习状况，在家里可以感受到公司的行政审批的进展状态，城市孪生可以帮助你解决这个问题。

在这个基础之上，可以很好地了解所需要解决的相关信息。数字的高速公路完成以后，一定是向AR、VR化的；在云的基础上，一定会衍生出若干个中间服务的平台，比如说车联网、依托政府类的公共设施服务网。我们会有一个漫长的内容丰富的智慧化过程，我们如何把现有系统里面可以见到、百姓双手可以触到的东西，通过手机，通过机顶盒，就可以解决城市建设的所有内容。

未来的整个计算，我们一定要了解手机处理的过程，大部分的内容一定是连接到云端，数据中心没有办法解决当前简单的数据分布问题，而一定是计算和云服务的过程，通过数据中心进行处理，再通过调度的方式把结果反馈给中心，所以机房一定满足不了算力的要求。芯片区的计算会在未来应运而生，手机的算力或者是安防的算力都有可能被调度，会衍生出一个更大的落地，这个群体之上会解决我们庞大计算的过程。

我们刚刚获得了一个信息，全球最有影响力的三大发现，第一大发现是在北京的一所大学里通过基因编序，可以让恶性肿瘤恶化掉；第二大发现是量子计算在200秒的时间里，处理10000台超级计算机200年才能处理完的数据。所以5G的时延不只是在医疗、车联网上应用，大家家里的电视、冰箱、电脑都可以联网了。在云端的基于某一种场景，把所有的物联网的东西都连上来，通过场景化的方式来处理，这在以前是做不到的，现在已经全部可以进行处理了，这是目前5G带给大家的最为直观的好处。

在这个好处里面，我们要持续优化，和老百姓实际优化的场景结合"养老"。一个机器人可以和家里人一起聊天，我今天想把机器人女友带过来，这一类的公司还是比较多的，对于机器人和人的情感交流已经模仿到惟妙惟肖的地步。未来人和人之间的沟通，包括讯飞的语音技术，只要有两个小时的录音，就可以模仿出你的声音，包括林志玲、郭德刚的。在人和人之间的交互中，大家都喜欢用自己的母语进行沟通。这是一种场景的识配，5G+AI的结合，其实一个芯片就可以解决带宽传输，一个芯片就可以完成所有的沟通、拟合，我们也会逐渐从数字化向智慧化转变。我们在整个城市的演变、服务的演变中，经历了比较长的时间，对上海的体会尤为深刻。上海是第一个从城市政务里面解决政务信息化的城市，把所有档案和文件全部进行了电子化，根据政务的方式完成归档。然后在2010年进行了数字化的过程，包括数字化的政务云的建设，数字政府的长达数年的规划建设，上海积累了庞大的公共管理和政务数字库。我们单独在数字的分析和制定的过程中，面临着一个庞大的数据分析过程。我们已经可以做到基于城市管理逐渐使管理更为精细化，我们逐渐需要一个智慧化的过程。智慧化是数字化的一个延伸，这不是简单地进行数字化的分析和管理，而是基于场景化的识配，设立智慧化的处理前端，按照人的正常经验，给予相关的反馈，处理的方式、模式和流程也可以进行差异化。未来从城市运营的角度来说，我们原来传统的视听概念会形成一个新的颠覆。

我想给大家分享一个概念，大家原来理解的计算智能和我们的感知智能，以及认知智能层面有什么区别。对于计算智能，通过数字化的分析，或者是数学的分析逻辑，来帮助我们解决数字规划的问题，营商环境的预测和数据分类；应用分类的层面，可以帮助我们进行数据管理；数据管理完了以后，面临着物联网的建设，在泛感知网络的建设中，除了数据的抓取，还可以通过听觉、视觉的方式进行相关的分析，但是数字在感知的过程中，本身就是一个抽象化和去特征化的过程。

未来在人工智能的应用中，一定是贴心的，基于以人为中心，根据场景化来进行编排，把处理的经验融合到其中进行处理。所以我们在数据中一般很难用到深度学习的神经网络，但是在AI的网络上，一定要把人的经验固化到AI里面去。城市智慧化的底座会加速城市智慧孪生底座，在这个网络里会建立虚拟的、数字化的城市。我们可以清晰地感觉到上海的桥梁是什么，上海的道路状况是什么，上海的政务处理是什么。每一个老百姓接触到的是这个AI的平台，而不是直接地给你数据，或者是给你数据的结果。比如说打车，你可以清晰地根据你的习惯，根据你当下的情况，考虑是不是可以接受得了的时间。我们在盛夏等10分钟和在寒冬等15分钟的感觉是完全不一样的，对AI来说，也是你承受得了和承受不了的问题。

在城市孪生里面，我们讲究以人为中心，AI的能力是嵌入智慧大脑。这个平台或许就在你的手机里，我们有一个产品就是嵌入你的手机里。比如说你要订票，可以直接帮你去进行搜索；你要订什么票，直接可以用语音的方式进行处理。现在的上海大数据中心也在做相应的规划，我们的AI的平台已经嵌入了政务云的应用中，基于云的应用是大家最为关注的点，未来的档案管理，语音就可以搞定了，包括在今天的会务中，可以把所有的记录转成文字，通过多种语言翻译出来加以展示。如果大家对这个部分很感兴趣，二维码一扫就可以到你的手机里。资料和录音，你对某一段感兴趣，搜索一下你认为的关键词，也可以直接定位到你需要的那一段，可以直接去听了。

未来的话，你所听到的就是你所得到的，包括你在学习过程中，和老师沟通的过程中，和领导沟通的过程中，以及在乘车的过程中，都可以通过这样的方式去记录，帮助你解决了一个助手的问题。从政务的维度，一网通办大家还要跑一次；未来的话，通过语音的方式，就可以把所有的内容进行处理，只要你将自己的需求说清楚以后，机器会帮你分拣，然后给工作人员，一样可以解决你的问题。基于运营商的4G、5G网络来解决所有的问题、所有的信息沟通和交互，没有高速的泛感知的网络是没有办法实现的，这是基础。再解决我们的AI产品应用的问题，在AI的基础之上，我们在空间管理、数据管理和管理决策的维度，可以重构我们的平台，基于数字进行孪生，基于家庭进行孪生，通过上海市的数据开放平台和数据开发法进行数据开放，解决大家应用的问题。数据的管理一定是集中化的，数据的价值在于交互，而不在于谁具有价值。

在数据的价值量化中，我们提到了一个概念，就是数据的交换率。你的数据被多少人用了，交换率越长，说明交换越有意义。如何进行有效的交互，进行广泛的交互，除了进行数据汇聚，还要打通所有的汇聚渠道，提出治理提供相应的需求，解决数据增值的问题。共享完了以后，一定会衍生出数据智慧。如何有效地识别智慧？是要结合我们相应的政务、管理平台，这里面就需要AI起到核心作用，比如说我们针对一个数据的价值，思考价值点在哪里；比如说刷一张卡，可以发现在一段时间内，这个人的消费规律和决策习惯，我们可以衍生出很多的相关应用。

在城市大脑的这个维度，我们要逐渐解决共享数据融合的数据管理层，再基于AI的平台，向应用的支撑层进行汇聚。在这个层面上，上海已经汇聚了三层，在运营商的机房做了政务云，提供广泛的数据服务。这个层面我们希望在数据层上再添加AI层，现在除了AI层的中间层，还会添加AI的接口。整个人工智能一定是基于我们泛连接的，城市的感知为人工智能提供了最为基础的数据汇聚的能力，数据的交互会衍生数据智能，但在数据智能上才能真正地有人工智能。

人工智能一定是一个长期的过程，人工智能这个场景并不遥远。大家的手机里有一个讯飞输入法，这个是免费的，可以提供全部的语音输入，但是千万不要把银行卡和卡号通过这个去进行输入。上海有超过三分之一的学校已经实施了教育大数据，通过教育大数据，把学生在各个年级里的知识通过AI去进行分析。另外我们在市场上也投放了很多AI的接口，基于这个层面，市场上也有很多服务的内容，包括翻译机，大家出国的时候可以拿着这个对话，买东西或去饭店吃饭。如果酒店里的菜单我们不知道是什么东西，可以拍照进行识别。

目前应用研究得很多的音响，包括语音购票、手机导航，AI和大家其实并不遥远，未来基于城市的综合服务，基于你的应用更多的AI，让城市或者综合管理的数据AI的构造，更多地偏向你的特性，这样才能让真正的AI智慧数据具有城市温度的感知智能。谢谢大家！

苏秉公： 接下来将进入本次论坛的圆桌讨论的环节，有请六位嘉宾和我们共同分享5G+AI在智慧城市中的作用和意义。这六位嘉宾是贺仁龙、宋海涛、工剑虎、李立恒、周泰山和徐晨斌，欢迎各位专家的到来！我们首先请贺仁龙博士和我们一起分享上海主要人工智能和工业互联网发展的主要因素是什么？我们如何来解决这些问题？

贺仁龙： 很高兴回答这么一个问题。我记得一年前，有人问我工业互联网的瓶颈在哪里，因为整个时代我们看到了数字化转型的浪潮，数字化的转型离不开这两者，所以数字化的转型有三个步骤，即数据化、网络化和智能化。智能化其实用到了人工智能，从这一点来看，我们的瓶颈是缺数据，缺大规模地整合在一起的数据。现在我们有很多的消费数据，但是消费数据可能连整个数据的1%都不到。比如说人使用电的时候，有使用电的行为习惯，机器也有大规模的数据，现在5G是一个非常好的利器，打造智能经济，5G是智能经济的土壤和肥料。运营商可以说是数据石油的抽取转换公司，所以短板是要沉淀的数据。

如何去改善？一方面从数据化的这一块着手，大家现在都上网了，这是移动互联网时代的快事，我们24小时在线，但是我们有没有关注我们的机器、我们的机床、我们的家电，这么多的物件怎么上网呢？我们要关注一下上网的感受，不是设一个Wi-Fi密码就可以上网了，所以我们希望所有的设备，包括智慧城市，智慧城市有一张网络叫城市的智联网，要连接万物。5G

有大规模的机器连接，这个是为城市的智联网而生的，但这些设计怎么连，有5G加S的标准。现在我们手机有15亿部之多，包括所有的医疗设备和智能制造的机床设备。如果可以联网，5G泛智能终端可以达到15亿，首先是解决数据问题，然后就是人工智能的问题。

我们现在的人工智能有一些是有数据的，包括临港在搞无人驾驶基地，但是在驾驶的过程中是积累数据，就像一个小朋友走路一样，你不让他走路的话，他永远成不了长跑运动员。所以人工智能也有一个瓶颈，有了数据以后，还要有制度的供给。比如说搞一个婚姻的区块链，你们两个OK了，就发布一个婚姻的区块链，全球都没有重婚罪了，没有数据的话，怎么可能智能？所以我主要提的一个是智能，一个是数据，还有就是人工智能的问题。我们上海一直是制度的高地，有什么政策的要求，可以进行数据化的定制，这才是"新片区"。谢谢！

苏秉公：非常感谢贺仁龙博士带来的分享！那么宋海涛教授，您认为未来人工智能会在哪一些领域取得重大突破，上海在这一领域的学术研究处于何种水平？

宋海涛：谢谢主持人，您问到的这个问题确实是比较深刻的！谈到人工智能，应该是这两年国际、国内，尤其是我们上海举办了第一届、第二届世界人工智能大会，国家的政策出台了，我们的大会也开了两届了，但是我们的政府也好，制造企业也好，老百姓也好，人工智能到底有什么新的科技？对我们的生活有什么更大的用处？我们的机器人现在有图像，会看、会听、会说一些简单的辅助，但是真正到我们的生活和工业，还有很远的距离。我们现在高校研究主要是两个方向，一个是强人工智能，一个是弱人工智能，现在体验式的人工智能，主要是弱人工智能。

针对这几年我们大量的深度学习神经网络的应用，包括对于消费互联网的数据，以及工业互联网的数据，我们已经面临着一个算力不足的问题。但是从长远来看，这是可以解决的，面临这么一个算力不足的问题，支撑信息理论的，半个世纪以来没有核心的突破。面对这么一个机器学习，我们应该往可谨慎、小样本、低功能去突破，这是我们必须做的强人工智能的技术支撑。

现在我们做图像的，做语音的，做文本的，都会讲究分辨率、识别率，从50%到90%，甚至到了99.99%，包括医学影像的识别，但是融合感怎么样？因为现在还是人工实现的部分的模拟智能，真正要实现机器听、说、读、写，这需要深度的技术角度，而不是单向的。就像做医疗的，外科的、影像的、内科的医生没有一个会诊的制度，也造成了大量的误诊，人工智能需要融合感知的交叉技术的应用。

再到一些硬件的方面，包括国家及上海，还需要做的就是芯片和操作系统。今年7月，我们交大去华为参观，我们和华为也有过三年的合作开发，接下来我们也希望和华为进一步地合作，这不仅仅是企业的需求，也是为攻克国家短板的需要。上海在上述领域都有先发优势，未来可期。另外就是在系统的软件设计，尤其是芯片的前两端，这是我们进一步要去做的工作。上述是我的一些思考，供大家参考。谢谢！

苏秉公： 接下来想问一下王剑虎先生，结合制造业的特点，5G+AI的技术，可以为制造业的转型升级带来一些什么改变？谢谢！

王剑虎： 今天是一个非常好的学习机会。我们和中国电信合作，做了若干个产品，第一个是在图像和视频的识别上，比如说工业移动的机器人。还有我们现在正在做的无人机的库存盘库，这一块也有很多应用。第二个是在识别的诊断上，数据量的传输特别大，需要高带宽，也需要精准的分析，传统的工业现场更需要大带宽的无线网络，它在设备的诊断方面有非常好的助力。第三个是需要一些实时控制和实时反馈，因为一些传统的设备要改造成智能设备的可能性不大，有了5G以后，就可以在前端做一些采集，在后端做一些分析和控制，再传到前端，这样就可以把前端做得更好，在实施和反馈方面取得一些比较好的途径。谢谢！

苏秉公： 接下来想问一下5G创新联盟的秘书长徐晨斌先生，请您和我们分享一下，上海政府在推进5G+AI的过程中，有一些什么亮点？遇到的困难是什么？

徐晨斌： 这个会的主题和我们一直在推的5G环节是息息相关的。上海是5G+新赋能+行业，我们觉得AI是一个很重要的环节，包括现在做的无人机、大数据和边缘计算，各种各样的技术和行业去做结合，在5G的应用场景做推荐。

回到主持人的问题上来,这也是我们最近配合经信委在推进的三个方面,第一个方面是有顶层设计,第二个方面是我们觉得有政策的导向,第三个方面其实是整个生态链的建设。那如何有三个领域呢?第一个领域在9月底时发布了《上海5G三年行动方案》,在三年里要做三个1000亿,包括电子信息产业、信息服务业和软件运营。怎样来支撑这三个1000亿,从基础设施的建设,到产业,到最后的应用。基础设施的建设就是我们数据统计,到今年9月底,上海已经建了15000个室外基站,室内的基站有7000个左右。最近我也在用5G的测试手机,很多地方已经有了5G的信号了,而且测速很快。在虹口最快的一次上行的速度可以达到100兆,下行的速度将近1.2G,这也是双千兆的改造第一区。第二个领域就是产业的规模。我们现在正在推进从芯片、软件、系统设备到最终的应用平台,相应的政策对产业的扶持还是很关键。第三个领域就是十大应用场景的建设也在积极推进中。上海在智能智造领域,在双飞的领域,都应用了AI的技术。上海最近在做无人重卡的试验,包括在轨道交通领域的一些应用,也用了AI包括各个行业的应用。现在对产业的政策、对应用的政策,包括对人工智能,已有新的政策,每年都会有一些支持。

生态链的改造,从2G到5G,不只是通信产业的发展。从2G到4G,我们一直在做产业的发展,5G改变了很多;4G是改变生活,5G是改变社会。5G最大的变化就是从C端到B端,所以我们今天探讨的话题也是和智慧城市、和AI做一些结合。

去年9月,上海开始成立5G创新发展联盟,有80多个国家的成员,包括运营商、系统设备商、最终的用户和单位,我们也在进行积极的推进。上海在加快应用推进和产业推进,最近还组建了上海的5G创新发展基金,我们希望通过资本的形式去做助力。从今年6月份到现在,很多试点是从0到1在做,但是明年的大规模应用需要一些资本的介入,所以从基础建设到产业、应用,多个方面的维度都在积极推进中。谢谢!

苏秉公:感谢徐晨斌先生的介绍。接下来有请李立恒先生,您认为随着5G+AI技术在智慧城市的广泛应用,会诞生哪些新的应用、新的模式和新的业态?运营商在其中扮演的角色是什么?

李立恒：应该说运营商在5G和AI的建设中扮演着非常重要的角色，因为5G是我们未来智能社会的数字化的底盘。我呼吁对运营商的业务创新，有一个比较宽容的社会环境，因为运营商前期5G的投入非常多。在这么一个时间点，三大运营商都做了很大的努力，5G不是运营商一家的事，是我们整个社会共同的事情。所以我们希望社会舆论给运营商更加宽容的社会空间，因为5G是一个新的事物，虽然它不是一个新的技术，但是我们认识5G需要一个过程，这无论是从2B的领域，还是2C的领域，会有一个新的探索。我们希望有一个宽容的环境，让运营商为社会做出新的贡献。

第二点，运营商面临着一些基础设施变老的问题，我们4G的、2G的资产都还在，所以运营商的资本运营更加繁重，包括之前有过一个说法，联通每年的利润都给了上海电力了，所以我们也希望政府部门可以降低运营商市场准入的门槛。是不是可以在一些城市的基础设施的规划中做一些考量，使运营商在未来的资本投入更降低一些。

第三点，对于新的业态，我们的速度上是不是需要保持这么全社会火热，或者是这么快速的节奏？我倒是觉得全行业包括行业伙伴，还是应该抓住5G的核心。我们总结了5G的核心，第一点是强移动性的场景，对一些固定场景，我们的家庭宽带和专线，都可以解决，所以5G主要是面向一些强移动场景；第二个高的上行带宽，需要量比较大，如果是比较低的带宽，4G都可以做到；第三个是能够解决自身的供电问题，如果把数据传输的线给剪了，那它还是一个有限传输，所以还要解决供电问题；第四个要有比较高的可靠性，未来新的场景，还需要全行业的合作伙伴共同探索，但是我们在探索之前，一定要对5G技术有一个非常深刻的理解，就像今天的论坛一样，经过这样的沟通，在座的各位专家和嘉宾都可以对5G到底可以解决什么问题，有一个深刻的认识，而不是一谈到所有的困难，就觉得所谓的困难都需要5G来解决，我们一定要关注到真正需要5G解决的需求场景。谢谢！

苏秉公：谢谢李立恒先生的分享！最后我们要问一下科大讯飞的周泰山先生，从您的角度来看，如何做大做强5G+AI的产业链，科大讯飞等一批AI独角兽企业如何嵌入？

周泰山：人工智能到底是走向开放性平台，还是走向平台化的运营，经过了这么长时间的讨论，大家认为人工智能一定是开放的，人工智能面向的客户和C端的客户更为紧密，是夹在数据层和中间的，所以场景化的需求会比较大。如何做足场景化的应用，实际上是我们面临的最大问题。关于未来如何运作，从AI的层面，既然是走向开放，我们现在也做了相应的尝试，包括科大讯飞现在单独成立了科大讯飞开放云，在120万个开发团队里，形成了1000万个应用的功能，科大讯飞服务了全球25亿人，一个团队服务将近2000人，这个密度还是太大。我们希望在这个开放云上的一个团队，最多服务100个人，甚至是更少，这样才能做出更多的场景化，让应用更多地贴近老百姓的日常生活，这样才叫AI，否则不能叫"以人为核心"的人工智能。在这个层面，我们确实希望把这个平台拿来开放，第二个和运营商结合，第三个是有更多的人参与到AI平台的应用和创新里面去。大家的思维更开阔，对场景体现更深，做出真正符合我们场景的AI。

在人工智能开放的路径上，我们现在也是既有联盟，也有平台，我们更多的是希望把AI的技术推出来，不管是以模块化的形式，还是算法的形式，大家一起来解决，都可以在这个开放平台上来做；单独从上海来说，我们汇聚了6万到7万人的团队在AI做开发。

总之，大家对于AI真正的理解，可能还需要一个过程。我们更多地希望未来AI的方式能够"用"，能够"享"，想办法再去"创"。谢谢！

苏秉公：感谢六位嘉宾和我们一起探讨5G+AI对智慧城市的贡献，让我们再次把掌声送给他们！

5G和AI能让我们更好地畅想生活，也可以更好地助力社会的发展和经济的进步。2019智慧城市论坛到此圆满落幕，再次感谢各位嘉宾、各位专家、各位听众的到来，谢谢大家！

附录

智慧城市与5G建设研讨会

（2019年5月）

苏秉公：5G出现以后，上海市科协、黄浦区和上海市科普教育发展基金会都觉得很好，一下子形成了共识，所以这个论坛有了不同的主题。最近我们把十年的所有的讲话都整理了出来，从中可以看到不同的时候对智慧城市的认知。

今天来参加会议的李进先生，现在是中国电信上海公司网络运行部的党委书记兼总经理；贺仁龙先生，是中国信息通信研究院华东分院的总规划师；许浩先生，是科委系统推荐的，上海电信总工程师、网络处副处长，中国电信集团5G的领军人物；王果先生，是上海发展与改革研究院体制改革研究所的副所长。还有来自方方面面的领导和嘉宾，可谓高朋满座，相信通过今天的研讨，一定会很有收获。

王果：我先说明一下，关于智慧城市的发展，我也是结合我们前期研究院对智慧城市，包括区里的一些具体的实践，我想谈几个观点。

一、智慧城市建设呼应上海科创中心深化升级。智慧城市的建设，发展到现在这个阶段，到底面临着一个怎样的环境？我们的考虑，智慧城市的建设，首先是要呼应上海科创中心建设的深化和升级。科创中心建设五年来，本市出台了一系列文件，但科技创新最终要面向经济社会发展的主战场。技术的演进，技术的发展，最后要用来推动经济的发展、产业的升级和社会的进步。所以这方面，我们认为做得还不够，就是在"纸变钱"方面，在推进科技成果转化和先进技术应用这些方面，相对比较欠缺一点。所以当前看智慧城市的建设，要和科创中心的升级做进一步呼应。

我们现在张江建设的国家实验室，这个也是国家战略。国家实验室里有两个非常重要的方向,一个是集成电路,一个是人工智能,这和我们的智慧城市建设密切相关。所以我们认为下一步,上海要提升策源能力,在智慧城市建设领域体现在我们对城市大脑的一些基础原理的研究上,要进行突破,要体现策源。从城市大脑系统的基础研究和我们智慧城市的建设的结合中,牵引出各类创新创业的活动,利用好张江综合国家实验室建设的优势。所以,随着我们张江地区在基础研究领域里布局的逐步完善,成体系以后,未来在智慧城市建设的原理和策源能力可能就会慢慢地展现出来。上海要参与全球的科技竞争,这是在智慧城市领域中的一个重要体现。

二、智慧城市建设要呼应长三角高质量一体化发展。智慧城市建设要在长三角一体化示范区的建设中做文章,体现智慧城市建设的显示度。虽然现在各个区都在做,有一些试点,包括本市的一些区在个别街道做一些试点,作为长三角一体化示范区,会涉及智慧产业、智慧民生、智慧政务等。接下来智慧政务、互联网政务、新技术的应用,可能是一个突破口。新技术会倒逼我们政府的审批、监管发生革命性的变化,比如说是不是可以在长三角一体化的示范区里面,协同建立统一的政务服务体系,这样的统一政务服务体系的背后就是数据要共享,通过我们新技术的应用,打通政府后面的数据空白,这方面还是可以有所作为的。

所以,我们认为长三角一体化示范区就是一体化的智慧示范区,同时也是智慧城市跨区域协同的试验田,尤其是在新技术如何互联互通方面有作为。另外,在建设区域创新共同体上,可能还有文章可以做。我们一直讲区域协同创新,说到最后还需要有抓手,比如和我们智慧城市建设的结合,可能就是一个突破口。必须找到一些大家共同的利益需求,比如在进口食品、农产品等方面智慧监管技术的应用,大家都很感兴趣,因为这对谁来说都是一个难题,加上一体化以后,流通更加便捷,如果你的背后没有一套智能化的系统,监管起来就很困难。包括长三角储能关键技术的应用等,还是要找到一些和我们智慧城市的结合点。

三、智慧城市建设要回应上海城市功能和竞争力提升。技术的演进,可以为智慧城市建设增添动力,但智慧城市的建设又不仅仅只为这个技术,技术有牵引的作用,可以推动5G技术的成熟,它的成熟必然会带动各种新的场景的应用，可以做这一方面场景的开发，非常重要；同时，场景的开发对5G技术也是有牵引和推动作用的。现在5G的应用场景还是比较缺乏，但未来四五年里，中国在这方面的技术市场肯定会有一个爆发增长的阶段。

我们也关注到5G的技术，目前更多的是在工业、医疗领域中发挥作用。它在面向大众市场，以及城市基础设施功能的提升方面，包括一些场景应用的支撑，还是需要进行探索。我们要去开发一些应用的场景，包括5G上来以后的优势，它的低延时的特性，目前来看，主要是在健康、工业应用的领域，它的作用显现得比较明显。

我们还可以从4G技术成熟的经验来看，这一块从2013年到2017年，70%多的市场的覆盖，主要得益于手机视频及电商服务。有这种重要的应用场景的支撑，接下来我们认为5G技术平台的应用，可能对智慧城市的建设有重要的作用，需要我们深入地开发它的应用场景。

具体到上海，有两个点是可以探索和考虑的，一个是张江科学城建设，这些科学技术的东西需要就地体现出来，要将我们智慧城市建设的理念体现在其中，有更多的智能化应用的场景在里面。另一个是自贸区新片区建设，在特殊的监管区域中，也要考虑到智慧城市这种技术的应用，比如新片区内的服务贸易、金融监管，怎么用这种智慧城市的技术，来突破新的业态的监管；再比如我们现在要实现各种要素的自由流动，人也好，技术也好，要实现风险可控，这里面也会更多地借助科技的元素。

所以说，我们的智慧城市也好，我们的5G技术也好，要和上海当前发展的主要战略紧密地结合起来，第一是和科创中心的深化升级要有呼应；第二是在我们的长三角一体化过程中，怎样体现跨区域联动，体现高质量的一体化，要有呼应；第三是要和我们城市功能的提升相联系。在这些方面，智慧城市建设、5G技术的应用都要有所体现。

我就先抛砖引玉地说这些，请大家补充和指正。

李进：刚才王总是从整个经济的角度来说的，现在的信息技术发展得非常快，十年以前，手机的应用和现在完全不一样，这也得益于4G的高速发展。当年我们3G的引入和推广的速度，是落后于世界的步伐的；从4G的技术上来说，是同步推进的，但是4G的整个网络的能力，中国是大幅度领先的。

中国的4G基站的数量，占了全球60%，中国有400万，美国只有40万，所以我们信息的覆盖率已经达到了95%以上，沿着高速、高铁的无缝覆盖。我们4G的覆盖，可以说是全球领先的。

这几年社会舆论对通信行业的评价有了很大的改善，你再去国外的话，就很不习惯了。以前小灵通的时候，外国人笑话我们拿着手机到处晃荡，现在只有在国外才会有这种感觉了。今年是要提双千兆，一个是光纤的千兆，还有一个是5G的千兆，我们都在做很多准备。

智慧城市的发展，除了政府的引导，我们的信息化水平也提升得非常快。在智慧城市发展的过程中，要做物和物的通信，这对信息的承载就会提出新的要求。我们在发展4G的过程中，推出窄带物联网（NB-IOT），我们小区里的垃圾桶、井盖，都可以安装芯片。水质的监测要有信息的获取，在获取过程中，如果是依靠有线技术，那就很麻烦，NB-IOT极大地推进了物联网技术和应用发展。4G网络的承载能力现在反过来看，还是有问题的，它的容量不够，承载的能力不够。如果你要做控制的话，也会有问题。我们要低时延，在4G时代是难以承载的。所以到了5G，第一个是要高带宽，第二个是大容量，第三个就是要解决低时延的问题。我个人认为5G在中国的起步比较快，和我们的4G时代相比，信息化的推进速度会更快，要解决信息化垂直应用能力推进，以承载更多的需求。

5G的发展，它是面向行业解决方案垂直整合的，所以早期的出发点是2B，而不是2C。当下5G的发展，对中国新的一轮产业技术转型、新能源转换，都非常有价值。所以在国内，5G的发展速度是领跑全球的。我们有很多技术处于前沿位置，最前沿和最基础的技术发展要能够达到平衡。这次挑战的是我们在基础能力上怎么样，我们要成为市场，要产生收入，早期的话，可能首先在2C市场上形成突破。

第一个是5G所面向的服务对象发生了转变，我们以前关注的是打电话会不会掉线，发微信给你速度是不是慢，这样的问题在4G时代都已经解决了。4G的带宽已经足以满足需求了，所以5G时代，一定是面向物的控制，即如何解决广覆盖的问题，解决好时延控制的能力。在这个情况下，5G和我们的城市更新结合在一起。我们现在已经在解决信息的交互能力问题，我们和城市更新有什么关系，这个事情变得非常重要，因为5G给我们带来了一些挑战。我们的信息服务设施，已经成为城市基础设施的组成部分，今年国家发改委把5G建设第一次纳入了国家的重要建设，这在以前是没有的。城市更新要和信息技术协同发展，否则的话，会滞后于信息技术的发展，落后于城市通信和治理的需要，会造成我们的结构不平衡。

第二个是信息设施要满足服务城市的产业空间发展。比如说张江一体化，你要和城市的产业布局结合，嘉兴就非常希望我们上海的电话号码能延伸过去，但这需要打破行政规划的壁垒。信息的基础设施，要满足城市产业发展的空间。

信息化和城市更新有什么关系呢？我们一直努力，是不是可以把基站建得漂亮一点，我们想到了依靠种树来解决。从4G基站发展到今天，基站实现了综合化、小型化、便利化，现在眼睛可以看到的基站越来越少，以前一眼就能看到了，但我们的努力还是不够的。在整个城市发展的过程中，规划部门、城市管理部门应和我们协同起来，把这方面的事情做好。

5G站址的规模，起码要比4G提高50%。美国、韩国都是属于高频，接近毫米波了，频率越高，信号越难控制，所以基站的密度要增加。我们大量的是靠街道站，就是和城市综合办联系的。现在基站的面积比较大，随着元器件的提高，它会越来越缩小，这个方面要进行协同。规划部门、建设部门和我们的技术部门，要实行整合。

第三个是要把电力设施解决好。基站多了，公建能力怎么样；另外就是关于光纤，我们要把基站建起来，存量的机房也要进行升级改造，提升计算能力，这和以前的机房是不一样的，政府要配合我们做很多升级改造。所以我觉得5G的发展建设，要和城市的发展联系起来。现在政府对我们的行业要求比较多，支持的政策相对比较少。国家有关部委在通信方面有多少扶持的政策，最多的是注意信息安全。再就是要求电信行业提速降费，国家发改委对于重点工程，在相关的政策配套领域，要给予更多的帮助和建议。我们需要大量的基础设施，否则我们就没有办法去建；而且去建的话，还要符合城市空间的突破，不要建完后老百姓很反感。所以在这个领域，5G和智慧城市的发展是相互促进的，4G为智慧城市的发展，提供了非常好的空间和机遇期。5G的发展和智慧城市的发展要同步推进,这也需要发改委帮我们特别呼吁一下。

这一轮的比赛,是厂商和厂商之间的比赛,是从技术的层面进行比赛,后面就看运营商了,看谁可以快速地把技术变成服务能力。如果我们没有覆盖的能力,就不能变成服务能力,就不能支持产业的发展。当年骑摩拜单车,上车有信号,下车没有信号,那你就不敢骑了;现在我们做手机支付,不管到什么地方,都不会有担心。5G的发展,需要城市的建设部门、规划部门来支持这个行业,做更多的覆盖和服务。智慧城市和5G的春天,是并行的关系。谢谢!

贺仁龙:非常荣幸参加今天的会议,我是政协的一分子,也是九三学社的一员,曾多年从事运营商工作。我首先向各位领导汇报我们所做的部分工作。

从3G时代开始,美国拥有专门的CDMA,欧洲运行WCDMA。随后,中国提出了TD-SCDMA,并获得美国的支持。但很多人认为,中国8%的专利率根本不足以支撑研究。直到4G时代,只剩下了TD-LTE和FDD-LTE两个合规的标准制式。此时,欧洲又对我们施以援手。因此在3G时代,我国三大运营商及供应商一直与欧美发生争执。2016年,信通院荣获了信息通信领域的科技进步特等奖。信通院也参与过所有的无线通信工作,包括通信的监管、提速降费等。总而言之,中国的网络数量庞大。目前,正逐渐形成一个数据的生态,并存在很多值得反思的问题。

因此,我们号召大家一起开展5G项目。在华为的通信设备和系统里,我们有很多项目的投票率超过30%以上。任正非说,我们已经领先美国三年,这一说法太过谦虚。2018年初,李强书记前来调研后,发改委召集我们开会商议,我提出未来信息通信5G的重要性,并写专报建议上海要有开放的心态,主动召集三家运营商的负责人,再与江苏、浙江和安徽合作,共同推动长三角5G一体化建设。工业互联网的主体包括国家标志节点设在临港,去年我们也接待李强书记赴临港调研参观。总之,我们已开展了一些5G推进工作,包括协调基站,调动各个运营商帮助各区加快5G基站建设,这其中也包含浦东。另外,在经信委的领导下,我们一直推动5G的应用。例如关于5G应用产业长三角一体化的发展规划,关于智慧城市的建设、"十四五"上海智慧城市的规划，包括基础设施的预演规划，以及长三角示范区的应用技术规范等。我们在推动的过程中看到了很多问题，其中也包括张江国家实验室。

我们已参与了许多5G方面的工作，包括2017年底的上海市智慧城市顶层规划。今年6月，5G全球大会将在西班牙举行，我们计划将明年的大会落在浦东召开，以进一步推动5G的落地与发展。我们也对韩国三大运营商的商业模式进行过解读，包括昨天与金桥管委会规划，以三大运营商为依托，建立操作系统的生态。针对5G的网络，我们规划了"四件套"。第一是物理网络，第二是边缘计算，第三是行业应用，第四是通信检测。

未来，所有的智能终端都要连接公网。现在的手机用户总量为15亿，如果要半终端联网，意味着煤气表、水表、电表等都需要有身份证。这就不仅仅是15亿的事，而是15万亿的事。所以我一直呼吁，上海作为一个高能耗的城市，要思考合适的发展方式。如今，消费互联网诞生了大量数据，马云、马化腾顺势成为人工智能专家，但消费互联网仅仅是商贸。2015年，消费互联网的发展致使百联业绩不断下滑。但实际上，消费互联网的数据在全数据生产运营的数据中至多只占1%到5%。生产力在计算能力之上，数字世界的通用货币不是人民币，而是数字能力。

未来，有多少智能计算的指标，就要训练多少人工智能的模型。AI是智慧经济的阳光和雨露，上海需要重做几类产业，比如建机房，打造基础信息设施，做东北亚的门户和枢纽。上海的第一要务是服务全国，服务长江经济带，服务高铁的辐射能力，服务长三角。所以我们提出数据港、智慧港的概念，低端产业要出局，高端产业要做好。我国芯片产业的短板很大，5G又需要大量的芯片，但我们有希望突破困局。15万亿的终端产生了庞大的数据，需要大量的芯片来处理，但我们使用的芯片却还要依靠别人。所以，我不称之为智慧城市，而叫作智慧社会。因为我了解上海智慧城市的发展现状，明白李强书记对智慧城市建设十分上心和焦急。李强书记在IT方面颇有研究，我向他提出了目前信息架构存在的问题。平心而论，我们对智慧城市的规划，在纸面上看来是一个整体，实际上16个区的16个智慧城市相互割裂。

智慧城市的叫法不够准确，应该是以上海为枢纽，基于长三角26个城市的智慧城市群网络。2017年11月，经信委委托我院规划智慧城市的底层架构，我们当即提出了智慧城市群的概念，但因难以实现而被驳回。"十四五"规划几乎不可能达成26个以上海为枢纽的智慧城市群网络，况且现在已是"十三五"的末期。所以，我明确提出了上海的信息架构存在问题。我曾专门解读过习总书记对网信办的要求，网信办不仅要负责内容管理，还要负责安全、法律等问题。网信办的职责很大，人员很多，但不能只是专门负责删帖。架构有问题，协调就有问题。如果将我国的IT厂商、人工智能的厂商召集到一起，并提供两年标准的数据，我就能训练一个人工智能引擎，以解决80%生产力浪费的问题。

我们的职责很重，但是紧缺人才，特别是底层架构的人才。经信委负责管理各个委办局的项目审批，既有审批权，也有项目论证权。电信要收购阿里的机房，负责管理项目，但从来不管理平台运营，不清楚政务系统里流动的数据是什么。这对从事信息化工作的人而言，的确存在很大的问题。

规划和实施绝不能是两张皮。那么，问题出在哪里？我们在规划上很出色，从"十一五""十二五"到"十三五"都进行过规划，但是数据获取很困难。另外，事业单位即使将工资提高、公务员的招聘仍按照六个岗位分配，信息管理岗位本就偏少。没有数据工作经验的人，无法进行合理的规划。我们在全程网上办公方面，已经做了很多工作。因此，现在的媒体所说的一网通办，是指长三角一网通办，而上海的一网通办必须补课。

江苏省发改委下属的信息中心，会将所有的数据进行整合，但我们却不了解自己的大数据中心整合了多少数据。这也是短板之一，说明信息架构确实存在问题。去年，我担任浦东城市大脑项目的总规划师。我对社会治理了解不深，但我研究信息化，一直思考第一个城市大脑该如何建设。众所周知，阿里在杭州打造的城市大脑主要聚焦智慧交通体系，因为阿里是互联网公司。但政府管理的流程十分复杂，每个委办局代表一个行业，哪怕是打造一个线上商城都难有头绪。平台最大的益处是全球化，即16个区都有二维码。成为全社会的信息门户不难，但政府管理中的问题却很难。

我曾向领导提出，浦东打造城市大脑，第一要凸显社会治理，而不是互联网+政府服务；同时，也不要凸显数据的整合，因为无法超越江苏。我们从事信息化的同志，至少需要五个月的时间来打磨稿子，而互联网的网络可以断点续成，运营商死守99.9%，但随着5G的到来，所有的工业都要上99.99%，因此一定要打造5G的生态园。我在浦东时询问领导对标准的要求，得到的回答是要做最高标准。我是2018年1月才接手这个项目，说明一期建设得并不顺利。实际上，在计算能力、网络能力上，我们是走过不少弯路的。

上海最具有契约精神，但互联网是一种野蛮生态，所以上海并没有机会。不过，5G时代要求产业合作，上海的机会又来了。我向市领导提出，我们错过了互联网的时代，但应该站在产业互联网的顶端，所以产业互联网的大脑要建在上海。未来，成千上万倍的数据都要进行处理。上海的常住人口接近2500万，我们的政府管理十分烦琐。所以，上海只有依靠技术，用IBM和5G来做社会的精细化管理。上海是全球卓越城市，无论做APP、闭环管理，包括抓群租，都是如此。在所有的小区里，只要随意提供一个地址，楼房住建部的系统里都有相应的房型图，室内面积有法律规定可以居住的人数上限。你将饿了么叫来，查到50平方米里有十几个手机号码，再获取水电煤的数据即可，这就是有闭环管理的社会治理。

我们要做的是全球卓越城市的高端治理，目前SAP代表了世界管理最标准、最规范的流程。无锡小天鹅在上SAP时，尝试了两次才成功，这其中矛盾重重。上海代表了最精细化的管理经验，能够将社会治理的思想，融入信息化管理的框架中，让城市管理拥有灵魂。

最后，我们在从事研究工作中发现了如上的很多问题，也希望今年能把上海建设成真正的智慧城市。现在，5G连接的是客观世界和数据世界，再往上就是意识世界。

许浩：我把我的一些思考向各位领导和专家汇报一下。第一个观点：5G的出现是发展的必然。这个必然由三个方面组成，一是技术发展的必然，二是需求发展的必然，三是国家发展的必然。

首先从技术的发展来看，整个人类通信的发展，最初是从古代的烽火狼烟、鸿雁传书开始的，到现代的电报、电话、手机，人们一直都在追求更真实、更便捷的通信方式，从而对于通信技术提出了更大的信息量、更低的时延、更安全的通信要求。移动通信的发展历程就是这样的，从语音通信开始，后来有了数据（短信）、图像、视频通信。如果说1G开启了移动通信时代，2G让世界进入移动通信的时代，那么现在的4G则让人类完全进入了移动互联网时代。

随着技术的发展，包括无线通信技术、芯片微电子技术、云计算技术等的发展，基于4G进一步发展为5G，是一种历史的必然。

其次从需求的应用来看，从1G到4G，人们的需求从移动电信，到短信，到数据业务；从简单的文字、网页，再到后面的视频，甚至是高清的视频，基本上是按照越来越大的通信带宽来发展的。到了现阶段，一方面仍然在追求更大的带宽，以追求VR/AR等视频通信效果；另一方面，在工业控制、无人驾驶方面对社会提出了毫秒级低时延的需求，在智慧城市方面提出了百万级大连接的需求。现阶段，对这些多样性的业务需求促进了5G的发展。

最后是从国家的发展来看，我们国家从1987年开始1G，到1995年2G出来，到2009年有了3G，到2013年有4G，再到2019年会有5G，整个通信的标准基本是每十年一代，伴随着国家战略，2G跟随，3G突破，4G同步，5G要做到引领，国际标准成熟到国内商用越来越短。从国家战略以移动通信为中心的发展需求来看，是非常迫切的。信息技术的引领，往往是一个国家综合国力的体现。

因此，从技术发展、需求发展和国家发展三方面来看，在现阶段推出5G是历史的必然。

第二个观点：5G是新兴技术的汇聚体。5G不仅仅是一个网络，我们现在大力发展的5G，应该是以移动通信为核心，与其他新型技术相融合的多技术、多业务的聚合成果。

我们正在发展5G，并不是孤零零发展5G，而是要同步发展与5G有关的技术。值得一提的是，人工智能目前也处于飞速发展阶段，5G和人工智能相结合发展，将最终导致信息化产业的跨越式提升。这个作用和能力不可估量，比如我们一直在说的工业互联网、无人驾驶、智慧城市管理，今后几年都会在5G和人工智能的联合推动下，迎来一个大发展的阶段。

以无人驾驶为例，无人驾驶有两个概念：一个远程驾驶，就是人在这里，我可以控制马路上的车；第二个就是真正意义上的自动驾驶，让它自动行驶，没有人来进行控制。远程驾驶通过5G等低时延的网络是可以实现的。但是自动驾驶，汽车要自动辨别马路上的行人、车辆和设施等，这就需要人工智能和5G相伴随，提供一个系统的、安全的、可靠的方案了。所以说，5G+人工智能是今后技术发展的一大基础。

此外，还有很多的技术发展与5G结合，也将推动技术发展和应用创新，比如说工业互联网、智慧城市管理、全息影像等。正是这些技术的大发展，推动了5G应用领域的拓展。

5G是与其他新兴技术相辅相成的一个新技术综合体、新业务展示体和新应用创造体。在大力发展5G的同时，一定要大力发展以5G为中心的生态圈和技术链。

第三个观点：5G是美好未来的实现者。回过头来，二三十年前的人们对于技术的理解，无法想象出门不带钱包的移动互联网生活，无法想象手机的功能比以前的电脑还强大那么多倍。没有人会去思考我拿着小小的手机，还可以看高清电视，可以玩游戏，可以和在美国留学的孩子视频通话，还可以控制家里的电器。

那么这些以前看来不可能的事情，在5G时代怎么会变为可能的呢？除了前面说的无人驾驶、自动工业控制，哪些事情还会变得可能呢？

第一是远程医疗。5G可以从医院的患者端、移动医疗服务、医疗协同等方面提供创新：搭载5G网络的医疗机器人可以为核医学科病房患者提供生命体征采集、药品配送、远程视频沟通等服务，还可远程控制室内消毒，进行耗材、试剂的运输；通过5G的远程专家会诊弱化地域限制，增加就医渠道，实现医疗资源的共享，医生还可以结合VR和触觉感知系统，远程观看现场情况并给予指导；搭载5G网络的急救通信系统和影像诊断设备将更好地保证医院在患者到达前做好充分准备，从而快速投入抢救。

第二是大视频应用。人们对于视觉的极致体验是没有极限的，以前追求的是清晰度，随着4K/8K到来以后，皮肤上的毛孔都清晰可见。后续的人们将追求更多维度的真实效果，VR（虚拟现实）/AR（增强现实），全息影像的需求将会出现。甚至在以后，可以通过多机位的摄像，观众自由选择试点在现场或者远程观看体育比赛或者演唱会等。

今后看体育比赛的直播，通过VR/AR的眼镜，可以与运动员通常竞技的感觉相近似,如足球运动员罚点球,你可以在球门前试着扑一下。5G的高带宽和低时延会产生很大的效果,做到清晰度高,同时又没有眩晕感,让观众有身临其境的真实体验。

第三是城市管理。大家都知道,城市管理中需要大量仪器,比如说检测污染的,管理交通、车辆停泊和人流的,这里面既有传感器,也有视频监控摄像头。单说这么多的视频摄像头,不可能仅靠人工管理,还需要人工智能的图像处理。图像清晰度越来越高,数据流越来越大,就可以通过边缘计算,保证数据处理的及时性和数据信息的安全,达到及时发现问题、处理问题的目的,实现技术让城市更美好,城市让生活更美好的目标。

此外,5G在智慧教育、智慧交通等方面都可能有大量的创新应用。5G将包含toC(个人用户)、toB(行业应用)、toG(智慧城市)等方面的,服务于全社会的创新技术。同样,我们现在看到了很多的不可能,但是我认为在5G时代,大概在未来的五到十年,可能会有相当一部分变成现实。

所以,我认为推进5G发展的同时,一定要鼓励业务创新,鼓励打破束缚,鼓励一定限度的"天马行空",早晚上海会有自己的"BAT"。

第四个观点:5G是服务于科学创新的承载体。信息技术是服务于科学创新的一个载体。现在都在讲张江科学城,里面有很多创新企业,比如机器人方面、人工智能方面。很多企业想研发新一代信息技术下的业务产品,现在5G网络先行覆盖,给这些企业一个网络,就有机会推动这些企业尽早开发出新产品。

发挥5G高带宽、低时延、广连接的作用,挖掘创新企业的研发能力,很可能会创造出新的东西,最后可以服务于城市管理。上海可以出台一定的优惠政策,鼓励运营商5G先行先试,推动科学创新、技术突破,形成全国甚至全球有影响力的科创成果。

第五个观点:5G是智慧城市管理的催化剂。智慧城市管理的触角就是感应器、探测器、摄像头等一系列终端,随着智慧城市建设的推进,终端数量越来越多,业务种类也越来越丰富,这就对通信网络提出了新的需求。5G从高带宽、低时延、大连接等特性来看,对应于城市管理业务的角度,都能找到合适的网络技术进行匹配。比如视频监控,可以利用5G的高带宽技术;远程控制无人机,可以通过低时延业务;水质监控等感应器,可以通过大带宽业务。

下面重点提一下与5G相关的几项技术,共同作用于城市管理。

一、精确定位技术。目前基于5G网络的精确定位技术也在进行研究,将来的定位会越来越准,覆盖范围不仅仅是室外,室内也会达到分米级,甚至是厘米级的定位精度。比如说洋山港,如果精准定位完全实现以后,可以实现全港区的无人驾驶和智能调度,会进一步提升港区的运营效率,提升贸易体量。

二、终端和芯片技术。5G的终端无处不在,5G的终端不仅仅是手机,城市管理系统的每个触角都能装上5G的芯片,作为5G的终端。随着现在7纳米芯片的成熟,终端的能耗会进一步降低,实现的功能也会更加强大,待机时间会进一步提升,这都会对城市管理有一个能级的提升。

三、人工智能。正如前面所说的,5G和人工智能的深度融合,能够帮助提升智慧城市运营的效率。系统通过深度学习,可以实现很高精度的精准管理,准确性、及时性远远超过人工管理。5G带来的"万物智联"的时代,会在今后与城市管理的大脑深度融合。

四、云和大数据。对于城市管理不得不说的就是大数据和云计算。智慧城市运营会产生海量的视频、音频、图像等数据,这些数据的存储、运算、转发都需要云。如何合理部署云资源,哪些数据要到中央节点处理,哪些数据要到边缘节点就近处理。这些问题如果想很好地解决,结合5G的特性,结合大数据的处理能力,智慧城市运营会非常有效。因此,像上海这样的特大型城市,应该具有前瞻性地合理部署必要的云资源。

借此,我也提出,上海可以多储备一些技术基础设施和基础创新平台,形成具备全球引领效应的科创中心。

第六个观点:5G是城市管理架构改革的参照物,实际功能将取代实体。我认为5G对设备也是一个很大的创新。以前,网络设备都是很多的实体设备,但是在5G以后,基站可能还是实体的,但是基站以上的核心网络都是在云上的,这使得5G的部署和业务调用更加敏捷、随需、开放。

扁平化架构会普及。实际上整个通信技术架构的创新,引领着城市的发展。就好像是20年以前，通信网络已经是扁平化的管理。那时候在社会管理、企业管理方面却是一层又一层，不认为扁平化架构可以实现。现在扁平化已经应用到了各个方面的管理上，当然这也得益于信息技术的发展，IT技术使得扁平化变得有可能。

地域限制会打破。目前地球已经变成了一个村庄，包括微信也是一样的，我从来不用担心微信会找不到你，虽然我不知道你的微信号是什么，所以以后是否需要一个固定号码？运营商也马上要携号转网了。长三角一体化，在江浙也可以办上海号码。这些地域的打破很快就可能实现。

我相信技术的架构种种原理，以后可能会影响到城市管理的架构。这或许也算是5G助力城市管理的一种方式。

苏秉公：由于时间关系，我们今天交流只能到此结束了。以后我们还可以加强沟通，进行更深刻而全面的思考，非常感谢大家！

2020年：疫情常态化下的智慧城市建设

主持人
姚宗强
上海华夏文化创意研究中心顾问

出席领导
徐建民
上海市政协常委、经济委员会主任
万大宁
上海市政协经济委员会常务副主任
俞　烈
上海市政协经济委员副主任
梁兆正
上海市科协副主席
沈山州
中共上海市黄浦区委副书记
施荣范
上海科普教育发展基金会副理事长

演讲嘉宾
傅志仁
中国电信上海公司资深经理、副总工程师
谈剑峰
上海众人网络技术安全有限公司创始人兼董事长
郑　磊
复旦大学教授、数字与移动信息实验室主任
伍爱群
上海市政协经济委员会副主任、上海航天信息科技研究院院长、同济大学城市风险管理研究院院长

经过整个国家和全体人民的共同努力，我们有效地控制了疫情，上海也进入了常态化的管理阶段，可能今后还会有反复。在这样的情况下，我们今年论坛确定的主题为"疫情常态化的智慧城市建设"。以便让大家共同回顾在疫情发生期间，我们的信息技术应用所带来的特殊效果，也共同展望今后怎么借助智慧城市的建设，继续推进社会的管理和社会的运行。

姚宗强：各位领导、各位专家、各位来宾，下午好！"智慧城市"论坛已连续举办了10年，每年都体现了时代主题。今年正当全民有效防疫抗疫，论坛以此为主题，请各路专家学者为智慧防疫献计献策。下面我们首先请中共黄浦区委副书记沈山州代表主办方致辞，大家欢迎！

沈山州：尊敬的各位领导、各位专家、各位嘉宾，大家下午好！自2010年起，我们已连续10年就智慧城市建设的相关问题，举办相关的论坛。这一论坛开阔了我们的视野，取得了很好的成效。本次论坛经过充分筹备，今天在科学会堂国际会议厅正式召开。我很高兴和来自上海的各界领导、嘉宾和专家学者，共同参加由上海市科学技术协会、上海市黄浦区公民科学素质工作领导小组、上海科普大讲坛管理办公室联合举办的"疫情常态化下的智慧城市建设"主题论坛，以使大家交流经验，分享成果，凝聚共识。在此，我谨代表论坛主办方，对本次论坛的顺利举办表示热烈祝贺，向前来参加论坛的各位领导、专家学者和来宾，以及新闻界的朋友们，表示热烈欢迎和诚挚感谢！

各位专家，各位嘉宾，2020年突如其来的新冠疫情迅速扩散绵延至全球212个国家和地区，人类深受疫情的影响，疫情打乱了人们正常的生活和工作秩序，上海市重要的社会经济活动也戛然而止，上海关于进一步加快智慧城市建设的若干意见的贯彻落实也面临着严峻挑战。可喜的是，现在疫情已经在国内得到了有效控制，各行各业均已复工、复业、复市，几个月的抗疫斗争，使整个城市的抗压和恢复经济能力经受了严峻的考验。

在这样的背景下，我们将2020年华夏论坛的讨论主题确定为智慧城市与疫情常态化防控。回首过去的10年，在各位专家学者和大家共同努力下，上海市智慧城市宣传得到了广泛响应，取得一系列积极成果，围绕着今年的主题，在疫情常态化的防控下聚焦智慧城市的建设，重新焕发起科技和生产能力，将会登上新的高度，具有更强的爆发力；在城市治理现代化方面，也将更加注重现代科技手段的应用。

城市社区治理将由人类密集型向人机交互型转变，由经验判断型向数据分析转变，由被动组织型向主动发现型转变，这些变化必须牢牢把握5G、AI等先进技术，广泛连接的信息化设施设备，实现信息化资源互通。这也意味着人与社区的交互必将越来越多，很多以往必须面对面开展的业务与服务，或将全部迁移于线上并支持异地开展，更多地加速应用场景的落地，实现服务质量与管理效率的双重提升。

总之，后疫情时代，将对智慧城市建设带来新的挑战。为深入探讨智慧城市与疫情常态化防控问题，我们衷心希望大家通过主讲人所阐述的观点，经过碰撞，产生新的思想火花和真知灼见，为上海智慧城市和疫情常态化防控带来理论指导，有力地提升上海智慧城市建设和疫情防控的整体水平。

最后预祝本次论坛圆满成功，谢谢大家！

姚宗强：感谢沈书记代表主办单位的精彩发言，下面请上海电信傅志仁先生发言，他发言的题目是"5G+AI助力上海智慧城市新发展"，大家欢迎！

傅志仁：各位领导，各位嘉宾，非常荣幸有这么一个机会来到市科学会堂，向大家汇报我们近期的一些工作。每次来到科学会堂，我都有一种神圣感。这里是科学的圣地，在这里我们一起探讨科学技术的发展，感到非常荣幸。

我的汇报分三个部分，第一部分是在疫情的情况下，我们是如何应对挑战和抓住机遇的。昨天我看了一组数据，在世界范围内，目前累计确诊病例已到达3300万，死亡突破了100万，大概是3%；其中4个国家累计确诊超过100万例，形势非常严峻。第二波疫情又有所反复，但是相比之下，我们国家仅用一个月的时间，就控制住了疫情蔓延的趋势，最终打赢了疫情防控的阻击战，这离不开我们国家治理体系的有力支撑。

当前我们已经进入了常态化的防控阶段，有六款疫苗进入了临床试验阶段。疫情的蔓延对整个世界的经济带来了非常大的冲击，主要经济体都是负增长，唯独中国在第二季度实现了V字形反转。根据IMF的预测，在全球主要的经济体中，我国可能是今年唯一保持GDP正增长的国家。从2015年提出网络强国的概念，到2017年数字中国，我们的GDP占比都在稳步增长，预计到2025年会突破50%，达到60万亿，这也是非常了不起的成绩；特别是今年3月份，国家推出了新基建举措，正在形成国内国际双循环相互促进的格局，同时给我们通信行业带来了非常大的希望，因为新基建里面，很多领域和我们是密切相关的。

上半年电信业务的增长占到3.2%，但是身处这个行业，特别是中美贸易战这个形势下，应该说对我们是有非常大的压力的。第一个是在芯片方面，美国对我们7纳米以下的芯片生产是禁止的；还有是针对设备方面的，很多以安全为由，对我们一些5G的设备进行限制，所以我们运营商也面临着一个挑战。我们有一个214牌照可以开展业务，但现在也面临重审和复审，甚至也有可能被取消，这对我们的经营会有比较大的压力。今年在应用方面，无论是抖音还是微信，都面临着同样的停用风险。面对这些逆全球化的挑战，从我个人的理解来看，我们确实有很多卡脖子的科学技术项目急需攻关和突破，要实现网络大国向网络强国的转变，还需要我们多投入和多产出。

接下来汇报一下我们这几年里的新技术、新应用。经过了这么多年的发展，整个技术确实呈现一日千里的态势，特别是进入了互联网阶段，按照数字中国来说，网络是数字中国的一个基础，所以基本是泛在化，包括了光纤、5G、卫星。如果没有卫星，我们现在做的整个网络通信，主要的还是在人群比较聚集的地方，占到整个地球面积可能只有10%不到，更多的水域、山区和森林覆盖不到。这个问题只有通过卫星来解决。

第二个是虚拟化。主持人提出在这次疫情期间，有很多是在网上做的，就是把一个物理的世界搬到虚拟的世界上，把虚实结合起来，为未来发展提供非常扎实的基础。所以这里面就涉及一些视频的技术，像超高清的4K、8K，全息技术VR、AV，为我们未来线上到线下提供了基础。还有人工智能，也会丰富整个物质基础。我们构建两个技术能力集，现在说得比较多的是5G+ABCD，A是人工智能，B是大数据，C是云计算和物联网。这里面特别值得一提的是医疗行业，我们有一些医疗机器人也提供了比较好的服务，规避了一些人类的风险。经过这么多年的发展，我们也在思考通信发展的规律。从通信的媒介来说，应该是有线连接和无线连接双螺旋的趋势。我们可以回顾整个信息技术的发展，譬如无线电视。电视机在20世纪80年代的时候都是无线的，街坊邻居坐在一起看女排比赛，那时候要去摇天线，一不小心就会受到干扰。因为最初的时候没有形成这么大的规模，所以以无线形式为主。现在的话，都是通过光缆连接进来，而且装修房子的时候就已经考虑到了，这个也保证了收看质量的稳定。

我们上海作为整个中国通信的发源地，1871年有电报时就开始了，当时是有线电报，现在早就变成无线的了，利用大气层的反射来实现这个功能，有线无线是既独立发展，又相互促进。有线发展到最高境界，现在到了光纤的阶段，现在推出了千兆；无线发展到最高阶段就是5G，也是到了一个新的高度，这里不得不提到卫星。现在在天上跑得最远的就是1977年美国发射的"旅行者一号",离地球有200多光年,就是150个地球到太阳之间的距离。人类因梦想而伟大,这是离我们最远的人造卫星。还有7月31日习总书记亲自启动的北斗三号,总共由30颗卫星组成。这一块也是快速地实现了全球覆盖,这里面也是有一个核心技术的突破。卫星之间要连起来,这个星和那个星之间的距离有上万公里,只有通过无线才能连接。所以这也是技术带给我们的一些大的突破。

我们在上海发布了3000兆,包括光纤、5G、Wi-Fi。经过这10年的发展,在2009年时,每兆比特的价格是60元,到2019年降到了1.2元,也是积极响应国家提速降费的号召,带宽达到了1000兆,应该说我们现在的带宽甚至产生了过剩。这也是这么多年来,我们整个通信人的不懈努力所取得的小小成绩。

当然,说到了千兆,大家有时还是感觉不习惯,好像没有这么快,那我也在这里和大家汇报一下。我们这个速度不等于用户的感知,为什么呢?我想从三个方面说一下。第一个千兆是用户家里到我们整个网络,现在的问题出在哪里呢?主要是有三个地方,第一个就是我们整个终端这一块,因为终端,大家用的时间比较长了,以前的终端也到不了千兆,这10年间我们提高了300倍,很多老的终端的速度上不来。第二个是终端和网卡之间的连接,这是用户的习惯导致的。以前是用一根线连着电脑上网,现在一般都不会这样了,大部分是通过Wi-Fi来连接。那Wi-Fi有的隔一堵墙,速率上不去,我们一定要到Wi-Fi6,才可以到千兆,现在有60%的Wi-Fi,只能达到二三十兆。所以今年我们推出了Wi-Fi6的升级换代,才可能真正到达千兆。我们采用了全Wi-Fi以后,总体的信号都非常好,速率也上去了,解决了网络的问题以后,最大的问题就是云的问题。关于应用这一层,大家如果用过云盘的服务,应该很了解这一块,资源商会做一些限速的措施,所以大家可能会感觉不到千兆。正是考虑到应用层的情况,我们电信除了自己推出一些应用,还提出了云网融合战略。我们以前只做网,网只解决一段,我们通过全Wi-Fi解决了最后一段终端,还有应用要解决,就要靠整个云一起来。这块有一个大的布局,目前中国电信在运营商里面,我们是拥有运营商最大规模的云,有一个2+4+31+X+O的目标布局,这里的2是指内蒙古、贵州,4是指京津冀、长三角、粤港澳、陕川渝。所以我们是以云为核心,按照云来布网,用户的应用在哪里,需求在哪里,我们的网就到哪里;网随云动,可以动态地感知应用的需求,根据应用的情况不断地做一些调整。

5G是作为云网融合的一个重要场景,向各位领导汇报一下5G的进展情况。这是最新数据,全国建成的5G基站超过了60万个,5G网上终端连接数1.3亿,上海累计建成5G室外基站超过2.7万。我们电信和联通是共建共享的,完成了1.7万个站,占到了大头。正是有了5G的覆盖,我们的发展速度非常快,应该说是前所未有的;我们在市中心城区的覆盖率达到了90%,在郊区的城镇覆盖率超过了80%,应该说基本实现了经信委提出的3年3万个基站的目标,甚至提前完成了,这是一个总体的情况。

再回顾一下前两年大家谈5G时提到的三个主要特征,第一个是高速率,应该说我们实测也是比4G提升了10倍以上;第二个是低时延,这个也可以实现,但是我们这一块还需要持续优化;第三个是广连接,这个是下一个标准,可能等到明年底或者更晚一点的时候。

这是我们美好愿景分步实现的情况,建好了这个网,非常重要的就是应用。中国电信一直坚持5G独立组网,通过独立组网,我们可以实现网络切片和边缘计算,主要是应用于智慧城市建设,特别是一些工业互联网,我们后面会有案例来进一步汇报。在这一块,5G确实是一个国家战略,我们工作了这么多年,也是第一次,即标准都未定,就开始大规模建设,并且一边建设,一边完善标准。国家也非常重视,在网络建设的同时,工信部已经进行了绽放杯5G的比赛,从而推进了5G的应用。

虚拟化改变了我们的生活方式。这里面先看一下疫情期间的几个案例,大家就会有感觉。第一个是穿越时空。中国电信第一个在武汉设置了云监控,火神山只用了一个月就建成了。第二个是虚实结合。这是北京和武汉直接架构了一个视频会议系统,通过全息技术,实现了两会的访谈,双方可以自如地进行对话。还有在疫情下的学习和工作,最典型的就是天翼云的视频会议。以前经常去北京开会,一来一去的时间很长,现在只要通过视频会议就可以了。这一块,我们推了十年,直到今年,因为疫情的影响,才把这个变成了现实。另一案例是停课不停学的空中课堂,我们最后覆盖了全市50万学生,累计访问1410万人次,包括我们的上学和家教常态化的模式。所以作为未来数据产生最大的一块，就是视频。至于视频的发展趋势，其清晰度会越来越高，而且这个清晰度到了8K，已经超越了人的生物识别。超越了有什么用呢？它是给机器用的，以后会演变成机器之间的一个通信。

还有全息及现在非常火的XR，这里面有三个，VR是现在相对比较成熟的，而且用得非常广泛，像有一个电影《头号玩家》，还有AR是增强现实，还有MR是混合现实。最后一个是智能化，智能化的核心是取代传统的劳力，在这次疫情期间，应用最广的就是随身码，这是我们大数据基本的应用。我们几家运营商提供了一些数据，截至8月底累计使用超过12.6亿次，用码人数超过了3400万人。这只是初期阶段，真正的智能化对我们的影响会实现人口红利到机器红利，我们以前是靠人多，劳动力便宜，以后随着老龄化社会的到来，必然会面临挑战；那我们以后就要靠机器，现在各种各样的机器形态已经充满了整个社会。

我们现在客服用的是智能客服，大家可以打一下10000号咨询我们的业务，和你们对话的不是人了，是机器，而且可以做简单的交互。还有就是机器翻译，以前大家说的不一样的语言，特别是一些小语种的，很难翻译，那怎么办呢？以后只要借助一部手机就可以实现比较畅通的交流。除此，我们还有一些2B的应用，由消费互联网转向工业互联网，这里有一个几十秒的视频给大家看一下。这是用5G加上AGV，实现了自动导航，把钢锭运到港口码头。这也是我们工业应用的一个非常典型的应用。应该说上海市已经把智慧城市的新蓝图描述出来了，正在制订"十四五"规划，落实国家新基建，围绕新网络、新设施、新平台、新终端，立足两个大局，坚持四个放在，建设五个中心。三化的发展新方向，一个是泛在化，现在已开始研究6G了，利用可见光的Li-Fi的技术；二是虚拟化，最后实现虚实结合，代表性的就是数字孪生；三是智能化，最典型的就是机器人，无论是无人驾驶，还是我们不久后可以看到的靠单车智能，加上车路协同，还有现在比较火的脑机接口。所以对未来的话，我们还是充满期待的。

当然要实现这些的话，有一些基础科技还是要有所突破的，比如量子信息、生物存储，包括一些信息安全技术。我们坚信通过大家的共同努力，我们的梦想终究会照进现实，并且有一个美好的未来！

姚宗强：感谢傅总工程师，他用数据说话，让我们了解了在疫情下，我们的新技术催生新应用，同时也给我们展示了智慧城市建设的新蓝图。下面请全国政协委员、上海市信息安全行业协会会长、众人科技创始人谈剑峰发言，大家欢迎！

谈剑峰：我发言的题目是"互联网时代的信息安全"。我们网络的发展少不了安全的保驾护航，我今天讲的是一些风险点，也提醒大家一些可以防范的方法。

相信在座的都收到过垃圾短信，这说明大家的隐私早就没有了。有的人说没有就没有了，该怎么活着就怎么活着。我们要面对的是未来，未来是物联网时代和人工智能的时代，我们要怎么保护。其实安全最主要的是靠意识，而不是靠纯粹的技术。今年网络犯罪的涉案总额将达到6万亿美元，这个数字已经成为全球第一犯罪，超过了毒品。

看，这个世界都在裸奔，我想请问各位一下，你们的信用卡上面有一个小芯片的是否比以前的磁条卡更安全？有一个视频大家可能看到过，即隔着你的包三到五厘米远，犯罪分子就可以刷走你卡上的信息和钱，包括隔着风挡玻璃也可以刷走你的钱。我现在告诉大家，300元是免签免密的，用一个闪付的POS机，就可以隔着风挡玻璃把ETC刷走，然后拿着这个设备在地铁从头走到尾，这个人就发财了，这个逻辑是对的。不管是微信、彩信还是短信，只要有链接，都不要去点击，这是最保险的，因为你不知道这个链接给你的是什么；还有二维码，你一看到二维码就扫是不对的。东北有一个案例，有一个小伙子把二维码改了，扫一次就被扣一元钱。你们想象一下，如果你扫了这个码，被扣一元钱，你的反映是什么？或许去问服务员，让他还你钱，但是大部分人不会这么做。于是这个小伙子一个月净赚了70多万。

各位是不是知道你们使用的信用卡是16位号码的，大家觉得网站安全吗？实际上没有网站可以保证你的安全，因为这个数字一旦被别人获取的话，这张卡就不是你的了。我们要有防范意识，绑小额的，不要什么都往这张卡绑定，特别是大额的银行卡，这个风险很大；如果你设了密码丢了钱，银行很难赔付，因为你没有办法证明这个密码丢了，没有密码的话，这个签字一定不是你的。

便捷不等于安全，安全性越高，便捷性越差。便捷性的提高一定是趋势，但同时也带来了安全的问题。举一个最简单的例子，多数人日常使用的各种信用卡密码往往是一组，所谓一码走天下，可如果这个密码被盗走了，你的卡就都可以被盗用。银行给你发短信验证码，大家觉得有安全感了，这是官方报道的，有三种方式都可以拦截你的短信密码，我不一一介绍了，所以短信验证码并不安全。

我是做安全的，我说的发展趋势是都要用，但需要提高防范意识地用，这是核心。当你一码走天下的时候，四个卡或者是两个卡绑在一起，你的账号很容易被盗取，一旦被盗取了，不法分子就可以获得你的身份盗用一切信息。现在不是都有生物认证，手机拍一张照片，你们觉得非常方便，可是生物认证有更大的风险。

我们先说Wi-Fi，公共场所里的Wi-Fi 15分钟就可以破了，防范也很简单，现在的4G、5G网络非常好，自己的4G、5G肯定比公共网络安全，所有的都是相对而言的，没有绝对的安全。5G比4G安全，4G比3G安全，2G不安全，所以在公共Wi-Fi上使用的时候，请你们尽量用自己的4G、5G网，如果觉得自己的网络不好，用公共网络，支付的时候一定要断开Wi-Fi，用自己的网络。

大家最近很关心生物认证，但生物认证对个人隐私是一个大问题。在座的各位有没有人认为生物认证是很安全、很放心的？其实生物认证刚出来时，第一个感觉是方便，第二个感觉是安全。不过谁也没有想到过你刷了以后，你的生物特征就可能散出去了。大数据已经把我们的个人隐私剥得淋漓尽致，逼着我们裸奔。美国有一个大学教授做课题，他用计算机模拟出了一个总统的演讲，口形和声音完全一致。很多人的手机是刷指纹的，他睡着的时候，他喝大酒的时候，用手机对着他拍一下就可以了。所以生物特征最大的风险在于不可重构，就是唯一性的。

你脑子里有一个六位数的密码，你觉得不安全是可以随时更换的，但是你的脸、你的DNA结构，对不起就没法更换了，这才是最大的风险。如果一台服务器用来采集这个数据，并且采集了很多人的数据，这个服务器就会成为攻击的对象，因为一本万利，生物特征数据是不变化的。有人说这个上面可以加密，我本人是搞加密的，加密可以解决安全的问题吗？很多有破解的案例，生物特征数据，这种唯一性的数据谁不想用。苹果早就提出了我不采集你的生物特征，我是用生物特征在你的手机上作为认证，传输的时候用传统的密码。其实这是不可能的，我不信，很简单的理由，这是一个唯一性的大数据，比你任何的大数据都来得有价值。所以生物特征用在互联网上作为身份认证，我个人认为是一种最不安全的技术。生物特征数据是不能随便采集的，对公民而言，这个丢了不得了，没有然后了。

互联网时代，让我们没有隐私；物联网时代，将使我们没有安全。什么是物联网？现在的人工智能也是物联网的核心部分，而人工智能一定是基于大数据的，大数据一定是侵犯个人隐私的。你不能说我一个人的隐私没有什么大不了的，你错了，个人的隐私是你的隐私，包括我说的生物特征数据，数据还有一个确权，这个数据是你的，版权是你的，将来谁用，谁怎么存储，谁怎么传输，都不用通过你，你同意吗？很多网络公司并不赚钱，他们生意中的灰色部分就是出卖你的数据来换取利益。个人的隐私如果汇聚在一群人身上，很可能会引发社会风险。我们的互联网+，不能是建在沙漠上的海市蜃楼，地基是别人的，芯片是别人的，卡脖子的技术在别人的手上，你们家的房子再漂亮，都是在别人的地基上建的。你在采集人家的指纹时，都是通过人家的芯片、人家的操作系统，等于是你在帮人家采集。

我们来看一下这两组数据，先是2019年中国网络安全市场总体支出是73.5亿美元，然后是2017年网络安全的直接损失是663亿美元。我们在安全方面的投入太少了。未来国与国的冲突，一定是信息战、数据战。最近大家在谈论医疗档案上网的问题，说是可以实现共享。不过很多医院不愿意，很多互联网公司就找到医院，找到政府，说通过大数据可以分析病人的情况，包括应该给你什么样的保健，会给你带来更好的服务。但是这些数据一旦没有了，造成的国家风险是什么，是人家可以判断你这个地区几年后多数人可能会得什么病，我这个时候应该研发什么药，如何从商业的角度去赚取你的钱。但是安全是一个看不到的产业，不出事时，你会觉得是多余的。所以我们在发展互联网、人工智能的同时，脚步稍微停留一下，看看我们应该在安全上做一些什么工作，以便保护好我们的数据，保护好我们的安全，这才可能有真正的大发展。

姚宗强：每一次听谈会长的发言，都能使我们保持清醒的头脑，更重要的是应该把这些信息提供给政府决策，请他们加强投入，保证安全。下一位是复旦大学国际关系与公共事务学院教授、数字与移动信息实验室主任郑磊，他发言的题目是"数字化城市治理中的效度、温度和尺度"，大家欢迎！

郑磊：很荣幸来到这里，今天我重点说的是数字赋能城市治理。这些年我们看到了数字技术给我们城市带来的更高效率和效能，帮助政府做更理性而科学的决策，帮助我们做更精细而规范的管理和服务。

在这个过程中，我们看到了很好的效果，我自己也参加了很多方面的研究和决策咨询。我想重点说一下，我们需要停下来，需要思考以下三个问题，第一个是效度，就是说技术不是万能的，不可能解决所有问题。我是讲数字政务的，过去我讲得更多的是政府的数字化程度不够高，效率太低，还在用传统的方式，用纸质的方式，但是这两三年各地政府在数字化方面突飞猛进、对互联网重视程度越来越高的时候，我们一方面要重视数字，另一方面数字也有它的局限度。第二个是温度，第三个是尺度。有一些事我们能做到，可我们应该怎么做？可以这么做吗？

今天的主题是疫情常态化下的智慧城市，首先是健康码上的颜色一定得准确。可拿到了绿色就代表一定没有风险吗？或者拿到了红色就代表一定是有风险的吗？我们看到北京的一个段子，新发地出现了疫情以后，有人收到短信说你最近经过新发地，你应该去检查，但是这个人说我只是坐车经过了新发地。因此数据的判断是不是完全准确，有时候是一个粗放的结果，但是这个结果可能是冤枉的。

现在大家看破案的时候，警察更多的是看视频或者数据，不过就算你24小时跟着我，你可以算出我以前所有的轨迹，我会去复旦大学上班，家住在什么地方，会去什么地方吃饭，但是你可以看得出来，我今天下午会在科学会堂吗？今天晚上我会吃什么，你也算不出来。所以现在的大数据是对过去进行分析，但是预测的能力还是很有限的。

目前很多大屏都是告诉你现在怎么样，过去怎么样，但是基于这个大屏进行城市管理，下一分钟可能发生什么，这就是我想强调的数据的局限性，或者是它的能力是有限度的。数据是不是等同于数据本身，你的镜头可以看到我，但是你知道我现在想的是什么吗？或者说你看到了我的动作，就代表事实上发生了什么吗？这不一定。因为我们教的研究方法里面，有一个就是想测量的东西和实际测量的是不是一回事。比如说GDP是否完全等同于真实的经济发展，包括社会生活的一切的方面都是可以测量和量化的。其实很多东西是无法测量和量化的，如果不能完全量化，或者是这个量化过于简单粗放的话，我们所采集到的往往不等于是真实的，而且数据不可能走遍每一个角落。

数据是否等同于事实本身，我们离万能还很远。这一方面需要有人的智慧，治理的模式、方式和手段的变化；另一方面加上技术的赋能，但我们看到城市大脑，就真的相信把所有的决定交给大脑，我们的书记、市长就不用做决定了吗？所以城市大脑作为一个概念很好，但不可能成为一个城市真正的大脑，最重要的决定还是得靠人来做的。所以技术并不是万能的，它的能力已经大大提升了，比十年以前要提升了很多，但是我们的心里要有这个底，它不能解决所有的问题。

都说健康码很好，可有一些老人没有手机怎么办？这些老人就出不了门，上不了公交车；他们也不会用支付宝，就不能上网预约或去医院机器上自助挂号，他们说还不如以前方便。现在我自己去旅游景点买票，售票员会问我预约了吗？没有预约也要扫码，人和人之间不交互。一个小朋友让另外一个小朋友去家里玩，说我们家里有两台电脑，我们就可以在电脑上用QQ交流了。这是一个笑话，我们以前去市政府办事是脸难看，但是现在不能变成不要"脸"。政府和公众的接触只剩下屏幕，没有脸了，这也是一个问题。

所以完全不见面，一次也不跑，全程数字化，没有人的服务就是最好的服务吗？现在一直在强调上网，但是上网也是要看能力的，有的人现在手机没有电了怎么办，那就什么服务也得不到了。所以不是不见面的服务就是最好的，让公众来选择，他要见面就见面，不想见面就不见面，不能一味地强调不见面的服务就是最好的。公众有没有选择服务方式的权利？我们在推进智慧城市和数字化，不能变成一个强迫型的数字化和被数字化。有一些年轻人说我不想去见人，我一次也不想跑，我们可以为这些人提供数字化的服务；另有人说我想见到人，而且我有问题需要咨询，我们可以配备工作人员一边回答问题，一边为他办理业务。所以数字化前提下，要为公众提供选择的权利和不被数字化的权利。

在数字发展的时代，我们的人群分成了两种，一种是数字化的强者，可能是年轻人，可能是受教育水平更高的人；有一些是弱者，年纪比较大的，收入比较低的人，我们的数字化时代，就可以抛下这些人了吗？下一步我们要考虑数字化"脱贫"的问题，要通过宣传教育，让这些人群也学会技术化的手段，包括有一些服务的方式要停下来等他们一下，他们可能就喜欢线下的服务方式，那我们就提供线下的服务方式。我们解决数字鸿沟的问题要更包容，特别是政府的服务，更多地要照应到弱势群体，因为强者借助市场化就可以解决了，而弱者需要政府来托底。不能一味地强调技术就是最好的，不要忘记了人的温度。

记得在非典的时候，我们只发布一个统计数据，如今天发现了多少例，明天又发现了多少例。现在就发布得非常好，比如说37号病例，常驻地是什么地方，去过什么地方，一方面满足公众的知情权，另一方面也保护了患者。有一些地方发布了一些个人隐私的数据，比如他开车从什么地方到什么地方，把他的车牌也发上去了，那患者又不是犯人，我们不能干扰他日常的生活。有一些地方看起似乎没有把具体的个人数据拿出来，比如只说这个人姓顾，42岁，住在什么街道。可如果你对这个小区了解一点，或者是你住在这个小区，你知道这些信息后，就可以推算出这个人是谁；如果你推算不出来，这个街道的其他居民也可能推算出来。所以你公布出了好几个点的信息，就等同于公布患者的实名，这个就过头了，侵犯了他的隐私权。我们需要让了解疫情状况和保护个人隐私达到一种平衡。

我们现在数据采集的能力越来越强，分析的能力也越来越强。这个采集是不是应该有边界，他可以采集到我的卧室里，侵犯我的合法权益，采集的时候是不是有一个知情权？我是否同意？有一些数据是强制性的，但是有一些数据是否让我知情，如何确保这些数据不被别人采用，这肯定是有边界的。疫情防控的时候大家都很配合，把自己家里住了什么人、具体的信息和所在单位都给了街道。街道说市民从来没有如此配合，这么好的数据我们还可以拿来干什么用？我当时很恐惧，我说你凭什么拿这些数据干别的事，是要打营销电话吗？所以这个数据要保护好，甚至疫情结束以后，这些数据要严格地封存。

有的街道说我们还想再采集一些数据，比如采集每一个家庭成员的血型，这样的话，万一有人是熊猫血，我就可以给这个人打电话，问他是不是可以来献血。问题是他同意你采集吗？这虽然是一件好事，但你也不能道德绑架。如果我是稀有的血型，整天被人打电话让我去献血，我肯定会很烦的，如果我不愿意的话。所以我们一方面要有利用数据的能力，另一方面也要控制数据和掌握利用数据的尺度。

我们现在一直在强调数据赋能，但是在法律配套上，你有权这么做吗？你要承担什么样的责任？我们一味地强调赋能，我们的能量越来越强，也没有边界，但是没有给我一个制度，没有一个规则，说我拿了这些数据应该怎么用，我用的时候是不是可以得到别人的知情和允许，这就会乱套。技术是一把双刃剑，而我们的法律体系还非常薄弱。

我们利用术语、利用数字技术进行城市治理，要思考能不能的问题。有时候和一些工科生交流，他们要考虑是不是可以做到，我们做管理的就要考虑这样好不好、可不可以。我们的现状是技术发展的一日千里，而我们的管理手段、管理思维和管理能力还没有跟上，我们的制度和法律建设还相对滞后。这就造成了我们在裸奔，没有人可以拉住他，没有人可以束缚住他。技术上可能的，一定就是组织上可行的，或者是在政治和社会上可取的。现在我看到大量的文件都是在强调技术赋能、数字赋能，不强调后面的问题。

当技术不断发展时，人和技术到底是什么关系？我们用技术是让人的生活更美好，还是要让技术取代人？人工智能时代到底需要人干什么？是提供更好的服务，比如说用人工智能的技术可以养老，那么人可以做什么呢？我们大量的人都无所事事了吗？都被取代了吗？是解放人还是束缚人？我们现在把人绑得越来越紧、没有一个喘息的空间。以人为中心最终目的是要服务人，以数据为中心就是没有把对方当成一个一个的人。可见，人文关怀和技术管控之间是需要平衡的。我们在不断强调管理效率的同时，是否考虑过公众的心理感受？事实上有一些技术上去了以后，公众的心理感受反而不如以前，比如去医院挂号，还不如以前的排队。然后我们要考虑什么是为，什么是不为，我们用数字提升服务的管理能力，但有时候该不为就不为。我们现在更多的是考虑技术的问题、技术的可能性，接下来要更多地考虑法律的问题、伦理的问题，这些问题同样非常重要。

最好的数字整理和采用不一定是最先进的技术，而是最合适和最适度的技术，要有温度和尺度。这是我今天的总结，怎么把握这个效度、温度和尺度，归根到底要以人为本。把人本的价值作为推动城市发展的核心趋向，作为改进城市服务和管理的重要标尺，作为检验城市各项工作的效率和标准。从数字化到智能化，再到智慧化，智能化和智慧化有什么区别？我的回答是智能是机器的，智慧才是人的。只有结合了人的智慧，我们才能真正变成智慧的城市。这里的智慧包括了机器的智慧和人的智慧，所以每一个数字都有温度，让人民群众有获得感，这就是我今天要谈的内容。谢谢大家！

姚宗强：谢谢郑教授的发言，他非常形象地让我们了解了在数字治理过程中三个度的把握，我印象特别深的是以人为本的价值观。下面我们请上海市政协经济委员会副主任伍爱群同志发言，他发言的题目是"网络与城市运行风险"。

伍爱群：各位领导，各位嘉宾，大家下午好！很高兴参加这个会议，我今天的汇报与我们的生活密切相关。2007年，自国际标准化组织ISO对未来网络立项以来，中国科学家已全程参与并占据主导的地位，在理论研究、顶层设计、国际标准、落地组网、安全架构、自主可控、核心技术、核心设备、主权立法、网战应对、战略规划等方面有了基本成熟的方案，目前已经领先美国10年。我国ISO未来网络FNV9体系已初步产品化、工程化、商用化。

下面我要谈一下政府与公共服务，这和我们这次疫情是有关的。健康码是我国重要的新冠疫情防控手段之一，由各地政府协调建设并强制推广实行。健康码的基本工作原理是个人在应用程序上申报其基本信息、健康信息和旅居史等，申报信息在应用程序内汇总，并形成有颜色标志的个人健康二维码，各地区、防疫单位及商户等可以通过查看二维码颜色或直接扫描二维码，以确定个人是否符合防疫要求，可否自由出行。

预约挂号与医保药店通过公众号实现预约挂号和门诊交费，既便民，又高效。基本医疗保险参保人员持社保卡或医保卡，在定点零售药店买药。通过网络连接大量的灾难监控传感器，自动获取数据并进行分析，为防范各种灾祸提供依据，提高应急防灾减灾的效率。

互联网与政务服务平台主要提供个人、法人政务服务的线上办理渠道，包括政务信息公示、办件材料在线审核、在线咨询等，各地政府建设地方互联网政务平台。就智慧城市服务系统而言，目前大部分政府机构及企事业单位都推出了互联网+服务，一网通办已经成为高效政府的标配，OA办公成为常态，极大地提升了城市服务的效率，极大地提升了人民群众的幸福感和获得感。如果网络发生了故障或网络不安全，将会造成市政设施和市政服务无法正常地运行，造成城市运行混乱，社会不稳定。

红盾前哨网络视频监控系统及其他网络监控系统几乎不考虑来自内部的网络攻击风险，一旦系统内部计算机感染病毒或木马程序，不法分子就可直接通过与外界建立联系通道，绕开防火墙防护，从而导致内部的信息泄密或系统直接遭受来自外部的攻击。由于数据储存量大，数据文件通常保存在网络服务器中，也由于系统直接与网络连接，易受到外来入侵，从而引发重大的安全隐患。该平台是按国家统计局要求建立的，各地市调查队的统计数据统一在线上报平台，该应用提供采购经理指数调查、工业生产价格指数调查、农村统计调查等重要的宏观经济指标基础数据的联网直报通道。如果出现网络安全的问题，会因数据错误、缺漏而导致国家重要信息泄露的严重后果。

人民法院计算机信息网络系统的建设，是人民法院根据审判工作与法院其他工作的需要，为提高管理水平、规范审判程序、提高工作效率和保证工作质量而建设的计算机信息系统，保证计算机技术和通信技术的利用，在全国各级人民法院建设计算机局域网和广域网，以及利用计算机网络技术辅助的审判工作和其他工作的建设，像婚姻登记系统、智慧环保系统，如果发生网络故障，会造成系统无法正常使用，工作人员不能正常地查询公民的婚姻状况，不便于工作的开展。严重依赖网络，如果发生故障，相关分析将无法通过网络智能自动提供，效率会大大降低，最终导致人工成本的极大提高。

还有学校的网上服务大厅，包括财务、教务、行政、学生工作在内的一系列高校日常运行的线上办理服务，实现高校信息化管理。该应用严重依赖网络，如果网络发生故障，高校的各种教学教务活动将受阻。学生信息网，该信息是面向全国提供权威学历查询、各类招生和调剂服务。如果发现了网络安全问题，导致学生招考信息泄露和流失，将损害学生的隐私权，并严重影响考试的公平，严重损害学籍学位的严肃性和公信力。

网课与第三方直播，用第三方软件直播降低了人群聚集可能的风险，该应用严重依赖网络，如果网络发生故障，就无法正常使用。

接着是治安与交通服务、住宿身份核验及登记系统，如果网络不安全，通过网络泄露相关信息，则会泄露大量的个人隐私，产生恶劣的社会影响，降低政府的公信力，妨碍公安的相关工作，影响城市的治安。

城市智能安全监控视频，利用网络技术，将遍布城市的数以万计的摄像头进行联网和管理。该应用严重依赖网络，如果发生了网络故障，该系统将基本无法运行，会对社会治安造成重大影响。

城市智能交通管理系统，该系统通过各种联网的传感器，实时获取并分析交通动态信息。该应用严重依赖网络，如果发生了网络故障，该系统将基本无法运行，会对城市的正常交通造成重大影响。

地铁运行和服务系统，现代地铁已经实现了无人驾驶、高频率发车、自动售票、网络售票等功能，其效率得到大幅提升。该应用严重依赖网络，如果发生了网络故障，将会使运行效率降低60%以上，并增加人工成本，甚至酿成群死群伤的重大责任事故。

物流和追踪系统，运输业现在把传感器安装在移动的卡车和正在运输的各个独立部件上，从一开始管理中心系统就追踪这些货物直到结束。由于信息化技术手段滞后，我国大部分物流企业缺少对货物的实时定位跟踪，造成车辆空载率极高，物流各环节协调不畅，不仅提高了物流成本，而且降低了物流效率。据中国仓储协会报告显示，我国货运车辆的空载率为45%。还有智能快递柜系统、智能快递，可以大幅度提升物流最后一公里的配送效率。该应用严重依赖网络，如果网络发生故障，该系统将无法正常运营；如果网络不安全，则会泄露相关的信息，造成快递被冒领、个人信息被泄露等风险。

还有车联网和无人驾驶系统，如果网络信息不准确，又如何实现自动驾驶呢？车内网络设施更容易遭受到信息安全的挑战，无线通信面临更为复杂的安全通信环境，云平台的安全管理中存在更多的潜在攻击接口。自动驾驶汽车更像一台机器人，由既定的程序和人工智能芯片进行控制。对所有的自动化系统而言，由于故障，总是存在被黑客入侵或是崩溃的风险。

然后是金融与支付服务的风险。网上银行系统是各银行在互联网中设立的虚拟柜台，银行利用网络技术，通过互联网向客户提供开户、销户、查询、对账和行内转账等服务，应尽量避免使用搜索引擎等第三方途径。如果在公用计算机上使用网上银行，数字证据等机密资料有落入他人之手的风险。如果网络不安全的话，就会有信息安全风险，数据一旦泄露，将导致整个行业和企业遭遇严重风险。

银行业务管理系统，包含了用户的个人信息管理，存储记录、取款记录及贷款记录管理，用户个人明细管理。如果发生网络故障，可能会妨碍工作效率，甚至造成系统无法正常使用、无法进行支付或者钱财流失的风险。使用手机通过网络进行支付业务，更方便，更安全。但如果网络发生故障，这些方式就无法使用。

扫码收费是通过扫码为商品或服务付费，目前在付费方式中的占比不断提高。如果发生网络故障或安全问题，收付款将无法完成，从而影响交易活动的进行，甚至还可能出现诈骗收款、假付款、互联网假币等现象，直接损害合法商家和消费者的利益。

最后是生产与商业服务风险，包含电网能力管理系统，实现电网高度智能的储能控制。如果因特网知识产权被禁用，会造成电力系统不稳定，用电效率大幅度降低，严重影响城市的正常运行。

ERP的管理系统，如果网络发生故障或不安全，会泄露公司的商业机密，公司合作协调不能正常运行，使公司进入瘫痪状况。还有智慧农业互联网，属于轻量级的专有网络，不依赖运营商网络，如传感器品质良莠不齐，加上用户的预算问题，传感器并没有发挥出它的真正作用，反而成为农业生产的电子垃圾。还有机器管理库存系统，向消费者提供各种商品的自助服务售卖机和便携式的商店，现在可以在特定的商品低于订购水平的时候，发送自动补充库存警报，如果网络发生故障，会对商家造成巨大损失。

连锁超市的收银系统，如果发生网络故障，会造成超市财务和货品信息的泄露。像现在的拼多多、京东、阿里巴巴，极大地提高了人民群众的幸福感和获得感。如果发生网络故障，相关服务将无法提供。还有企业的网站系统，包括招聘的网站；其他的商业服务，包括云存储，如果网络不安全的话，会造成网络安全信息泄露，造成重大危害。

智能家居系统，利用先进的计算机技术、网络通信技术、智能云端控制等一系列技术有机地结合在一起，实现以人为本的全新家居生活体验。在智能家居系统带给人们便捷、舒适生活的同时，也带来了很多安全隐患。

各种社交娱乐直播平台，微信、微博、爱奇艺等，已经深入人群并不可分割，极大地提升了人民生活的幸福感和获得感。如果网络发生故障，这些相关的服务将无法提供。各类App的应用，这些刚才谈老师已经说过了，我就不再多说了，包括浏览器、游戏账号等。

我就讲这些，请大家批评指正，谢谢各位！

姚宗强： 非常感谢伍主任的发言！下面我们再留一点时间，请四位专家上台和大家进行互动。

提问： 我们的社会正在呈现老龄化趋势，截至2019年底，我们国家的老龄人口已经占到了11.74%，这部分的人群受教育程度参差不齐，刚才郑磊教授提到了这个问题。智慧城市在正常和非正常的状态下，如何更好地兼顾或者说如何兼容老年人的群体，有什么具体的举措？

郑磊： 数字鸿沟的这个概念，对它的理论研究已经很多年了，它是一个相对的概念，相对的数字鸿沟会长期存在，只要有一些新的技术、新的应用鸿沟会存在，所以对一个老龄化趋势的城市来说，这个鸿沟就会存在。所以政府用数字进行服务的时候，要考虑一揽子的方案，同时要考虑到线下的传统手段，比如说老人通过身份证可以出去。每次考虑线上的时候，同步地考虑线下，不能把线下的手段仅仅作为补漏，应该是同时考虑，而且要给公众选择权，比如说我到一个景点，我可以选择线下，不能一味地把游客都赶到线上，好像这个就是高级的。我有一篇文章，就是专门论述见面还是不见面，上线还是不上线，这应该由公众来自行选择，而不能是强迫的。

提问： 我是来自医院的，刚才这位老师说我们到了医院，还让我们扫码，大家都觉得很奇怪，因为这是政府对我们医院的考核，就是你来了以后必须预约，这是政府对我们考核的指标，我们医院是被迫的。但是刚才我听了专家的讲解，大多数都是说的风险，虽然我们智能化的社会发展得这么好，风险却很大，主题还是少用、慎用。不过我觉得这不是一个方向，现在我们医院也非常困惑，上海市重大的活动非常多，本来我们接到通知，这两天官网关一下，防止黑客攻击，可老百姓抱怨你们为什么总是上不了网，是因为我们把它关掉了。我们的社会制订规划，增加编制，我们到底应该怎么发展，请各位专家回答一下。

伍爱群：刚才这位老师提的这个问题非常好，因为现在的很多网络有内网和外网，每一个医院也有小型的网络，这个小型的网络如果受到了攻击，可以用我们的知识产权做一个路由器，这样子的话，可以确保运行的安全，包括医保卡造假的，这些问题都可以解决，这些方面我们现在已经可以解决了。

傅志仁：未来肯定是数字化，这是不可避免的，所以一定用起来。其次就是任何一个新生事物，总是要有一个容忍度，现在我们都在开汽车，汽车刚出来的时候，我们也在担心会不会爆炸，但是现在这些都杜绝了。刚才几位专家都提到了风险，这是可以应对的。在有限的环境下，安全性是可以做到很高的。我们现在是拿互联网完全开放的环境来做的，这个难度确实非常高。

郑磊：我们正在参与上海市一网通办的规划，不能只看过程中的装机率，要看最终用户的获得感和满意度。我们现在一味地强调中间的装机率，就会直接把老人的手机抢过来帮他装，这就走向了一个事物的反面。

提问：四位嘉宾好，刚才我们看到了电信在新一代信息技术领域广泛的布局，同时也看到了你们将5G无人驾驶技术成功落地，我想问一下，最近有没有在城市精细化管理和城市化治理中的具体案例，或者说已经参与了哪些具体的合作项目？

傅志仁：这种案例非常多，时间关系我简单地说一下。我们从2017年开始就参与区政务云，涉及的面也非常广，包括一些具体的应用迁移到云上；同时我们在一些行业内也做了不少，如教育、医疗等。这里面会有一些大数据，包括一些智能化的分析，我印象中为城市建设，包括设立一些专用的公交路线等，我们都做过具体的分析和研究。

再一个就是5G，5G这一块的应用，确实使我们碰到了难度，所以我们的网建好了，这是国家的一个战略。我们要往前走，VR也好，AR也好，这些都是高带宽的，可以拉动这些应用，但是同时这也要有一个过程，所以我们和全社会一起做这个应用，包括和医院、港口也有合作。

姚宗强：虽然互动的环节比较简单，但是大家的问题都非常具体，涉及遇到的一些热点和难点问题，和专家进行了充分交流，专家也提出了具体的意见。我们会在会后汇集专家的发言和大家的观点，提供给有关方面作为决策参考。我想上海智慧城市的建设，总的是要推进和发展的，但是又须以人为本，规避风险，这样的话，就可以共同为我们生活的上海做出贡献！

2021年：智慧城市建设与数字化转型

主持人
叶谦逊
上海华夏文化创意研究中心副理事长

出席领导
徐建民
上海市政协常委、经济委员会主任
刘幸谐
上海市政协常委、经济委员会副主任
金国伟
上海市政协常委、经济委员会副主任
李忠兴
中共黄浦区委副书记
姚宗强
上海市科普教育发展基金会顾问

演讲嘉宾
李安民
中国电信集团新国脉数字文化股份有限公司董事长
胡传平
公安部第三研究所原所长、郑州大学首席教授博导、上海交通大学兼职教授
伍爱群
上海市政协经济委员会副主任、上海航天信息科技研究院院长、同济大学城市风险管理研究院院长

主持人：尊敬的各位领导、各位嘉宾、女士们、先生们，下午好！由于受疫情的影响，根据市、区防疫部门和科协会堂的相关管理规定，希望参加会议的同志能够全程戴口罩，谢谢大家！由上海市政协经济委员会和科教文卫体委员会指导，上海市科普教育发展基金会主办，上海市黄浦区科协技术协会、上海华夏文化创意研究中心具体承办的2021年度智慧城市论坛现在开始。

智慧城市论坛是从2010年开始，至今已连续举办了12届。多年来，智慧城市论坛凝聚了一批国内一流的专家学者，始终围绕智慧城市建设这个议题，针对社会上对智慧城市建设关注的物联网、共享经济、视听文化、网络安全，以及智慧城市对现代生活方式、公共服务的影响等热点话题，各自发表了真知灼见，既可向公众普及相关的知识，也为各级政府提供了建言良策。今年我们还邀请了上海市经济委员会、上海市科学技术协会有关领导，有关企业的负责人和专家，上海华夏文化创意研究中心及黄浦区科学技术协

会的有关人员进行座谈。座谈会充分肯定了论坛举办多年的实践成果，认为论坛由民间具体组织，是一个很好的尝试，针对性更强，专家演讲内容更贴近实际，组织者、参与者与专家的交流更充分，社会效益更明显，形成了关于继续举办智慧城市论坛的共识。今天周太彤先生因为有会议安排，不能亲自参加，他预祝我们这次论坛取得圆满成功。

大家知道，智慧城市与数字化转型已经上升为国家战略。今年10月18日，中共中央政治局就推动我国数字经济健康发展进行第34次集体学习，习近平总书记提出中国要站在中华民族伟大复兴的战略全局和世界百年未有之大变局的高度，统筹国内和国际两个大局，发展与安全两件大事，数字经济健康发展有利于推动构建新发展格局，数字经济健康发展有利于推动建设现代化经济体系，数字经济健康发展有利于推动构筑国家竞争新优势。我国数字经济发展较快，特别是新冠疫情暴发以来，数字经济在支持抗击新冠疫情、恢复生产生活等方面发挥了重要作用。

去年底，上海市政府发布了关于全面推进上海城市数字化转型的意见。今年9月1日，上海市推进城市数字化转型的若干政策措施正式生效。上海要大力发展数字经济，营造智慧便利的数字生活，加快提高数字化治理水平，积极打造基础设施新标杆。上海的各区政府也高度重视城市数字化转型的规划和计划，陆续出台了一批扶持数字化转型发展的政策措施。在这样的背景下，我们今天论坛的主题定为"智慧城市建设与城市数字化转型"，希望通过本次论坛进一步深刻认识上海进入新发展阶段后全面推进城市数字化转型的重大意义，明确城市数字化转型的总体要求，坚持整体性转型，推动经济生活治理全面数字化转型，构建数据驱动的数字城市基础框架，坚持引导全社会共建共治数字化城市，科学有序地全面推进城市数字化转型，为推进智慧城市建设若干意见的全面实施提供新的意见和参考。

今天的议程有三项，第一项是领导致辞，第二项是嘉宾发言，第三项是论坛互动。下面首先请中共黄浦区委副书记李忠兴代表主办单位致辞。

李忠兴：各位领导，各位专家，大家下午好！第十二届华夏论坛今天如期召开，我谨代表论坛主办方对本次论坛的顺利举办表示热烈祝贺，向前来参加论坛的各位领导、专家学者、来宾及新闻界的朋友们表示热烈欢迎和诚挚感谢。

自2010年起，我们已连续12年举办智慧城市论坛。进入新时代，迈向新征程，百年变局、世界疫情对城市治理和城市发展带来了新的挑战和机遇，新冠肺炎疫情、气候变化、可持续发展等都在考验人类的智慧和行动，智慧城市建设和城市数字化转型比以往任何时候都重要。市委、市政府去年底公布了推进数字化转型的意见，提出要深刻认识全面推进数字化转型的重大意义，在上海"十四五"规划和2030年愿景目标纲要中，也首次将数字化转型单列，提出要大力发展数字经济，加快提高数字化治理水平，积极打造新型基础设施标杆。为加快建设具有世界影响力的国际化大都市核心引领区建设，黄浦区已经制订了全面推进数字化转型"十四五"规划，为上海打造国际数字之都贡献黄浦智慧和经验。

在这样的背景下，我们将2021年华夏论坛讨论的主题确定为"智慧城市建设与数字化转型"。李强书记曾明确指出，全民推进数字化转型是超大城市治理体系和治理能力现代化的必然要求。聚焦数字化这一核心的推动力，我们将就变革生产组织和贸易结构，重新定义生产力和生产关系，重塑城市治理模式和生活方式开展探讨，衷心希望在华夏论坛这个平台上，迸发出思想和智慧，为上海城市建设与数字化转型提供理论指导和支撑，带来更具有针对性和前瞻性的启迪，助推上海智慧城市建设和数字化转型。预祝本次论坛圆满成功，谢谢大家！

主持人：大家知道，黄浦区作为上海的中心城区，"十四五"期间要建设窗口名片，包括在数字化方面都在进行有益探索。下面请李安民董事长发言，他发言的题目是"以数字化转型推进智慧城市发展"。

李安民：非常荣幸有这么一个难得的机会，向大家汇报我们在数字化转型与智慧城市建设方面的一些思考和实践。

我先讲一下背景与意义。第一，智慧城市建设、数字中国已经成为国家战略，尤其对经济是"三新一高"，数字化转型是新发展阶段的主要驱动，从五大发展理念来说，是创新、协调、绿色、开放、共享，而数字化转型是践行这五大理念的重要抓手。从促进国内国际双循环格局来说，数字化转型也是必由之路，是全面推进高质量生活的关键之局。

第二,数字化经济已经成为我国经济的关键动力,上海的数字经济GDP占比超过了50%,主要的增量基本都来自数字经济。疫情极大地催生了非接触式经济,也就是线上经济,包括用多种手段促进大数据建设,以保证运营商提供的基站数据。

第三,今天的主题是智慧城市建设与数字化转型,当前智慧城市的发展趋势和主要的评价体系,2020年上海发布了关于进一步加快数字化转型的相关意见,国内城市中上海排名第一,同时上海位列全球城市第四。当然,国内其他城市也是有其特色,今年11月17日,成都和武汉分别获得了两个世界城市大奖。数字化转型与智慧城市建设是非常有关联的,我们简单地总结,智慧城市建设是数字化转型的主要场景、重要内容和成果体验,因为对城市来说,最主要的呈现就是数字化转型,城市数字化转型是智慧城市建设的主要途径。

接着我们看一下目标和内容。上海非常重视智慧城市建设和数字化转型,因为数字化转型是市委、市政府的一号工程。人民对美好生活的需求和向往,就是城市数字化转型的重要的目标,使人人都有出彩的机会,参与治理,享有品质生活,切实感受温度。所以数字化不仅是为人民的美好生活提供助力,包括数字的生活、数字的娱乐。因为对健康、安全、绿色等的核心指标,其本身就是和数字化有关的,比如说数字化的安全,就成了人民群众最关心、最需要解决的问题。

上海对数字化转型提出了很多纲领性、指导性的文件,李强书记提出了谋划为先,应用为王,技术为基,制度为要,以整体性的转型,全方位赋能,革命性重塑,全力打造具有世界影响力的国际数字之都。现在很多纲领性文件都是围绕这个做一些深化和细化,为上海市数字化转型提供了政策指引,包括1月4日上海市政府公布了《关于全民推进上海城市数字化转型的意见》,提出了全民推进数字化转型是面向未来塑造城市核心竞争力的关键之举,从全方位做了纲领性的布局。上海城市数字化转型提出了1+4的目标,2025年上海将全面推进数字化转型取得显著成效,对标国内一流、国际领先的数字化标杆城市,国际数字之都建设形成基本的框架,为2035年建设具有世界影响力的国际数字之都奠定坚实的基础;同时强调数字治理、数字生活，每一个都是有目标和愿景的，力争到2035年建成具有世界影响力的数字之都。

1+3+6是上海城市数字化转型的重要内容。1是一个转型的基础，完善城市AIot的基础设施；3是三化联动推进转型；6是实施六大工程，包括数字价值提升、数字技术策源、数字底座赋能、数字规则引领、应用场景共建、转型标杆示范工程，这也是"十四五"规划中的一个具体内容。

上海提出了五个中心的打造，上海城市数字化转型和五个中心建设，必须打造五个数字孪生中心。数字孪生中心从某种意义来说，比现实的中心更为重要，比如金融中心最关键的就是支撑点。所以数字孪生中心，尤其是信息流、国内国际双循环的大格局、核心的指标，就是综合流量的转型，这主要是看线上的一些流量，如果线上有很多流转不到你这里，想成为重要的连接和节点是不可能的。五个数字孪生中心又有联系。所以五个中心要同步打造五个数字孪生中心，构成一个共同的数字中心。

另外五型经济的发展，无论是哪些，突出的特征就是以智能化为牵引。智能化一定是五型经济中具有牵引性的，现在有很多总部都是智能总部，凡是属于智能化的转型就是它的导引；另外就是大数据为主线，数据是创造性的，智能化是牛鼻子，在五型经济中的核心，数字经济是更主线、更基础、更底座的。以新基础设施为动力，赋能"五型经济"数字化时代规模的突破，新型基础设施不仅仅是一个简单的网络，在智慧城市中，新型基础设施的内涵和外延发生了很大的变化，包括很多的科技创新。我们很多专利，我们的生态合作，都围绕着数字化进行聚焦，这才是新型基础设施的核心。

然后讲一下核心和关键，我们觉得有六个，首先是要建立与时俱进的评价体系，这是非常重要的。我们回顾历史，无论是通信还是信息，任何一个行业，核心指标体系既是引领，也是评价。数字化转型很多是伴随着技术的，最早的时候是电话数量，后来是看带宽，随着智慧城市建设的技术发展，比如说摩尔定律处理速度18个月翻一倍，流量是每半年翻一倍，再上面就是平台上用户数越来越大。大家看资产市场，像英伟达的市值已经超过了英特尔，因为这就是算力、人工智能带来的。所以我们提出了以人均算力为核心的指标，要联系这些数字发展的特征，提出与时俱进，尤其是以人均算力为核心的评价体系。

建立指标体系的人文关怀。这个以前是不大注重的,我们要让数字带有温度,数字向善,但现在有的数字是冷冰冰的,包括适老服务。现在老人的数字鸿沟是非常大的,我在外面的时候,经常有老同志打车不知道输入目的地是怎么弄的。现在的一键叫车就非常好,数字要带有温度,带有人文关怀,既要有刚性的指标,也要有柔性的指标,这个是关键。不过现在很多还停留在以往的安全指标、带宽指标上,虽然这些是基础,但是面向新时代上云、上链,包括人文情怀,还需要我们来加大力度。指标既是引领,也是评价,我们回顾这么多年的互联网发展历程,最终是老百姓来投票的,所以指标体系是非常重要的。

第二个是建设虚拟的数字孪生城市,其实就是虚拟的数字孪生空间,这个已日益成为百姓生活和工作不可或缺的组成部分。现在很多年轻人在一些群里,在一些社区里已经成了领袖。这不是简单的互联,而是成了生活中的重要组成部分。以后城市的规划,也不是简单的一个互联网。以后的安全不仅仅是信息的安全,还有综合的安全,会诞生新的社会关系、新的角色,创造新的资产、新的价值。

第三个是加快建设新基础设施。中央领导提出了数字经济、数字治理和数字生活,以及虚拟空间、未来元宇宙,对未来提出了新的、更高的要求,包括大带宽、低时延、海量存储、大范围边缘算力、潮汐式资源需求等。现在的网络都是基于人与人之间的通信,但是以后的话,会有一个全息的网,包括融媒体云、AI智能算力等新型基础设施,为数字化转型提供算力的底座,同时也给产业经济带来很多很好的机会。

第四个是以智能大数据为牵引,打造数字化城市。这是上海的优势。上海最重要的就是人工智能,我们经常说的爆款应用,我们这个时代已经有了一个爆款应用,就是我们的健康码,已经不是以前简单地面向互联网的应用,当然以这个加上建设强大的城市大脑,这就是数字化转型的CPU和GPU。我们在世界上都是走在前面的。

第五个是打造上海城市的"元宇宙"。现在这个时代,可以说元宇宙是数字资产的创造性生产力,其特征可能有很多同志觉得这个很虚,人们往往会扩大一到二年的事情，但是严重忽略五到十年的事，包括移动互联网、云计算。所以我们不能错过元宇宙的黄金时代，包括全息入口、激光，这些都是上海的优势。人工智能上的一些东西，不仅仅是为了游戏，而是可以为城市提供新的入口，因为上海是金融中心，以后的金融绝对不是以货币为中心的。现在元宇宙里的用户，不仅仅是一个用户，更是一个参与者和一个创造者，比如抖音不仅仅是带货。总之，元宇宙就是新的价值、新的物种、新的社会关系和新的角色定位，所以对信息安全已经不是狭义的网络信息安全，这是属于底座型的、稳定型的和基础应用型的，像美国的几个巨无霸，他们也是非常重视的。

第六个是要梳理城市数字化转型的标杆，要围绕这些关键和趋势，以及上海的定位和优势，比如城市大脑、适老服务和数字孪生城市。适老服务既是上海的需要，也可以打造成上海以后的龙头产业，这不仅是为老人做好服务，更可以形成很好的产业，因为我们有这个基础，数字孪生和元宇宙联系起来，当然也会有一些龙头企业，在元宇宙中我们不能再错过了，为什么当时浦东会起来，就是因为大胆，开天辟地给了我们很好的时代，所以我们要以这些标杆和龙头作为牵引。

最后想和大家汇报一下我们中国电信的一些实践和推进。中国电信是数字中国的主力军，包括云网融合，这就是我们的贡献。中国电信已经逐渐变成国家云了，包括我们的升级服务内容。上海电信是上海城市建设的主力军，这里也有很多的数据，包括全球领先的。我们是全球最早提出上双千兆的，5G基站已经超过了4万个，所以全球的5G看中国。我们现在的基站数是世界第一，我们积极推进数字经济、数字生活的治理，我们也支撑着重点产业、智能智造、城市一网通办、市民服务等。

上海国脉通信是中国电信旗下的知名企业，包括从BP机销售到5G的应用运营，再到全面推进数字化转型。我们伴随着信息通信各个时代的发展，从3G到4G，再到5G，再到最近的融媒体云平台的建设，全民拥抱元宇宙，我们依托大脑，积极打造新型的算力。现在很多的视频云，是基于中国电信云网融合的基础上，打造我们的专业，助力上海城市的转型，我们也推出了自己的适老服务，做了老人的专用机，全部都是一键服务，包括购物、叫车，也包括一些文娱，发挥积分的优势，我们是国家扶贫办指定的唯一公益平台。我们还和央视融媒体共同成立了融媒体产业投资基金，实现了大资本、大文化的战略蓝图，助力城市数字化转型。

我就讲到这里了，谢谢大家！

主持人： 谢谢李总的演讲，接下来请胡传平院长发言，他发言的题目是"信息系统基础架构安全技术研究"。

胡传平： 非常感谢主办方邀请我来这里参会，我记得上次参会是2016年。我今天想和大家分享一下我对智慧城市建设的一些理解和体会。

我比较认可所谓的智慧城市，就是把新一代的信息技术应用到城市中的各行各业，实现信息化、工业化与城镇化的深度融合，目的是提升城市管理成效和改善市民生活质量。我们把这么多的东西融合在一起，一定要有大量的信息手段作为支撑，而这些信息手段的建设，都会涉及信息网络安全的问题，所以智慧城市的建设，在给我们带来福祉的同时，其实也对我们的信息网络安全带来了挑战。

我们讲到融合，既涉及信息安全的问题，也涉及网络安全的问题。从工业化的角度来说，很多涉及民生的，比如说供电、供水、供气，都涉及基础设施的安全。我们也非常关注个人信息安全的问题，这就是智慧城市建设一定会涉及信息网络安全的问题。

前面李总说了数字孪生，我记得2016年时，我就谈到过所谓的"数字足迹"的问题。我们现在越来越多地采用信息化的手段在网上购物，买电影票，或者是我们做一个核酸检测。所有的活动，我们是在物理世界中的活动，但是实际上我们自然或者是不自然地都在信息空间留下了我们的痕迹，我们叫作"数字足迹"。数字足迹的属性可能是带有比较多的自然属性，因为我们的生活，或者是个人兴趣爱好和信息化的融合，在虚拟空间留下了足迹。数字孪生就有所不同了，虽然从本质上说它们没有大的区别，但是我认为从属性上讲，它有打造的概念。因为数字孪生最初就是从工业设计开始的，国际上的一些著名公司，为了设计一架飞机，为了设计一辆汽车，就要做很多信息化的工作，用所谓数字孪生的时空概念，把物理设计的东西映射到数字空间中去，然后反哺到自动加工的过程中，再然后慢慢演变到把数字孪生的概念用在城市规划中，把整个设计的各个要素在数字空间里反映出来，最后通过所谓的城市大脑或类似的信息系统，反哺到城市管理中。

最近，我经常会说到数字孪生。这个概念现在已用到公共安全的领域，比如说一个消防系统和一个安防系统的融合，融合的过程是一个信息化发展的必然要求，要追求效率的最大化。光是这个还不够，大楼有沉降，还有其他的一些安全需要，再进一步融合。如此复杂的系统，管理上怎么办呢？所以把数字孪生的概念应用到楼宇及建筑群的管理中，用于安全的综合检测，包括里面的云计算、大数据等。当然，安全检测只是其中的一个部分，我们说的数字孪生，其内涵更宽泛。

这个数字孪生一定是基于大量的物联网手段的应用，包括人工智能等，所有信息系统的应用，都会涉及信息安全问题，都会涉及网络安全问题。所以信息化程度越高，信息安全就越应该受到关注，遇到的问题可能也越多。

还有就是法律问题，包括一些条例和个别的规章。近两年来，我们国家密集出台了很多相关的法律，它们的共同特点就是都围绕信息安全、网络安全，围绕着个人数据的保护。所以这么多法律的出台，一定是我们在社会发展过程中，大家有强烈的呼声，需要用法律的手段来规范和指导我们的行为，这是有社会的需求。法律是出台了，我们在信息网络安全中怎么办，是不是对我们提出了更多、更高和更严格的要求，这个答案是肯定的。现在很多事都有法可依了，我们的要求也会更高。

我再说一下元宇宙，我们说的数字孪生要打造，我们把物理世界中的很多东西在虚拟空间中有序地打造，有很多人为的痕迹在里面。它很有序，再和各种系统结合，然后服务我们的社会管理。但是这个时候，我们发现很多互动，当然和我们个人的互动还是少了些手段，还不太形象，不太直观。所以这时候元宇宙就出来了，它是基于数字孪生，基于大数据，基于虚拟空间的概念，加上这些年比较热门的AR、VR，包括人机、脑机的接口。基于这些东西以后，又提出了新的概念，当我们开始进入元宇宙时代的时候，我们和数字孪生、虚拟空间就多了相互沟通、相互联系的通道。我的理解大概是这样子的，也就是到了元宇宙以后，不是专业人员打造数字空间，而是所有人都可以和数字空间进行沟通，去使用数据，产生数据。这是我的一个狭义的理解，可能不是太权威。为什么要有元宇宙，元宇宙是干什么的，我用比较通俗的语言这么说，当然不一定对。

我们再来说一下最近热炒的窃听丑闻。美国号称是世界警察，什么都要插一手，都要对全世界进行窃听，这是最近发生的事，通过海底光缆监听盟友。今天我有一个非常精彩的内容，是我通过特殊的渠道获取的信息，当然现在也慢慢地解密了。美国的手段非常多，对全世界进行监听，这个只是其中利用海底电缆进行的窃听，被窃听了也没有办法，一脸的无奈。那么对中国也是一样的，中国也是被窃听，被监控，那么中国也没有办法。因为美国占据了技术上的优势，很多手段在他们的手里掌握着，还投入了大量资金，花了大量人力，去构建这个手段。

智慧城市要涉及工业化的融合，工业化当中涉及关键的基础设施，涉及民生和工业生产中必需的一些生命线，像供油，我们人类社会没有油的话，那就没有办法生活了，汽车也没有办法开动了；电网也时常会被攻击，没有了电，城市就瘫痪了。包括我们现在喝的水，都是经过加工的，如果把配方变一下，这个水就不能喝了，那城市是不是就瘫痪了。所以这里面涉及工业控制系统的安全问题，国家出台了关键基础设施的条例。我们国家的等级保护就是由我牵头建起来的，我们配合国家的有关部门，建立了等级保护的体系，形成了一个完整的体系，现在已经上升到了2.0，2.0和1.0的区别就是把这些关键基础设施概括了进去。原来的1.0涉及原有的网络系统，包括信息系统；2.0就增加了很多的内容。所以法律的出台对我们的工作提出了更严格的要求。

过去20多年，公安部三所包括中科院的信息工程研究所，包括电信部门，公安机关做网信的，他们都在研究通信的安全保障问题。我们过去打造了认为比较完整的安全技术体系，有很多标准，但是我们所有安全的出发点，都是基于操作系统以上的部分，主要是面向应用系统的，包括操作系统、芯片、指令集，都是从国外买来的，你没有办法知道它是不是安全。所以我们过去几十年打造的所有安全体系，都是基于操作系统以上的部分。2018年出现的侧信道攻击的问题，因为Intel处理器的设计缺陷，而引发的芯片级的漏洞，造成了原本普通的程序可以利用前所未有的高权限，甚至可以直接访问核心内存当中的数据，这对用户的隐私和设备的安全，都造成了前所未有的噩梦。修复以后，基本上也已经伤得差不多了，所以包括AMM和AMD，都会存在这样的问题。这就是我现在为什么要思考信息系统安全架构的问题，从这里我得到了一些启发。

还有一个是受某公司新技术的启发，我们传统的游戏规则已经受到挑战，我们过去的几十年满足于建立所谓完整的安全体系，但是最近的一家公司我去看了以后，突然发现现在的人玩法已经完全改变了。这家公司曾经找我，说是花了几十年时间和5000万元打造了一个操作系统，可以实现万物互联。鸿蒙大家都知道的，就是要实现万物互联，在不同的生态中可以自由地穿梭，在不同的生态里进行运行，这是鸿蒙的一个目标，打通机车、计算器、服务器等。这家公司搞定后，我去看了一次，看完后大为惊讶。我用比较简单的语言给大家描述一下，打造了一套所谓完整的体系，手机里有一套安全体系，笔记本电脑或台机有一套体系，大型的平台系统有一套安全体系，中间的数据要互通，要建立一套游戏规则，相当于是手机大楼、服务器的大楼。为了安全地访问，安全地交换数据，我们要建一个议事大厅，用这些规则来规范大家交换的行为。当然，这里面的技术很复杂，包括数据的转换、格式的问题、兼容性的问题等。

这家公司说这样太复杂了，成本太高，楼不是都有地下室吗？我把地下室打通，我们建立比较简单的访问规则，你认识我，我认识你，我们互相信任；你的数据给我，我到我的电脑上运行，那就是我的数据，生态也没有影响，但是数据交换，就变得非常简单了。有一些对信息规则熟悉的同志知道，这就是黑客的行为。现在已经开始用这个方法打造所谓的万物互联了，都是一帮黑客，高级黑客在打造这么一套系统，所以我讲的意思就是如果到目前为止，我们仍然满足于过去所谓的工作成就，那就非常危险了。为什么要创新？就是因为我们意识到我们不安全，我们在美国人面前几乎是裸奔的。那么创新安全吗？我们现有的安全体系，没有覆盖基础架构这一块。都是讲的上面的，再有一个，自主国产不等于安全，我们要做一个完整的芯片，要买很多的IP，有很多自己的东西，但是要买大量的IP进来，买了以后可能就会带来后门和漏洞，买了以后，你做一个芯片或者是CPU，这里面就带有漏洞和后门,已经不安全了。

我们的设计存在漏洞,商用的IP缺少安全审计的手段和制度。我得出了一个结论,这个结论是肯定的,已经得到了许多同行的认可,就是信息系统基础架构安全的研究,在我们国家包括在全球,基本处于空白状态,而这些威胁是已经存在的,必须有人去干。所以这就是我现在为什么着急提出这个问题,因为我在公安部三所工作了很多年,现在郑州大学担任网络安全的院长,校长提出让我把握好方向,实现弯道超车。弯道超车不是这么容易的,但是我们通过一些比较前沿的科研工作的引领,或许可以把影响力提升得快一点,所以我就把我原来想要研究的一些问题,用郑州大学的名义研究一下,再找一些同盟军,一起来做这个事情。

我后面讲的可能比较专业一点。我先简单说一下信息系统基础架构,这一张图片上面是应用程序,下面是ELF,包括进程、RISC,应用程序下面的这一块是信息系统基础架构,这个定义不权威,未来可能会有更好的定义和分类。我想我们现在主要是满足操作系统以上的部分,所以我把这一块所有的安全问题,都叫作基础架构的安全问题。有哪一些问题,我们的技术路线是什么?采用怎样的技术路径去想办法探索和实现我们的安全目标?首先一个就是针对CPU,CPU的设计非常重要,就是我们对IP的审计。IP的审计非常重要,虽然我们目前缺少手段,但是我认为这个事非做不可,不然拿了国家的钱,一个芯片给你补助一两千万,但是你已经把大量的后门和漏洞放在里面了,因为你买了大量的IP,这是大家通常的做法,如果不审计的话,拿了国家的补贴,最后设计出来的芯片仍然是不安全的。

还有一个是导则。我们怎样才能设计出一个安全的CPU,国家没有相关的文件。要有导则,我们要多动员一些专家共同研究,到底怎样才能设计出一个安全的芯片。再就是要建立所谓的安全评测体系,你怎么安全,怎么评测,包括设计验证和仿真,仿真有的时候我认为还是比较好的,包括国家的算力,建立了很多超算中心,可以利用这些手段来进行仿真。

还有就是指令集,安全专用的指令的设计方法,我们现在也有国产的指令集,安全指令的设计,我们认为通过专用的指令,来实现我们的安全目标。我们认为这里面是有空间的,包括所谓的微码问题,因为原代码不公开，我们既然要防范，也可以利用这个黑盒子做安全的事。

还有就是基础库，我们所有的系统运行，必须有一个基础库，可以帮助我们实现安全目标。这里面是有空间的，这个我不展开说了，比较专业一点。还有一个是基于编译器的安全路径，一个指令系统能够在一个环境中应用，必须通过编译，是不是可以把安全的代码进行有效的防御，阻止运行所谓的攻击行为，我们认为是有空间的。

还有多核结构的安全体系。我们的外置SE模块与多核安全机制的融合技术，能不能用多核的机制，帮我们实现安全的目标？我们用专用的核做专业的事是不是可行？这些问题我们认为还是有研究空间的。还有一个问题非常严重，就是多核多线程并发时的特殊条件下触发的漏洞，当你在高速运行的时候，后门就出现了，这是在动态的情况下产生的，所以要仿真，静态的环境下是测不出来的，现在要找到这方面的论文很难，但是我们认为这里面是有空间的，是可以做研究的。

还有就是所谓上下贯通的安全体系。过去的几十年里，我们已经建立了一套比较完整的安全体系，这套安全体系是有效的。我们要针对信息系统的基础架构开展研究，这个安全体系的目标，不是为了底层的安全，最终是要追求系统整体的安全。所以在这种情况下，应该是上下贯通融合，对于一些攻击行为的监测，现在做的应用系统还是非常有效的，所以要把这两个体系很好地融合起来，进行优化，形成一个整体，这是我想说明的一件事情。

最近的进展主要是这几个方面，一个是做这个工作必须有专业的团队，因为它很专业；第二个是1个单位肯定做不了，10个单位也做不了，100个还是做不了，要动员更多的人来参与；第三个就是国家要重视，要给钱。我们这一段时间都在找同盟军，包括高手。我们现在已经建立了合作关系，国家给了8个亿，"十四五"期间要支持做这个事。

最后我归纳一下，第一个是信息系统基础架构存在着不可忽视的安全问题；第二个是这个问题已经不能等了，应该时不我待；第三个是我们要充分认识到难度，现在我们找不到这种技术的手段去研究它，因为太复杂了，我们的研究一方面要想办法找到有效的技术路径，另一方面还要研究怎么才能开展这项研究的技术手段；第四个是现有的安全体系需要优化和重构，过去

20年我们做了现有的安全体系，今后的20年需要我们进行重构和优化，要上下贯通。

我就说到这里，谢谢大家！

主持人： 感谢胡院长在这么一个重要的论坛上，讲了数字化转型的安全问题，这对我们广大的应用者来说，是一个非常重要的问题。这是一个国家的战略，是发展与安全两件大事。下面由伍爱群副主任发言，大家欢迎！

伍爱群： 非常高兴参加今天的论坛，下面我将就我市数字化转型网络安全体系建设的建议，说三点建议。第一点是网络架构的本质和安全的问题。从本质上看，网络就是把计算机连接起来，把不同国家的计算机网络相互连接起来形成的互联网。因特网的影响最大，基本由美国垄断。美国从2018年开始启动，用以替代有缺陷的因特互联网。因特网人量的安全问题难以克服，要找到网络空间的方法，因特网广泛应用到第四版，我们国家正在推广第六版，这些知识产权大多由美国垄断，广泛采用第三代的通信方式，网络设施主要由通信光缆、交换设备、服务器、存储设备等组成，是目前政府和公众网络安全关注的焦点。

第二个我想说一下上海城市数字化转型面临的网络安全挑战。上海在2021年发布了《关于全面推进上海城市数字化转型的意见》，计划2025年取得全面推进城市数字化转型的显著成效，国际数字之都建设形成基本框架，计划到2035年成为具有世界影响力的国际数字之都。目前出现了更多形式的网络攻击及违法行为，数字时代的网络供给及违法行为，以经济利益为目的，网络的攻击及违法的技术门槛很低。新的智能设备产生了更多新的漏洞，手机摄像头、手机APP能够直接被犯罪分子所盗用。万物互联的网联带来了全新的安全隐患，数据的泄露风险加剧，危害着人民的财产安全。网络犯罪的违法成本过低，互联网缺乏自主可控性，目前我国的互联网主要是依赖美国的因特网，随时面临美国的长臂管辖。

第三个说一下上海城市数字化转型的网络安全建议，共分七点：

第一点是进行完整的五个层级的网络安全系统化建设，而不是仅把资源倾注在传统的网络应用安全和网络平台安全上。网络应用层提供政府、企业、个人，环境等网络应用，核心威胁是定向断网停服，列入美国制裁华为、抖音、微信等，网络汇聚层属于逻辑分析和协议组网层。

第二点是化被动为主动，每天进行网络安全演练及网络攻防测试。

第三点是加大五个层级网络安全的研发投入，解放思想，放弃成见，打破当前因特网利益圈的垄断话语权。

第四点是完善上海网络安全相关法规，普及网络安全及法律法规教育，大力宣传各种网络违法行为的特征和危害，增强上海市民对网络违法的认知和网络安全意识。

第五点是加强互联网企业网络安全监督及指导。对互联网企业特别是龙头企业，应该建立长期的网络安全监督及指导工作机制，协助企业健全和完善数据安全管理，提升企业的网络安全意识，确保人工智能、物联网等的安全。

第六点是加大网络安全基础设施建设，建立网络安全长效机制，做好各种网络安全突发事件的应急预案及相关演练，保护数字资产的安全。

第七点是加大网络安全人才的引进和网络安全培训，加大引进网络安全及核心技术人才，提升网络安全的整体保障能力。

我们上海网络安全已经正式立项了。我们正在落实中央的指示要求，网络安全我们已经搞了十几年，这个项目正式在临港新片区搞示范引领，如果我们示范成功，请中央领导同志来我们现场看平台的测试。在上海科技中心的背景下，把这个项目做示范引领，我们有17项发明专利得到了国际组织的承认，我们有国际标准，有每一个国家的网址，具有安全性、保密性、可靠性；我们有17道防护墙，所以我们已经做了很多的验证，这在将来是一个非常大的产业。今年2月，中央办公厅有关部门邀请我们去了一次，他们的处级以上的干部都参与了，他们把我们的PPT及相应的报告拷贝去了，让我们在上海做示范引领，对我们充满信心，所以我们这个项目目前进展得非常顺利。

主持人：今天三位专家的发言，都紧扣国家战略。国家战略讲到的两件大事，安全是基础，没有安全就没有发展。本次"智慧城市建设与数字化转型"论坛，还有一个环节是互动，我们今天参与论坛的各位，大家有什么疑问，有什么需要交流和沟通的，都可以跟三位专家进行对话。

互动环节

提问：谢谢三位专家的精彩讲解，在数字化发展过程当中，在智慧城市建设过程中，我们上海如何针对自己越来越趋于老龄化的城市，更人性化地运用数字经济的一些技术支撑，做好为老年人服务的工作，想请专家指点。

李安民：适老服务我们是非常重视的，数字化手段只是其中的一个部分。从运作的模式来说，适老服务有几个群体，少年儿童、老人和妇女，应该是八二开，80%要作为公益，20%是市场，所以我们这种身份的企业就非常乐意去做。现在的适老服务从企业来说，会觉得是一个利益的导向、经济的导向，实际上它应该是一个公共服务，当然现在政府也非常重视，应该从底层上看清楚这个问题的实质，现在运用的手段已经非常好了。现在手机的中屏卖得很好，尤其是在河南，一卖就卖十几万台，我们把所有的都集成，所有的都是一键的，字体也特别大，声音也特别响，但这只是其中的一个方面，基础应该是一个公益服务，这里边要有相关的政策。我们作为企业化运作，尤其是国有身份的，我们非常乐意去做，应该是80%作为政府，20%作为市场，就像现在的养老服务，它的基调就是一个公益服务，是一个社会服务，所以它的核心可能还不仅仅局限在数字化的手段上，因为这么一个模式和政策理顺了，如果真的要出台政策，大家可以好好谋划一下，安全的底盘也是非常重要的，就像滴滴打车，都会出很多的人身安全和社会安全的事情，这是至关重要的。如果只是按照市场运作，这个事会相当困难。只要这个理顺了，其实就是激励的机制，符合大家本质的参与感和推动力。

苏秉公：现在的养老有的是养老院，有的是家庭，很多老人喜欢居家养老、社区养老，这个怎么用智能化？我们对社区智能化有一些调查，到时候可以向您报告一下。

李安民：信息化的手段非常多，但是这些利益机制如果理顺的话，我们可以不断地去打磨，因为现有的考核指标，从经济来说是很难赚到钱的，首先是发自内心地要为老人服务，然后由政府来牵引，否则完全是靠市场的行为，就会乱掉，就像共享单车，它是资本为了逐利而上市的，到后面就乱掉了。其实有一些手段，比如VR，就特别符合老人在家里，包括一些裸眼3D，都可以和平台打通，而且可以通过三维的，非常现实而清楚地全景观察到老人在家里的任何状态,当然要提供场景,提供好的利益机制。毕竟老年人买单的能力相对还比较欠缺,所以还是需要两者共同努力。

提问:全国1.4亿辆车,70%已经安装了ETC,但是数字赋能,能不能通过ETC的时候,速度快一点,现在是20码通过,这是很落后的技术,欧洲2000年初就解决了这个问题,我们上海这么多年学习先进,为什么到现在这一点在长三角都实现不了,我不太明白。有没有这方面的数字赋能,奥地利就很先进,车辆100码的速度,直接就可以扣费成功了。

胡传平:我们单位曾经做过这方面的研究,我是2007年调到三所工作的,2008年物联网开始兴起。我在三所提出了4个D,一个是网络身份证,包括技术和政策上怎么进行很好的融合,还有把非结构化的东西变成结构化,现在全世界都已经普及了。另一个是电子车牌,其实ETC也好,包括我们三所做的电子车牌,技术上都是一回事,就是RFID的射频技术。我们三所做的电子车牌在180公里的时速下,下行可以测到20次,上行可以测到15次以上,在开放的道路上,数据的交换没有任何技术问题,180公里也没有事,所以技术上不是问题。那为什么ETC会变成这样呢?因为ETC的技术其实在我们国内很早就在交通部门推广了,它考虑了很多因素,比如安全的因素、驾车习惯因素、两个车道之间相互干扰的因素,后来综合了各种因素及人为的因素后,把这个控制在多少公里以下,是属于安全的问题。

现在交通部推的ETC技术上也升级了,原来ETC是可以挪的,现在都和车牌绑定了,所以现在交通部也绑定了,一个车就一个ETC,和你的银行卡进行绑定,这些技术都在升级。我认为你刚才提的问题,是综合了各种因素以后所限定的,如果需要测速提高,其实是可以办到的。我还专门调研过,美国限定的是40至60公里,也不是很快。为了这个电子车牌,我专门去美国、欧洲考察了一些国家,也是有限定的,也不是全速通过,因为要考虑很多安全问题。国外做的这些研究,不光是技术,如果你到了收费口,会采取什么措施,不同的人的反应都不一样,包括看一个标志,80%的人是这个反应,20%的人是另外的反应,那么做成符合80%的可能更适宜。从技术上来说,电子车牌我是非常熟悉的,我曾经指导过项目组做研发,所以这是一个综合的因素。

主持人：各位，我们今天的"智慧城市建设与数字化转型"论坛，各个环节都结束了。新国脉的文化两个字我很感兴趣，因为30多年前从BP机到手机，我都是亲历者。我建议我们在数字化转型的应用上，不仅是有温度的数据，而且是有记忆的数据，有灵魂的数据。比如说南昌路在打造文旅一条街，我们发现建国路底蕴深厚，是上海司法转型的标杆地，历史上的司法体系，建筑遗址很多，还有田子坊等，是不是可以串联起来。比如说洋泾浜，也是上海的标志。我们的文旅建设要为下一轮的国际开放奠定基础，所以数字化转型的空间非常大。

同志们，今天我们度过了一段有意义的时光，各位专家高屋建瓴，给我们讲了很多有启发的观点，我们将汇总各位专家的发言和观点、会议互动关注的议题，适时向社会公布。今天的数字化转型论坛即将结束，感谢大家的参与。在两节到来之际，祝大家身体健康，阖家幸福，谢谢！

后　记

　　由上海市科学技术协会、上海市政协经济委员会、上海市政协教科文卫体委员会、上海市黄浦区公民科学素质工作领导小组、上海科普教育发展基金会等单位联合主办，华夏文化创意研究中心和上海市黄浦区科学技术协会承办的"智慧城市建设"系列论坛，自2010年起至2021年，已连续举办了12年。现将专家学者的精彩发言汇编成书，与社会共享。由于本书稿内容系根据出席论坛的领导、专家和来宾的现场发言录音整理而成，受各种因素制约，成书时无法一一提请当事者予以确认，谨致歉意。本书的出版经费由黄浦区科学技术协会资助，在此一并表示感谢！

编　者